高职高专旅游与酒店管理专业"十三五"规划教材

客房服务与管理

高职高专旅游与酒店管理专业教材编写组 编

主 编 周菲菲

副主编 杨 萱

河南大学出版社
HENAN UNIVERSITY PRESS

·郑州·

图书在版编目（CIP）数据

客房服务与管理 / 高职高专旅游与酒店管理专业教材编写组编 . —郑州：河南大学出版社，2017.6（2018.8重印）

ISBN 978-7-5649-2921-3

Ⅰ.①客⋯　Ⅱ.①高⋯　Ⅲ.①客房—商业服务—教材　②客房—商业管理—教材　Ⅳ.① F719.2

中国版本图书馆 CIP 数据核字（2017）第 148618 号

责任编辑　林方丽
责任校对　陈　冲
封面设计　郭　灿

出　版	河南大学出版社
	地址：郑州市郑东新区商务外环中华大厦2401号
	邮编：450046
	电话：0371-86059701（营销部）
	0371-86059712（高等教育与职业教育出版分公司）
	网址：www.hupress.com
排　版	郑州金点图文设计有限公司
印　刷	开封日报社印务中心
版　次	2017年8月第1版
印　次	2018年8月第2次印刷
开　本	787mm×1092mm　1/16
印　张	14.25
字　数	355千字
定　价	35.00元

（本书如有印装质量问题，请与河南大学出版社营销部联系调换）

前　　言

自教育部颁布《关于全面提高高等职业教育教学质量的若干意见》以来，高职院校教学改革不遗余力，酒店高等职业教育更以就业为导向，以学生能力培养为核心，以人才培养模式和教材改革为切入点，全面贯彻高职教学改革精神。

《客房服务与管理》是旅游高等院校酒店管理专业的主干课程之一。本书内容贴近行业现状和教学实际，在各项目中浓缩学生未来从事饭店客房服务与管理业务所必需的基础知识和基本能力。同时，本书还在"教学做"一体化、"中高职"一体化设计方面进行了新的思考。

1."教学做"一体化设计。

本书以模块、项目为单元组织教学内容，以具体的服务过程贯穿教学过程，让学生在"学中做""做中学"，从知识到技能，再从技能到知识，理论与知识相结合，循环提高。

2."中职高"一体化设计。

本书改变了传统知识的横向切割模式，不再将理论知识按照专业、专题领域进行分割，而是将教学内容由易到难纵向分切。具体来讲，就是根据中职、高职学生的学习能力差异，将教学内容按照从简单到复杂、从技能到管理能力的逻辑顺序进行编排。中职学生只需学习基础内容，在有余力的情况下，可以选学、自学高级内容；而高职学生可以在学习基础内容后，进一步完成对高级内容的学习。这样，保证了从中职到高职的学习内容彼此联系，我们又能清晰鉴定中职与高职教学内容的区分点，避免教学过程中教学要求层次盲目攀高的现象。本书中，模块一、模块二适合中职学生学习，高职学生则需要学习全书三个教学模块。

由于编者学识水平有限，书中如有不妥之处，敬请各位同行和读者批评指正。

编者
2017 年 5 月

目 录

模块一　知识篇　　1

项目一　客房部概述　　2
　任务一　客房部的地位及主要任务　　2
　任务二　客房部的组织机构和岗位设置　　6
　任务三　客房部与其他部门的联系　　14
　综合能力训练　　17

项目二　客房产品　　20
　任务一　客房的种类　　20
　任务二　客房产品创新设计　　23
　任务三　特色客房　　34
　综合能力训练　　38

模块二　技能篇　　41

项目三　客房清洁　　42
　任务一　客房清洁任务和清洁质量标准　　42
　任务二　客房清洁流程　　50
　任务三　洁房基础技能训练　　60
　任务四　客房计划卫生　　85
　任务五　客房清洁卫生质量督查　　88
　综合能力训练　　91

项目四　公共区域清洁　　94
　任务一　公共区域的业务范围　　94
　任务二　前台区域和后台区域清洁　　97
　综合能力训练　　111

项目五　客房服务　　114
　任务一　客房服务的内涵　　114
　任务二　常规服务项目　　117

任务三　个性化服务项目　　　　　　　　　　125
　　任务四　提供优质服务　　　　　　　　　　　133
　　任务五　客房服务质量控制　　　　　　　　　139
　　综合能力训练　　　　　　　　　　　　　　　142

模块三　管理篇　　　　　　　　　　　　　　145

项目六　客房部用品与设备管理　　　　　　　146
　　任务一　客房部用品与设备的配置　　　　　　146
　　任务二　客房部可循环使用物品管理　　　　　151
　　任务三　客房部非循环使用物品管理　　　　　164
　　综合能力训练　　　　　　　　　　　　　　　168

项目七　客房部安全管理　　　　　　　　　　171
　　任务一　客房部安全管理概述　　　　　　　　171
　　任务二　客房部安全管理保障体系　　　　　　174
　　任务三　客房部防火与防盗　　　　　　　　　180
　　任务四　客房部员工安全保护　　　　　　　　188
　　综合能力训练　　　　　　　　　　　　　　　191

项目八　客房部人力资源管理　　　　　　　　194
　　任务一　员工招聘　　　　　　　　　　　　　194
　　任务二　员工培训　　　　　　　　　　　　　203
　　任务三　员工激励　　　　　　　　　　　　　213
　　综合能力训练　　　　　　　　　　　　　　　217
　　参考文献　　　　　　　　　　　　　　　　　220

模块一　知识篇

项目一 客房部概述

 学习目标

通过学习，你应该达到：

1. 描述客房部在饭店中的基本功能和重要地位。
2. 解释客房部的组织机构设置与主要管理岗位的职责。
3. 说明客房部与其他部门的关系。

任务一 客房部的地位及主要任务

 案例导入

一条裤子的邮寄

3月的一天，参加完部门的培训，服务员小骆刚回到楼层，同事就告诉她："有位张先生请你到1113房去找他。"

下班后，小骆敲开了1113房的门。开门的是一位40多岁的男子，小骆觉得他很面熟，却又记不起他是谁了。客人一见小骆便说："你是骆小姐吧？谢谢你将裤子给我寄到北京，你的服务真的很周到。"

这时小骆才想起，两个月前，洗衣房送回903客人送洗的裤子时，客人张先生一早已经退房了。服务员小骆知道他很珍爱这条裤子，因为在送洗之前他特意说过这是好朋友送的，还说要住几天呢！可只住了一天，张先生就走了，客人走得这么急，一定是有急事，要不为何连珍爱的裤子都忘记带走呢！客人来自北京，而且这是第一次来衡阳，下次还不知道什么时候再来，怎么办呢？小骆决定按照住宿单上的地址，将裤子寄给张先生。在邮寄裤子时小骆还附加了一张卡片，祝他阖家幸福，工作顺意。于是就有了开头的那一幕。

张先生接着对小骆说："那天我因有急事走得很匆忙，回家才发现裤子不见了，我都不记得遗失在哪里了，正心疼不已，没想到却收到这份意外的惊喜。这次我到广州出差顺道来谢谢你。这是50元，请你务必收下，就算作为邮费的补偿吧。"小骆不好意思地对张先生说："这是我应该做的，欢迎您下次光临华天大饭店。"

思考 请问此案例给你带来什么样的启示？

一、客房部的地位与作用

客房部又称房务部或管家部，负责管理饭店客房事务，是现代饭店的一个重要职能部门，是饭店经营管理的关键部门之一，客房部服务质量的优劣在很大程度上代表和影响着整个饭店的服务水准和形象。

（一）客房是饭店存在的基础

饭店客房是饭店最基本的物质基础，是宾客留住饭店时的主要活动场所，是宾客的"家外之家"。客房服务活动是饭店服务活动的主体，现代饭店服务功能的增加都是在满足宾客住宿需要这一最根本、最重要的基础上的延伸。

（二）客房是饭店组成的主体

客房是饭店的基本设施和主体部分，从建筑面积来看，客房面积通常占饭店总面积的70%左右。

饭店规模的大小也是由客房数量决定的。按照国际标准，客房数量小于300间的为小型饭店，客房数量在300~600间的为中型饭店，客房数量在600间以上的为大型饭店。

饭店的固定资产绝大部分在客房，饭店经营活动所必需的各种物资设备和物料用品亦大部分在客房。

（三）客房收入是饭店经济收入的主要来源

饭店的经济收入主要来源于三部分：客房收入、饮食收入和综合服务设施收入。其中，客房收入是饭店收入的主要来源，而且客房较其他部门稳定，客房收入一般占饭店总收入的50%~60%。从利润来分析，因客房经营成本比饮食部、商场部等都小，所以其利润是饭店利润的主要来源。

（四）客房服务质量是饭店服务质量的重要标志

客房是客人在饭店中逗留时间最长的地方，客人对客房更有"家"的感觉。因此，客房的卫生是否清洁，服务人员的态度是否热情、周到，服务项目是否周全、丰富等，对客人有着直接影响，是客人衡量"价"与"值"是否相符的主要依据，所以客房服务质量是衡量整个饭店服务质量、维护饭店声誉的重要标志，也是饭店等级水平的重要标志。

（五）客房是带动饭店一切经济活动的枢纽

饭店作为一种现代化食宿购物场所，只有在客房入住率高的情况下，饭店的一切设施才能发挥作用，饭店的餐饮、娱乐等其他部门的综合服务产品才能更好地实现其价值，从而带动整个饭店的运转。

（六）客房部的管理直接影响到全饭店的运行和管理

客房部的工作内容涉及饭店的角角落落，为其他各个部门正常运转提供了良好的环境和物质条件。客房部从设施设备的"硬件"和人员配置的"软件"来说，都是最庞大的。例如，客房部员工数量占整个饭店员工总数量的比例很大，从饭店的人力资源配备来看，饭店的人员编制也是以客房数量为依据来确定的，即每间客房配备1.2~1.5人。如果加上客房商品营销活动所必需的前厅、洗衣房等部门的管理和服务人员，人数为饭店员工总数的1/3以上，因而客房管理水平的提高也就直接影响到饭店员工队伍整体素质的提高和服务质量的改善。

二、客房部的主要任务

（一）负责饭店的清洁卫生，为客人创造舒适优雅的环境

清洁卫生是保证饭店服务质量和体现饭店价值的重要组成部分。客房部负责饭店所有客房、公共区域、办公区域的清洁卫生工作，饭店的良好气氛，舒适、美观、清洁、优雅的环境，都要靠客房服务员的辛勤劳动来实现，所以有人称客房服务员为饭店的"美容师"。饭店的清洁工作归口于客房部，符合专业化管理的原则，有助于提高工作效率，可以减少清洁设备的投资，有利于加强对设备的维护和保养。

（二）负责客房接待业务，为客人提供细心周到的服务

服务质量是饭店的生命线，客房是饭店出售的最重要商品，客房服务是客房商品的核心部分，所以客房服务的好坏决定着饭店服务质量的高低。客房是客人在饭店停留时间最长的地方，也是饭店提供服务项目最多的地方。客房部提供迎宾、洗衣、房内小酒吧、托婴、擦鞋、夜床等多项服务，要求服务员热情、主动、礼貌、迅速、全身心地为客人提供专业、优质的服务，使客人的各种合理需求得到满足，使高品质的客房商品价值得以体现，提高客房商品及饭店的美誉度。

（三）控制客房部成本，确保客房部服务质量

客房部是饭店人员及资产、物品最多的部门之一，对人员费用及物品消耗的控制成功与否关系到饭店的整体成本控制与盈利状况。

成本的降低，一方面要进行科学合理的工作安排，使人员合理配置，在充分保证服

务质量的前提下，最大限度降低人力资源的消耗，定岗定编，提高工作效率；另一方面要保养好设施设备，降低物品消耗，杜绝浪费，为饭店开源节流。

（四）协调与相关部门的关系，保证客房部的正常运转

饭店是一个整体，需要各部门通力合作才能正常运转。客房部在为其他部门服务方面扮演着重要角色，如客房部的棉织品房和洗衣房负责整个饭店各部门的棉织品（如窗帘、沙发套等）和员工制服的选购、洗涤、保管发放、缝补熨烫等，为全饭店的对客服务提供洁净美观的棉织用品。同时，客房部也需要前厅、销售部为其提供客房销售服务，需要工程部为其提供维修服务，需要保安部为其提供防火、防盗、安全保卫工作等。因此，客房部应当具有整体利益观念和长远的战略眼光，积极主动地与各部门配合协调工作。

任务二 客房部的组织机构和岗位设置

 案例导入

楼层服务台的变迁

饭店的客房是以楼层为单位而设置的。20世纪八九十年代，我国的饭店都在楼层设置了服务台，由值台服务员值班，负责楼层的各种对客服务。由于楼层服务台的工作量不大，特别是到后半夜服务员就几乎没有什么事情可做，于是有些饭店就向国外饭店学习，撤销了楼层服务台，设立了客房服务中心，宾客需要什么服务可以直接和客房服务中心联系，这样就节约了人力资源，同时加强了对饭店和楼层的安全控制，以确保客房的安全。现在这种组织形式和岗位设置已经成为我国饭店的主流。

 思考

楼层服务台的变迁对客房组织机构有何影响？

一、客房部组织机构的设置

（一）客房部组织机构设置的原则

1. 实用原则

客房部的组织机构设置应根据饭店规模、档次、业务范围、经营管理方式等实际情况来决定，不要生搬硬套。一般而言，大型饭店组织机构多，客房部可能设有洗衣房、花房等，而小型饭店机构少，有的可以将客房部与前厅部合并设置为"客务部"或"房务部"等。

2. 效率原则

客房部的组织机构设置应根据实际需要，合理配置人员，以方便管理、提高对客服务效率。一般而言，大型饭店组织机构层次多，可能设有客房部经理、主管、领班、服务员四个层次，而小型饭店组织机构层次少，只有客房部经理、领班、服务员三个层次。新的结构设置趋势更加扁平化，各部门应尽可能减少管理层次，提高沟通和管理效率。

3. 分工明确的原则

应明确、细化各岗位职责，做到分工明确、权责明晰，防止机构臃肿、人浮于事、因人设岗、互相推诿扯皮等现象的出现。

（二）客房部组织机构设置（图1-1、图1-2）

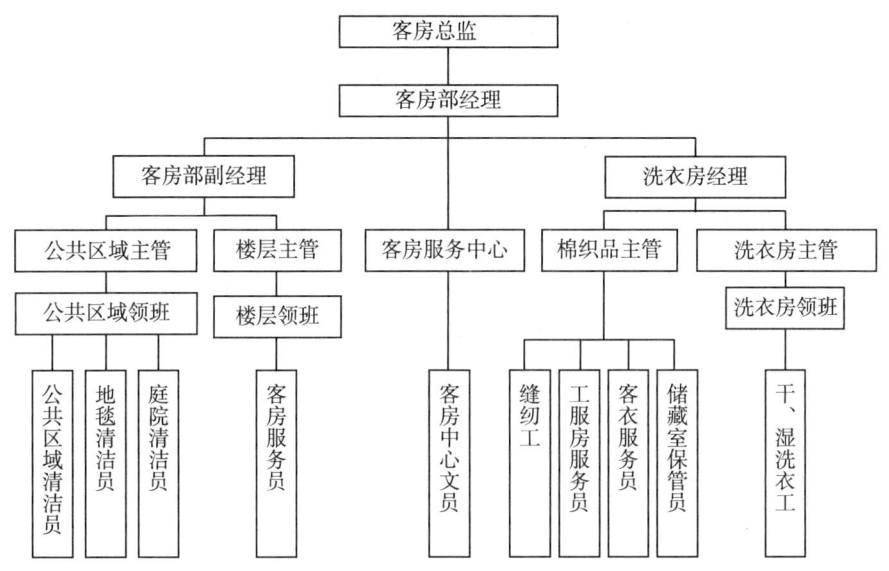

图1-1　大中型饭店客房部组织机构设置图

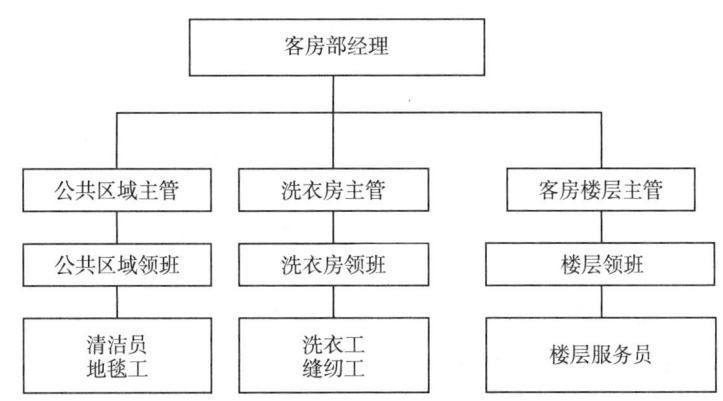

图1-2　中小型饭店客房部组织机构设置图

客房部的组织机构设置因饭店规模、档次、业务范围、经营管理方式的不同而有所区别，并无统一的理想模式，组织中的指挥链设计应因地制宜，合理配员，以方便管理、提高效率。

二、客房部的岗位设置及主要岗位职责

（一）经理岗位及职责

客房部设经理、副经理，主要负责客房部的管理及与其他部门的联络、协调等事宜。

1. 客房部经理的岗位职责及能力要求

（1）直接上级：驻店经理、客房总监、主管副总经理或总经理。

（2）直接下级：客房部副经理、主管或领班。

（3）岗位职责：

① 全权负责客房部的管理工作，向直接上级负责。

② 负责客房部的计划、组织和指挥工作，带领客房部全体员工完成上级下达的各项工作指标。

③ 制定客房部的各项经营目标和营业管理制度，组织和推动各项计划的实施，组织编制和审定客房部工作程序及工作考评。

④ 主持部门日常业务和经理、领班例会，参加上级主持的每周部门经理例会，并负责本部门主管以上人员的聘用、培训及工作考评。

⑤ 制定客房部经营预算，控制各项支出，审查各项工作报表及重要档案资料的填报、分析和归档。

⑥ 制定客房价格政策，制订和落实客房推销计划，监督客房价格执行情况。

⑦ 检查客房部的设施和管理，抽查本部门工作质量及工作效率。

⑧ 巡查本部门所属区域并做好记录，发现问题及时解决，不断改善各项操作规程。

⑨ 定期约见与饭店有长住关系的重要客人，虚心听取客人意见，不断改进和完善工作。

⑩ 对客房部的清洁卫生、设备折旧、维修保养、成本控制（预算）、安全等负有管理之责。

⑪ 检查消防器具，做好安全和防火、防盗工作，以及协查通缉犯的工作。

（4）素质与能力：

① 顾全大局，关注客人，善于沟通，勇于创新，讲求效率，身心健康，有较高的职业道德素质和吃苦耐劳精神，有较强的事业心。

② 有较强的口头和文字表达能力，能用一门外语与客人熟练交谈。

③ 有扎实的客房各岗位工作经历，掌握宾客接待礼仪，有娴熟的待客技巧和处理投诉及突发事件的丰富经验，能熟练使用饭店电脑管理系统。

④ 掌握客房清洁保养原理与方法，掌握客房部机器设备知识、使用方法，掌握客房预算及成本控制方法，掌握管理方法。

⑤ 掌握与饭店相关的国家、地方法律法规，掌握饭店管理制度、办法。

2. 客房部副经理的岗位职责及能力要求

（1）直接上级：客房部经理。

（2）直接下级：客房主管。
（3）岗位职责：
① 协助客房部经理做好客房的日常管理工作。
② 在客房部经理的授权下具体负责相关领域的工作并保证所负责工作保质、保量、按时完成。
③ 及时了解客房部情况，随时向客房部经理提出建议。
④ 在经理外出时行使经理的权力，当好经理的助手和参谋，配合经理完成部门管理目标。
（4）素质与能力：
① 顾全大局，关注客人，善于沟通，勇于创新，讲求效率，身心健康，有较高的职业道德素质和吃苦耐劳精神，有较强的事业心。
② 有较强的口头和文字表达能力，能用一门外语与客人熟练交谈。
③ 有扎实的客房各岗位工作经历，掌握宾客接待礼仪，有娴熟的待客技巧和处理投诉及突发事件的丰富经验，能熟练使用饭店电脑管理系统。
④ 掌握客房清洁保养原理与方法，掌握客房部机器设备知识、使用方法，掌握客房预算及成本控制方法，掌握管理方法。
⑤ 掌握合同法、消费者保护法、治安管理条例、饭店管理法规及安全管理条例。

（二）客房楼层服务组

客房楼层是客房部组织结构中的主体，设主管及早、中、晚班领班和客房服务员若干名，负责所有住客楼层的客房、楼道、电梯口的清洁卫生和接待服务工作。大型饭店往往分设卫生班、台班和服务班，其基本职能包括：为前厅部及时提供符合饭店标准的客房产品，为宾客提供礼貌、周到的服务，管理楼层区域的设备。

楼层服务员负责客房及楼层走廊的清洁卫生，同时还负责客房内用品的替换、设备的简易维修保养，为住客和来访客人提供服务。

1. 客房楼层主管的岗位职责与能力要求

（1）直接上级：客房部经理或副经理。
（2）直接下级：领班。
（3）岗位职责：
① 负责楼层各项督促工作，接受客房部经理的直接领导。
② 对本班辖区内卫生、服务质量和完成效率负责。每天早班必须巡查辖区内的所有房间，必要时亲自监督清洁VIP（贵宾）房。
③ 查看房间的维修保养事宜，严格控制坏房、维修房的数量。
④ 严格控制和检查楼层布草、用品的存量、保管和消耗是否正常。
⑤ 按部门要求对下级员工进行不定期的业务、操作培训，不断提高员工的素质、业务水准和操作技能。
⑥ 负责辖区内卫生计划的安排和监督检查工作。

⑦处理客人投诉并向部门经理和大堂经理汇报，当遇到自身不能解决的事情时，第一时间通知上级。

⑧定期征询长住客的意见，处理好长住客与服务员的关系。

⑨解决辖区内因工作关系产生的各种纠纷和内部投诉，重大问题必须向部门经理报告。

⑩做好辖区内的防火、防盗等安全工作，确保楼层的安全、安静。

⑪参加部门例会，如实反映工作，积极提出合理化建议。

（4）素质与能力：

①工作认真，顾全大局，关注客人，善于沟通，讲求效率。

②有较强的口头和文字表达能力，能用一门外语与客人熟练交谈。

③掌握客房服务的程序、标准和要求，掌握客房设备、清洁设备和各种清洁剂的安全使用方法。

④了解主要客源国概况，有娴熟的待客技巧和应变能力，能熟练使用饭店管理软件。

⑤掌握消费者权益保护法及消防安全管理条例，掌握客房、前厅、餐饮、财务部的工作程序、标准和要求。

⑥有较强的沟通协调能力和实施培训的能力。

2. 客房楼层领班的岗位职责与能力要求

（1）直接上级：主管。

（2）直接下级：客房服务员。

（3）岗位职责：

①按照客房的工作程序、工作标准和质量要求检查客房的清洁保养和服务工作。

②检查房态，并按检查程序和标准报告客房房态，保证房态准确无误。

③注意客人的动向，发现问题及时向上级汇报。

④做好安全防火工作。

⑤完成上级交办的其他工作。

（4）素质与能力：

①工作认真，顾全大局，关注客人，善于沟通，讲求效率。

②有一定的语言沟通能力，能用一门外语与客人进行简单交谈。

③掌握客房服务的程序、标准和要求，掌握客房设备、清洁设备和各种清洁剂的安全使用方法。

3. 客房服务员的岗位职责与能力要求

（1）直接上级：领班。

（2）岗位职责：

①在上级安排的楼层区域上班，上班工作活动不能超越此区域。

②对该区域的服务及客房管理负全部责任，包括该区域客房的卫生清洁、公共区

域卫生、对客服务、房间保养和突发事件等，了解该区域内的所有客房实际状态。

③ 确保楼层安全、安静，留意一切有异常举动和需要服务或特别照顾的客人，及时提供必要的帮助，做好一切记录和交接工作。

④ 负责该区域内的退房检查工作，及时将检查情况报告给前台收银，除OK（已清扫）房外的所有状况都要报到办公室。

⑤ 在客房内发现遗留物品（走客房），不论价值大小，都应记下房间号码、客人姓名、日期，送到房务中心进行保管登记。

⑥ 熟练掌握客房清洁工作流程和服务程序，工作迅速，具有良好的工作效率，对本职工作认真负责。

⑦ 具备吃苦耐劳的精神，能够迅速而高效地完成上级交代的各项任务，工作中不浪费资源。

⑧ 严格执行饭店各项规章制度，服从上级管理，遇到自身不能解决的问题及时向上反映，切忌自作主张。

⑨ 了解消防安全知识、急救知识、卫生防疫知识，掌握客源国概况。

（三）公共区域服务组

1. 主管的岗位职责与能力要求

（1）直接上级：客房部经理或副经理。

（2）直接下级：保洁公司主管或饭店公共区域员工。

（3）岗位职责：

① 负责饭店公共区域的清洁保养工作及清洁质量检查和监督工作。

② 代表饭店与清洁公司进行日常沟通。

（4）素质与能力：

① 工作认真，顾全大局，关注客人，善于沟通，讲求效率。

② 有一定的语言沟通能力，能用一门外语与客人进行简单交谈。

③ 了解客源国概况。

④ 掌握消防、安全、卫生、环保等方面的法规，了解前厅、客房、餐饮、财务、工程等相关部门的工作程序。

⑤ 具有实施培训的能力。

2. 地毯工的岗位职责与能力要求

（1）直接上级：楼层主管或公共区域主管。

（2）岗位职责：

① 负责饭店地毯、沙发、床头板、床垫的清洁工作。

② 负责饭店区域内的铺地毯工作。

③ 协助楼层定期进行大清洁工作。

④ 保证相关清洁设备的正常运行。

⑤完成上级交办的其他任务。
（3）素质与能力：
①工作认真，顾全大局，关注客人，善于沟通，讲求效率。
②有较好的口头表达能力。
③熟悉各种地毯的质地、规格、性能，掌握各类地毯的清洁、保养、修补、铺设等技术，熟练操作地毯清洁设备。

（四）棉织品房服务组

棉织品房又称为布件房或布草房，与客房办公室毗邻，设主管、领班各一名，另有缝补工、棉织品及制服服务员若干名。棉织品房服务组的基本职责包括以下几点。
（1）负责饭店棉织品及制服的领用、收发、保管和修补工作。
（2）负责饭店棉织品与制服的定期盘点与补充工作。
（3）负责饭店棉织品的报废工作。
（4）合理控制库存量，有效控制成本。

（五）客房服务中心服务组

客房服务中心一般位于客房部办公室区域，设主管一名，值班员若干，下设早、中、晚三个班次。

1. 主管的岗位职责与能力要求

（1）直接上级：客房部经理。
（2）直接下级：领班。
（3）岗位职责：
①确保客房服务中心各项工作有效进行。
②管理客房服务中心业务工作。
③汇集对客服务和管理信息并在部门内及饭店各部门之间传递。
④与其他相关部门进行工作沟通。
⑤负责客房部员工的签到、签离，出勤的统计、整理、监督等工作。
⑥客房部所有钥匙的发放、收回及保管工作。
（4）素质与能力：
①工作认真，顾全大局，关注客人，善于沟通，讲求效率。
②有较强的口头和文字表达能力，能用一门外语与客人熟练交谈。
③了解主要客源国概况。
④掌握客房、前厅、餐饮、财务部的工作程序、标准。
⑤具有一定的计划能力、执行能力、监督能力、沟通能力。

2. 文员的岗位职责与能力要求

（1）直接上级：客房部经理。
（2）岗位职责：

① 在客房部经理领导下，负责客房服务中心的信息传递工作，保证对客服务工作及各项工作的质量。

② 负责核对前厅部交送的报表资料：客情预报表、重要客人接待通知单、团队会议接待通知单、次日抵达客人名单、当日预订客人名单、预计离店客人名单、住店客人名单。

③ 核对并检查各楼层区域的钥匙，做好记录并按程序发放。

④ 接收和处理来自客人的各种服务需求，并及时联系楼层服务员迅速提供服务。

⑤ 随时接收楼层服务员对客房房态的变更报告，正确记录，及时输入电脑，保证客房房态正确。

⑥ 检查各楼层送交的报表，汇总后按时向相关部门分发。

⑦ 负责客人特殊服务要求的落实。

⑧ 负责与相关部门协调对客服务工作。

（3）素质与能力：

① 工作认真，顾全大局，关注客人，善于沟通，讲求效率。

② 有较强的口头和文字表达能力，能用一门外语与客人熟练交谈，能撰写一般的报告。

③ 了解主要客源国概况。

④ 掌握客房、前厅、餐饮、财务部的工作程序、标准。

⑤ 能独立处理当班时遇到的各项事宜，有娴熟的待客技巧和应变能力，能熟练使用饭店管理软件。

（六）洗衣房服务组

洗衣房也称为洗衣场，通常设主管一名，早、中领班若干名，下设客衣组、湿洗组、干洗组、熨衣组。洗衣房主要负责洗涤客衣和饭店所有棉织品与员工制服。其基本职能包括：

（1）负责饭店棉织品及制服的洗涤、熨烫。

（2）为住店客人提供洗衣、熨烫服务。

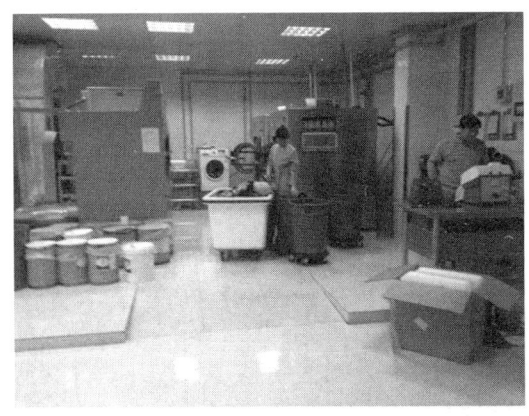
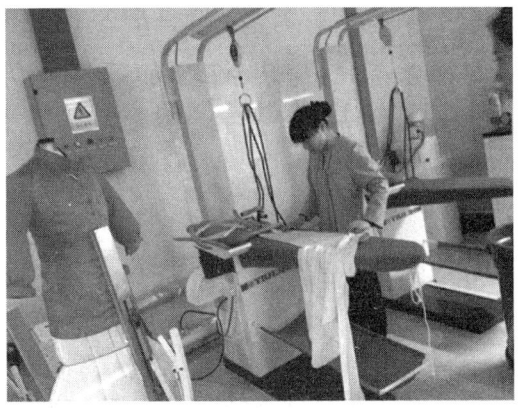

任务三 客房部与其他部门的联系

 **案例导入**

客房有人？

笔者经常因工作需要而参观饭店客房。参观客房本没有什么稀奇的地方，但有时遇到类似以下三种情形倒是真感到稀奇，而且先为之担忧。

例一，一次带学生去参观一家饭店，客房部经理带一行数人进入一间客房后，笔者立即询问这位经理是否已通知总台该房间已作参观之用，话音未落，门口已有两位提着行李的客人向房内探头探脑，其中一人在自言自语："是这个房间吗？好像已有人住啦。"笔者心里明白，总台并不知道该房间有人在参观。

例二，某饭店准备对客房进行改造，总经理邀笔者先参观客房原貌，然后提出改造建议。当楼层主管正拿钥匙开某一房间的门时，只听见房内有人喊话："什么人？"这位主管立即停止开门动作，并急中生智模仿服务员对房里说："我是客房服务员，请问可以整理房间吗？""不需要！我要休息！"房间里传出的声音明显带有不满。笔者看了一下时间，正是中午1：30，显然打扰了客人休息。

例三，这一次还是被邀请参观客房。当客房领班打开房门拉开窗帘后，总经理陪笔者一同进入房间，突然发现床上竟然睡着一个人，吓得我们立即停止了谈话，悄悄地退出房间关上房门。那位领班想必也吓得不轻，面对总经理的指责，脸色苍白，不知所措。

 思考 上述错误发生的原因是什么？

客房是饭店向客人提供的最重要的产品，必须有饭店其他部门的全力配合支持，才能保证客房产品质量。因此，客房部与饭店各部门之间必须保持密切的沟通联系，才能使房务工作顺利进行。

一、客房部与前厅部的沟通与协作

饭店客房部与前厅部之间的联系最多并且最为密切。从经营的角度讲，客房部是客房产品的生产部门，前厅部是客房产品的销售部门，很多饭店在机构设置时把前厅与客房部合二为一。在分设为两个部门的饭店中，客房部与前厅部的使命也是共同的，即开拓新客源、招徕回头客，因此，两部门之间的沟通交流、协作是非常重要的。

客房部为前厅部及时提供保质保量的客房，满足前厅部客房销售和安排的需要。客房部得到前厅部客人入住的信息后，在最快最短的时间内将客房清洁、检查完毕并交回给前厅继续出租。客房部根据前厅部提供的信息进行每日例行查房，做出房态误差报告送交前厅，以使其达到最高出租率。

客房部与前厅部之间互通信息，保障客房信息的一致性和准确性。客房部与前厅部相互通报客房状态、客情信息，前厅部根据电脑登记情况和客人入住及离店情况及时做出房态表或预先口头通知客房部，前厅部应为客房部准备当日客人入住情况表、当日团队客人入住表和当日重要宾客表，尽可能全面地注明客人的姓名、年龄、国籍、身份、爱好、有无特殊要求、到达航班等信息，客房部根据这些信息安排客人的起居。

客房部与前厅部之间要进行人员的交叉培训，使员工相互了解，熟悉对方业务，加强沟通，增进理解，以便于合作，同时全面提高员工的业务能力。

二、客房部与工程部的沟通与协作

客房部与工程部作为两个职能部门，目标是相同的，即保障饭店的设施设备处于完好状态，为宾客提供优质服务，减少客人投诉。两者之间必须保持良好的合作关系，才能取得最佳工作效果。

两个部门相互配合，共同做好维修保养的工作。客房部员工在工作操作中发现问题，提交工程部要求维修。客房部、工程部管理人员根据日常维修，对常发生的故障和问题进行定期检查，并提交维修报告。此外，每年在淡季或出租率情况许可下，对饭店客房及公共区域逐步进行全面检修和维护保养。

三、客房部与餐饮部的沟通与协作

客房部负责各餐厅、宴会厅的清洁卫生，棉织品和员工制服的洗涤熨烫工作，协助餐饮部做好客房送餐、客房小酒吧食品饮料的清点补充工作，配合餐饮促销活动，在客房内放置餐饮宣传材料。因此，上至客房部经理、主管及餐厅经理、主管，下至客房服务员、公共区域卫生清洁工和餐厅服务员，都要互相理解、互相配合、通力合作。

客房部管理人员应及时与各餐厅及宴会部经理取得联系，了解各餐厅的用餐情况和时间、宴会的规模及布置，保障各餐厅棉织品的供应及餐后清洁工作。特殊会议对棉织品、花卉、装饰等的特殊要求都要与宴会厅经理提前协商，每日必须阅读各项宴会单，做到心中有数。例如，冬季召开大型宴会，还要考虑来宾存衣问题，存衣室是否能够存大量的衣物、衣架是否够、标号是否齐全、如何排号、人员如何安排等，都要事先做好准备。客房部管理人员还应根据每月棉织品盘点情况与餐饮部召开协调会，指出棉织品使用中的问题，尽量减少不必要的浪费，节约开支。餐饮部也应根据运营情况，就各餐厅的清洁卫生和棉织品发放中出现的问题、员工工服问题与客房部协调，使问题得以尽快解决。只有两个部门通力合作，才能使各项活动进行得井井有条，才能为客人提供优质高效的服务。

四、客房部与安全部的沟通与协作

客房部要协助安全部对客房和公共区域进行检查，做好防火、防盗等安全工作；提供可疑住客和访客的情况,并在必要时协助公安机关、安全部打开客房门;对重要外宾,将由安全部提供特别保卫工作;对住客报失案要会同安全部处理。

安全是饭店工作的生命线,它直接影响饭店宾客的生命财产安全、员工人身安全和饭店的财产安全,所以说客房部的安全工作是很重要的。客房部经理一定要有很强的安全意识,要支持专职安全人员的工作,积极配合安全保卫人员做好客房安全工作,对新员工要加强安全教育、消防教育和防盗防骗教育,并经常请专职安全保卫人员对客房部员工进行各种形式的安全教育,包括通报本地区范围内发生的一些案例,提高员工的警惕性,防止坏人作案给饭店和宾客造成恶劣影响,一旦发现可疑情况要及时通报安全部。

五、客房部与采购部的沟通与协作

客房部所需物资种类繁多,应向采购部提供所需设备物资的规格、质量要求,提出切合实际的采购建议。为控制成本,也应对价格提出建议。采购部应按要求采购美观实用、价格合理的物资设备,保证及时足额供应。

六、客房部与财务部的沟通与协作

客房部应协助财务部做好客房有关账单的核对、固定资产的清点工作,在财务部的协助下制定房务预算,定期盘点棉织品和其他物资用品。

七、客房部与公关销售部的沟通与协作

客房部应协助公关销售部做好促销宣传活动,在客房内放置宣传卡,宣传推销客房和饭店其他服务;为公关销售部陪同前来参观客房的客人提供方便,热情接待。

八、客房部与人力资源部的沟通与协作

客房部应协助人力资源部做好客房员工的招聘、使用与培训工作。

项目小结

客房部是饭店的一个重要职能部门,是饭店最基本的物质基础,是宾客的"家外之家",客房部的服务质量对整个饭店的服务水准和形象有着十分重要的影响。

本项目主要阐述了客房部在现代饭店经营管理中的基本功能和重要地位、客房部的组织机构设置与主要管理岗位的职责、客房部与其他部门的联系等几方面的内容。

综合能力训练

······ 基本训练 ······

一、解释

客房部　客房

二、选择

1. 客房是饭店的基本设施和主体部分，从建筑面积来看，客房面积通常占饭店总面积的（　　）左右。
   A．50%　　　　B．60%　　　　C．70%　　　　D．80%
2. 客房收入一般占饭店总收入的（　　）。
   A．40%~50%　　B．50%~60%　　C．60%~70%　　D．70%~80%
3. 客房部的主要任务包括（　　）。
   A．饭店清洁卫生　　　　　　　B．饭店客房服务
   C．客房成本控制　　　　　　　D．与其他部门的协作
4. 大中型饭店客房部组织机构一般设置有（　　）。
   A．经理办公室　B．楼层服务组　C．公共区域组　D．洗衣房服务组
5. 客房服务中心的基本职能包括（　　）。
   A．传递信息　　B．协调工作　　C．控制出勤　　D．管理钥匙

三、思考

1. 简要说明客房部在现代饭店经营管理中的重要地位。
2. 简述饭店客房部组织机构设置的原则及设置情况。
3. 简要阐述客房部与前厅部的关系。

四、案例分析

微笑服务有错吗？

5月的一天，一位男士拎着行李缓缓走入饭店，一脸沉重地说道："服务员，麻烦订一个单人房，住5天。""好的，请您稍等。您需要中档还是高档的客房？"服务员一如既往地微笑和热情。

"中档的就可以了，麻烦你们快点，我很累。"顾客一脸的不耐烦。"好的，我们这就去办。在907房，请走这边。"服务员仍是微笑着。

当顾客到房间后不久，服务员就端着点心敲门了："先生，旅途劳累，先吃些点心

吧！"服务员微笑着说。"好的，你放在这里，没事你可以出去了。如果没有叫你，请不要再来打搅。"顾客好像有点生气了，"砰"的一声，房门被重重地关上了。

第二天，他来到餐厅用早餐时，服务员立即走上前，用愉悦的声音打着招呼："早上好，先生，能为您效劳吗？""我吃早餐时想清静一下，请不要打扰。""哦，真不好意思。"

接下来，一连串饭店的例行服务都被他拒绝了，弄得服务员很尴尬：不按服务规程做的话，经理会说你没尽到职责；按服务规程做的话，又怕顾客嫌烦，甚至挨骂，真是左右为难。

当服务员再一次给他收拾房间时，更加小心翼翼，而且脸上的微笑也比以前看起来更有亲和力。但这位先生终于受不住了："你们饭店的服务怎么这样子？只会对顾客微笑，也没看到顾客心情不好，你就不能不笑？你们的服务真是太差劲了，我要投诉你们！"

服务员一听到投诉，满脸委屈，当即报告客房部经理。闻讯赶来的客房部经理向客人表示歉意的同时，解释这是饭店的标准服务，有意见的话一定改正过来。

原来，这位先生在外地处理妻子的丧事回来，住饭店就是为了换一个环境，缓解一下痛苦。但每次看到服务员的微笑，他心里就很不好受，自己还在承受丧妻之痛，人家却老是对着他笑，他的心里就更难受了。

在服务员的赔礼道歉下，这位先生的怒气终于平息了。

问题：

如何把握饭店行业微笑服务的规范化与个性化？

技 能 训 练

一、任务名称

饭店组织机构认知。

二、任务目标

1. 以小组的形式，通过登录网站或到饭店参观考察，对不同规模、档次饭店的组织机构、岗位职责等情况进行调研。

2. 通过课堂讨论的方式对调研情况进行分析讨论，培养学生分析问题、解决问题的能力。

三、任务实施

1. 对所教班级进行分组，6~8人为宜。
2. 小组内进行调研饭店的讨论。
3. 小组内进行调研人员的分工。

4. 对调研结果展开讨论，形成报告。
5. 选派一名代表发言汇报，要求主题突出，简明扼要，语言表达清晰流畅。
6. 教师适时指导。
7. 时间：1 周。

四、成果考核

1. 撰写调研报告，1 000 字左右。
2. 教师根据学生表现及调研报告计分，并纳入学生平时成绩。

项目二 客房产品

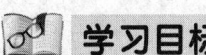 学习目标

通过学习，你应该达到：

1. 解释特色客房、健康客房、无烟客房等概念。
2. 叙述特色客房的类型。
3. 能运用特色客房知识，为客人提供特色服务。
4. 能运用色彩、家具、照明等手段对客房进行简单装饰布置。

任务一 客房的种类

 案例导入

一位VIP（贵宾）客人的遭遇

一日，某饭店即将到店的客人中，有两位是日本某跨国公司的高级行政人员。该公司深圳方面的负责人员为这两位客人预订了行政楼层客房，并要求饭店安排VIP（贵宾）接待。客人到店之前，相关部门均做好了准备工作。然而，就在一切准备就绪，客人到店安排好后，其中一位VIP客人生气地声称自己被带到普通楼层的客房去入住了。客房经理十分愕然，连忙道歉……

 思考　1.试想客房服务为什么会出现这种情况？
　　　　2.你知道的饭店客房有哪些类型？

客房是饭店最基本、最主要的产品。不同类型、档次的饭店，为了满足不同客人的住宿需要，设置了不同类型的客房。随着市场经济的变化和饭店之间竞争的加剧，饭店的客房种类、内部设施设备用品的配备趋向多样化，以适应不同类型客人的需求。

一、按客房配备床的种类和数量划分

客房的分类方法有很多,如按房间配备床的种类和数量划分、按房间所处的位置划分等。客房类型多样,价格高低有别,才能满足不同消费者的需求,尤其是满足具有不同消费能力客人的需要。客房主要有以下几种类型。

(一)单人间(single room)

单人间又称单人客房,是在房内放一张单人床的客房,适合单身客人使用。传统的单人间属于经济档,一般饭店单人间数量很少,并且多把面积较小或位置偏僻的房间作为单人间。

(二)大床间(double room)

大床间是在房内放一张双人床的客房,主要适用于夫妻旅行居住。新婚夫妇使用时,称作"蜜月客房"。

高档商务客人很喜欢大床间的宽敞舒适,也是这种房间的适用对象。目前高星级饭店设置的商务单人间就是以配备大床并增设先进办公通信设备为特色的。在以接待商务客人为主的饭店,大床间的比例逐渐增加。

(三)双床间(standard room)

双床间的种类很多,可以满足不同层次客人的需要。

(1)配备两张单人床。两张床中间用床头柜隔开,可供两位客人居住,通常称为"标准间"。这类客房占饭店客房数的绝大部分,适合旅游团队和会议客人的需要。普通散客也多选择此类客房。

(2)配备两张双人床,可供两个单身旅行者居住,也可供夫妇或家庭旅行客人居住。这种客房的面积比普通标准间大。

(3)配备一张双人床、一张单人床,或配备一张大号双人床、一张普通双人床。这类房间容易满足家庭旅行客人的需求。

(四)三人间(triple room)

三人间是在房内放三张单人床,属于经济型客房。中高档饭店中这种类型的客房数量极少,有的甚至不设。当客人需要三人同住一间时,往往采用在标准间加一张折叠床的办法。目前,所有星级饭店都提供"加床"服务。

(五)套间(suite)

套间也有多种类型,具体如下。

1. 普通套间(junior suite)

普通套间一般是连通的两个房间,称双套间,又称双连客房,一间作卧室,另一间作起居室,即会客室。卧室中放置一张大床或两张单人床,并附有卫生间。起居室也设有供访客使用的盥洗室，内有便器与洗面盆，一般不设浴缸。

2. 豪华套间（deluxe suite）

豪华套间的室内陈设、装饰布置、床具和卫生间用品等都比较高级豪华，通常配备大号双人床或特大号双人床。此类套间可以是双套间，也可以是三至五间，按功能可分为卧室、客厅、书房、娱乐室、餐室或酒吧等。

3. 商务套间（executive suite）

商务套间是为满足商务客人的需求而设计的客房。房间内设有办公桌，配置传真机、电脑等设备。

4. 总统套间（presidential suite）

总统套间通常由五间以上的房间构成，多者达二十间。套间内男、女主人卧室分开，男、女卫生间分用，还设有客厅、书房、娱乐室、会议室、随员室、餐室或酒吧间以及厨房等，有的还设室内花园。房间内装饰布置极其考究，设备用品富丽豪华，一般四星级以上饭店才设。

二、按客房所处的位置划分

（1）外景房：窗户朝向公园、大海、湖泊或街道的客房。

（2）内景房：窗户朝向饭店内庭院的客房。

（3）角房：位于走廊过道尽头的客房。

（4）连通房：隔墙有门连通的客房。

（5）相邻房：室外两门毗连而室内无门相通的客房。

饭店客房产品发展到今天，顾客对那种整齐划一、千店一面的"标准间"已明显感到乏味。一些有远见、有创新意识的饭店已经开始营造自己的特色，而客房的类型是区别于其他饭店的一个重要方面，由此，当今饭店的客房类型呈现出多样化发展的趋势。

任务二 客房产品创新设计

丽思·卡尔顿饭店客房的变革

澳门丽思·卡尔顿饭店实施了客房变革项目"澳门银河"。"澳门银河"第二期已于2015年开幕。二期项目中的丽思·卡尔顿饭店的客房全为套房,这创下了丽思·卡尔顿品牌饭店的先河。

 思考

1. 澳门丽思·卡尔顿饭店为什么要将客房全部建成套房?
2. 套房的优点有哪些?

一、客房设计的原则

(一)客房设计的一般原则

为了保障客人及饭店的利益,客房设计应遵循以下原则。

1. 安全性

安全性首先表现在对火灾的预防上。为此,设计客房时应考虑以下防火措施。

(1)设置火灾报警系统。烟感报警、温感报警与自动喷洒报警是当前常用的早期报警系统。其中,烟感报警对烟雾反应最为灵敏,温感报警的误报率最低,自动喷洒报警除报警之外还能在早期防止火势蔓延。

(2)减少火荷载。火荷载是指饭店内可燃烧的建筑材料、家具、陈设、布草等的总和。设计客房时应尽量采用难燃或不燃的建筑、装修材料。

2. 健康性

环境直接影响人的健康:噪声危害人的听觉健康,照明度不足影响人的视觉健康,生活在全空调环境中,如新风不足、温湿度不当会损害人的身体健康。因此,在设计客房时,必须重视隔音、照明和空调设计,控制听觉、视觉和温湿度等环境刺激。

(1)隔音。客房噪声的来源主要有城市环境噪声,相邻客房的电视机、电话、客人的谈话等声音,客房内部上下水管流水、空调机发出的声音,走廊里客人及服务员谈话、吸尘器的声响等。对于这些可能出现的噪声,在设计客房时都应考虑加以控制。

(2)照明。室内照明的主要作用是为客人提供良好的光照条件,以获得最佳的视觉效果，使室内环境具有某种气氛和意境，增强室内环境的美感与舒适感。现代饭店室内照明除了提供视觉所需要的光线外，还有一些特别的作用：组织空间、改善空间感、渲染气氛、体现特色。

（3）空调。空调的设计、选用和安装应在保证一定湿度和温度的前提下，使噪声减小到最低程度，并能提供充足的新风，不会使客人在房内感到头痛，危害客人的健康。

3. 舒适性

客房是客人休息的场所，也是客人在饭店停留时间最长的地方，因此，客房的设计一定要使客人有舒适感。

（1）空间尺寸。一般来讲，客房的面积越大，舒适度就越高。对于一个双床间而言，国际上流行的开间为3.6~4.2米，进深为7.6~10米。剖面中，净高2.5米与开间3.6~4.2米所形成的比例为1.44~1.68，是接近黄金分割的矩形剖面比例，有利于形成亲切、舒适的客房空间气氛。

（2）家具的摆设。客房家具摆设是否得当，是否有利于客人行走和在房内的生活起居，都会影响客房的舒适感。21世纪的饭店注重实用功能，客房的设计、家具的摆设一定要给客人以方便、舒适之感。

（3）窗户的设计。客房开窗是为了采光、日照，但与观景也有直接关系。"窗即景框"，窗越大越能使人感到环境之优美，舒适感越强。窗离地不宜太高，通常不应高于0.7米，"高宽比"以1∶2为好，这样能产生令人喜爱的"宽银幕画面"效果。窗户的大小还应考虑饭店所在地的气候条件。一般来讲，炎热地区的饭店窗户宜大，寒冷地区的饭店窗户宜小，同时还可以在一定程度上为饭店节省能源。

（4）装修风格。满足客人需求心理的客房装修风格，也能为客人提供舒适感。有的宾客希望走进客房如回到家中一样方便舒适，有的则希望进入客房能够感受新鲜有趣的异族文化。因此，饭店在进行客房设计装修时，可以考虑既有西式客房，又有民族特色的客房，以满足不同客人的不同心理需求。例如，建造于20世纪30年代的上海和平饭店，有九国套间客房，表现各国民族风格；驰名于世的东京帝国饭店既有豪华的西式套间，又有表现浓郁乡土情调的"和式"套间。

4. 实用性

客房设计与布置要注重实用性，要恰到好处地利用空间，既方便客人在室内的生活起居，又方便服务员的清洁操作。此外，镜子的高度、灯光的亮度等都要适宜。要选择价廉物美、便于清洁和保护的室内用品和设备。

5. 美观性

客房的装饰布置是一门艺术，客房的设计和装饰布置要强调和谐与美观，要使客房内的设施设备、各种用品及其色彩成为一个和谐的整体。为此，一些大饭店甚至设有专职的室内装饰员，负责房间内部的装饰，家具的摆设，室内颜色的搭配，窗帘、壁画、灯光之间的调节等。

阅读材料

客房发展的历史

1829年，美国波士顿的特莱蒙饭店第一次别出心裁地使用了单间，为饭店开创了先例，而在此之前，旅客们只能共同使用一个房间。之后由于竞争需要，饭店不断引进如煤气、电灯、扬声器、电话、电梯、中央供热、供水等科技产品。1908年，美国纽约州巴佛罗的斯达特雷饭店首次在全部客房内设置了浴室，并且提供了室内循环水、全身镜、入口处的电源开关，以及床边的电话和收音机。

（二）卫生间设计的原则

卫生间是客房的重要组成部分。随着社会的进步、人们生活质量的提高，卫生间的功能开始走向多样化，已不仅是传统的满足人们生理需求的地方，还日益成为人们化妆、健身和享受生活、追求美的场所。因此，人们对卫生间的要求也越来越高。卫生间的设计应注意以下原则。

1. 宽敞

卫生间要有宽敞的活动空间，使客人有舒适之感，避免由于空间狭小使客人活动不便或感觉压抑。另外，卫生间还要有足够大的化妆台，供饭店放置各种卫生用品和供客人搁置自带的化妆用品，以满足客人（尤其是女性客人）追求美的需要。按照我国饭店的星级评定标准，卫生间的面积通常应在4~6平方米，这与国际上三件套设施卫生间的面积基本一致。

2. 明亮

卫生间要明亮，以免客人有压抑之感，尤其是梳妆台及镜面位置要保证足够的照明度，以便客人梳妆打扮。

3. 舒适

除了宽敞明亮的空间能够增加卫生间的舒适感以外，其他方面的因素也可能影响卫生间的舒适程度，如色彩。例如，某饭店客房的基调是杏黄，而卫生间的地面、墙壁、洁具采用的却一律是淡蓝。这样的处理就不太恰当，从暖色调一下子跨到冷色调，会给人以冰冷的感觉，而这恰是大多数人淋浴时所忌讳的感觉。

4. 保健

随着社会的进步，人们的保健意识和保健需求越来越强烈。客房卫生间成了很多人的健身场所，因此，在设计卫生间时，就应考虑客人这方面的需求。例如，在卫生间内放置磅秤、选用具有保健功能的按摩浴缸等。

5. 方便

卫生间内各种设施设备的配备和安装，一定要方便客人。电话、电源插座、毛巾架、香皂碟、浴缸扶手架、淋浴器以及卫生纸盒等的安装位置一定要合理。要将人身活动的规律作为卫生间设计的依据之一，如根据人身活动半径来确定淋浴喷头的高度，淋浴肥皂盒、盆浴肥皂盒的高度，安全把手的位置等。

6. 实用

卫生间设施设备的选择和安装要贯彻实用的原则。例如，卫生间的地面应用大块贴面材料，以减少拉缝。另外，由于有些客人担心感染各种皮肤病、妇科病和肝炎等疾病，一些地区的新建饭店可以考虑不在普通客房的卫生间内安装浴缸，而以淋浴器代替。这样不但节省浴缸的购置费，还可以节约劳动力和清洁保养费用，并且可以节省空间，可谓一举多得。

7. 安全

卫生间的设计还应考虑客人的安全需要。国际上许多饭店在卫生间设有紧急呼救按钮或紧急电话，也有供客人沐浴晕眩时用的紧急开门器。卫生间的电器开关均改为低压电器开关，电动剃须刀、吹风机等插座均标明电源种类，配漏电断路器。此外，要保证卫生间内通风状况良好，浴缸的底部及卫生间地面要有防滑措施，浴缸墙面要有扶手杠。

二、客房功能空间设计及陈设布置

一个成功的饭店客房产品设计及陈设布置，关键就是要在深入了解饭店设计特殊性的基础上，科学地运用各种设计原则与方法，在满足建筑需要的同时，突出饭店的经济功能性和文化独特性，同时考虑到客人的需求，才能给客人带来极大的满足和愉悦，从而形成自身的特色，塑造出自己的品牌。

（一）功能空间设计布局

客房是客人在饭店逗留期间的生活场所，这就要求合理地设计客房布局并配备相应的家具用品来满足客人在客房中的睡眠、盥洗、起居、书写和储存等生活需要。

1. 睡眠空间

睡眠空间是客房最基本、最主要的空间，其中最主要的家具是床、床头柜和床头灯等。这一空间是客人使用最多的地方，其舒适程度直接影响到客人对饭店的选择。

睡眠空间中最主要的家具是床，床的质量直接影响客人的睡眠质量。床的质量要求是床垫与弹性底座有合适的弹性，牢度好，使用时不发出嘎吱声，可以方便移动又有优美的造型。因此，目前国际饭店集团都加强了对睡眠空间的改善。

床头柜也是这个空间内的重要家具。现代饭店床头柜的功能已可满足客人的各种基本需求，如广播选频、音量调节、床头灯、脚灯、房间灯的开关，时钟、定时呼叫、市内电话与国际电话等。

2. 盥洗空间

客房卫生间是客人的盥洗空间。卫生间是客房不可缺少的部分，是显示饭店等级的一个重要方面。客人在卫生间通过沐浴消除一天旅游或工作的劳累,以恢复体力。卫生间主要的设备有洗面盆、浴缸、马桶、毛巾架、纸架、电话分机、吹风筒、换气装置、壁灯、防水雾面镜、化妆镜等。目前,越来越多的饭店采用开敞式卫生间,让干、湿区享受到自然风光,其设计更人性化。

饭店在设置浴缸、马桶与洗面盆三件卫生设备时应注意以下几点。

(1)浴缸:浴缸有铸铁搪瓷、铁板搪瓷、工程塑料与人造大理石等多种,以表面耐冲击、易清洁与保温性良好为最佳。

浴缸底部的防滑问题值得注意。不少制造厂为了防止客人在洗澡时滑跌,在浴缸底部采取了凹凸的或光面毛面相间的防滑措施。有的饭店对无防滑措施的浴缸增设了橡胶防滑垫。

有的客人习惯淋浴,故浴缸上多数附设淋浴器与固定喷头,以满足客人的需要。经济型饭店也有不设置浴缸而采用淋浴的。东南亚地区的客人喜欢"冲凉",往往爱使用淋浴。

(2)马桶:马桶的尺寸一般为宽360毫米、长720~760毫米。为满足使用要求,马桶需有前方450~600毫米、左右300~329毫米的空间。

(3)洗面盆:洗面盆的材质有瓷质、铸铁搪瓷、铁板搪瓷、人造大理石或工程塑料等多种。使用最多的是瓷质洗面盆,它具有美观并容易清洁的优点。

3. 起居空间

标准双床间客房的起居、休息空间一般在窗前区,放置有安乐椅(或沙发)、小餐桌或茶几、落地灯,供客人休息、会客、观看电视等。此外,起居空间还兼有供客人饮食的功能,客人在此饮茶、吃水果及简易食品等。

饭店的等级不同,客房的起居休息空间也不同。套间中有独立的起居室,也增加了沙发数量,以用于会客。在豪华套间、总统套间内,还单独设置会议空间。在会议空间则提供十余人开会用的会议桌椅。

4. 书写空间

标准双床间客房的书写、阅读空间在床的对面,也有设在窗前的。在这个空间里,有条形多功能长桌、方凳、电视机、冰箱、台灯、电话、大面镜、行李架等。近几年来,随着商务客人的不断增加,对书写空间的改善受到全球饭店业的普遍重视,如办公桌的配置、灯光亮度的加大、因特网接口的增加等。

在豪华套间、总统套间内,还单独设置有读书空间,读书空间中备有大型书桌及文房四宝。书柜中应放有工具书及具有本国特点的书籍。

5. 储存空间

储存空间设壁柜或箱子间。壁柜一般设在客房小过道侧面,也有设在卫生间侧面墙处的。壁柜可存放衣帽、箱子。壁柜门在小走道开启的,由于外开门会有碍走道交通,故设计成推拉门或折叠门更好。高级别饭店的客房中还设置有迷你酒吧,饭店一般免费提供茶叶,也在冰箱中提供各种收费的饮料、小瓶酒、杯具。这种微型酒吧一般设在小走道旁或壁柜边。

（二）客房室内陈设布置

饭店客房室内设计的内容有家具陈设、用品陈设、布件及装饰物陈设、色彩运用、照明设计等几个方面。饭店客房管理者要根据客人的文化修养、习惯和爱好，创造舒适的、符合客人生理和心理要求的、能获得精神享受的室内环境。

1. 家具陈设

家具是饭店客房室内布置的主要内容。在室内除了建筑部分外，不论从功能、数量还是所占空间来看，家具都占有主导地位。现代饭店对客房家具在尺寸、数量、位置以及风格上都要求经过精心的策划。

（1）客房家具的选择。选择家具是客房家具布置的准备工作。选择客房家具既要考虑其功能，又要注意美观。家具功能选择的原则是实用舒适、尺寸合理、质地坚实、易于清洁。家具美观选择的原则是格调统一、色彩协调、式样美观。客房家具选择还要考虑饭店客房的不同等级和规格。不同规格的客房对家具的数量、质量、类型的要求都不相同。例如，标准间功能全，集睡眠、会客、阅读、书写于一体，在这一室之内，家具的配置只需满足必要的功能即可。与此相比，套间客房的配置就显得较为丰富，卧室、起居室分别选配不同的家具。至于豪华套房，除了考虑功能外，在质量和艺术方面也要与众不同，形成一种独特的风格。

（2）客房家具的布置。为了创造良好的氛围，饭店客房家具都是成套成组配置的，以构成合理的空间。各种单件家具，随环境要求做不同的组合，可形成具有不同效果的空间。家具布置设计的原则有两个方面。一是要有疏有密：疏者，留出客人出入的活动空间；密者，以家具组成客人的休息、使用空间。二是要有主有次，即突出主要家具、设备或陈设，其余作陪衬。以标准间为例，家具的摆放通常分为宁静区、明亮区和通道区三个区域。宁静区布置卧床和床头柜，明亮区布置会客、起居用的沙发和茶几，通道区布置长形多功能柜。

2. 用品陈设

饭店在客房中除配备各种家具、设施设备之外，还应配置各种用品，供客人使用。星级越高的饭店，其客用品的设计越精致优雅，质量越好；客用品的配备亦可体现对客人的礼遇规格，如在贵宾房或一些特殊客房（如套房、商务房）内配置比标准间更好的用品，让客人感到自身的与众不同，更容易使客人接受饭店的房价，给他们物超所值之感。另外，饭店通常在客用品上印上饭店名称、标志及地址、电话等，一方面，可加深客人对饭店的印象和了解；另一方面，当客人带走某些客用品时，也可起到宣传饭店的作用。

3. 布件及装饰物陈设

布件主要指客房内的棉织品，有床上棉织品和卫生间棉织品两类。床上棉织品主要有床单、毛毯、枕芯、枕套、床罩、丝棉被或羽绒被等。这些物品虽属生活用品，但也要重视其色彩、花样的选择，要使其与周围环境相协调，并要注意其规格、质量与饭店的等级相称。卫生间里的棉织品主要有浴巾、面巾、脚垫巾等。这些用品的摆放应遵循美观、整洁、方便、安全的原则和尊重客人的宗教信仰、风俗习惯等。客房装饰品包括艺术品、墙饰、雕塑、绿色植物等。饭店室内设施应根据饭店的档次和定位，选用与之相对应的材料，确定式样、色彩和制作质量、工艺标准，并高度注意与饭店文化主题、周围环境的协调性。工艺品的陈设可以起到弥补空间和色彩设计中的缺陷、烘托与提升饭店文化主题的作用。工艺装饰品的选择一定要考虑文化性、地域性、特色性以及具体的质量、工艺技术特点、制作水平等因素，应与周围环境密切吻合，共同构成一个视觉中心，并且要掌握摆设或悬挂的位置。

4. 色彩运用

总体而言，在饭店装修的色彩设计中必须合理分析并利用色彩的生理效应、心理效应、民族效应。要取得这种效果，在色彩处理上一定要体现出饭店的高雅性、舒适性和文化内涵。

因此，饭店装修色彩处理的一般原则是：其一，色彩宜单不宜繁，即不要采用过多的色彩，通常不超过三种色彩的搭配；其二，颜色宜淡不宜浓，即颜色的纯度应低，不要过于鲜艳；其三，明度宜明不宜暗，即应采用视觉效果好的明度色。

在色彩设计中还要考虑色彩的搭配。同类色的组合给人以单纯大方、简洁朴素的感觉，多用于卧室、办公室等处；邻近色的组合在大面积处理中可以形成层次；对比色的组合目的在于起到点缀作用，消除视觉精神疲劳，因此应注意不要等面积使用，否则人们长期注视会感到单调、厌倦。

色彩设计的舒适性应考虑不同顾客的生理、心理需要。例如，客房采用暖色调，给人家庭般的温馨感。色彩设计还必须考虑民族、区域的要求，根据饭店客源市场定位，注意目标客源的色彩喜好和颜色禁忌等因素，结合饭店不同客房产品的特色进行色彩的处理。

5. 照明设计

光是创造室内视觉效果的必要条件，为了创造良好的客房室内视觉效果，增加客人对客房室内环境的舒适感，必须对客房照明进行设计。照明可以起到扩展或压缩空间、丰富或压抑色彩效果、满足顾客视觉需要的目的。照明分为自然照明和人工照明。饭店在照明处理中不应单纯追求灯光效应，而应合理地组织自然采光和灯具照明。

照明设计应把握以下原则：照明应首先满足顾客活动的需要，再兼顾美观的要求；灯具的选择应与饭店风格、环境匹配，应尽量采用自然光；人工照明设计要考虑不同民族、不同区域顾客的习惯，避免眩光。

人工照明选择：客房照明一般采用局部照明方法，即局限于某个部分的固定的或移动的照明，它只照亮一个有限的工作区域。对客房内的不同部位，照明的要求也不同。客房卧室一般选用低强度的普通光，做扩散照明。在床头、写字台上、座椅旁、衣柜处、过道顶都设有局部照明的专用灯。客房浴室一般采用中强度的普通光，在穿衣镜和修面镜前设置能清楚照明的灯具。

灯具以安装位置状态分类，主要有以下几种：天花板灯具，有吸顶灯、吊灯、柔光灯等，现代式吊灯简洁、别致，古典式吊灯繁复、精致；墙壁灯具，有壁灯、窗灯等，其中壁灯的形式繁多，有现代式的也有古典式的，有民族式的也有西式的；便携式灯具，有落地灯和台灯，通常由灯座、灯头和灯罩几个部分构成。

阅读材料

老北京皇家贵族庭院风范的王府半岛顶级套房

王府半岛顶级套房以老北京皇家贵族庭院为设计理念，在传统设计中点缀了时下最为流行的装饰元素。半岛套间由香港屡获殊荣的设计公司 Chhada Siembieda Leung Ltd 精心设计，将高贵、典雅、高新技术及京城传统文化元素融为一体，成功地塑造了自己与众不同的装饰风格。推开类似故宫的棕红色大门，映入眼帘的是刻有二龙贺寿图案的石雕。套间最南端是一间可以容纳18人的宽敞餐厅，民居中用来做屋顶的木制房梁及瓦片被引用到这里打造出奇特的吊顶，制造出一种出其不意的效果。临墙而立的陈列柜上错落有致地摆放着一组青花瓷器。纯木制家具仿造明朝年间的家具款式打造而成。隐藏在传统背后的是当今世界上最为先进的视听设备，42英寸等离子电视、DVD机（数字化视频光盘）、立体声音响、气象播报台及可接受全球各地频道的网络收音机。雍容华贵的设计、合理的布局与几近奢华的舒适性相融合，将为每位尊贵住客留下不同凡响的饭店体验。

三、客房产品设计的发展趋势

进入21世纪，客房设计将更加体现"以人为本"的理念，呈现出绿色性、多样性、现代化、人性化的发展趋势。

（一）绿色客房的普及

我国《绿色旅游饭店》（LB/T007-2015）指出，绿色客房（green room）指室内环境满足人体健康要求，设施品质高，智能化程度高，能源、资源利用率高的客房。

可持续发展需要人类关注全球的环境安全。美国著名管理大师乔治·温特在《企业与环境》一书中指出："总经理可以不理会环境的时代已经过去了，将来公司必须善于管理生态环境才能赚钱。"倡导绿色消费、推行绿色管理、为环保做贡献将成为现代饭店发展的必然趋势，绿色客房将成为21世纪饭店客房发展的重要方向。在实践中，饭店企业通常采用以下原则创建绿色客房。

1. 美化原则

绿意盎然的美妙环境必将给客人留下一个美好的印象，因此客房可适当放置一些绿色植物，既可美化室内环境，又能净化空气，满足客人走近自然、保护自然、返璞归真的消费心理。

2. 减量化原则

一是饭店用较少的原料和能源投入，通过产品体积小型化、重量轻型化、包装朴素化的途径做到降低成本又减少垃圾，从而实现既定的经济效益和环境效益目标。二是减少化学用品的使用次数，在客房内放告示牌告之客人把需要洗涤的物品放在指定位置，不需要洗涤的物品可放在原处，被单不必每天更换一次，可隔天或两三天更换一次。

3. 重复使用原则

饭店应尽可能贯彻物尽其用的原则，在保证不降低饭店设施及服务标准的前提下，尽可能地对物品进行多次使用或调剂使用，绝不轻易丢掉。尽可能减少一次性用品的使用量，以减少不必要的浪费。

4. 循环再利用原则

在使用过物品之后，将其回收，使其充分变成可重新利用的再生资源。饭店应在楼层或其他公共区域分门别类地设立废旧物品回收箱，专门收集诸如废电池、废玻璃、废牙膏外壳等。对垃圾的收集分为可降解与不可降解两种，以便回收利用。

5. 替代原则

为节约能源、减少污染，饭店应尽量使用无污染物品及可再生物品作为某些物品的替代物。例如，房屋建筑使用绿色建筑材料，客房采用无污染"绿色装饰材料"和符合环保要求的"生态装饰材料"，用布料洗衣袋来替代塑料洗衣袋，用各种自然生态材料制成的肥皂、洗衣粉、洗发液取代各种化学材料制成的洗涤品。总之，客房内一切物品的材料要以无污染、无辐射、可再生为最佳。

6. 无污染原则

为减少空气污染，为客人创造一个清洁、宜人的休憩环境，可在部分楼层设立"无烟客房"，客房内可放置精美的宣传单，设禁烟标志，以起到警示宣传作用。另外，为净化环境，提高空气质量，可在客房内放置氧吧等空气净化器。

7. 节约原则

节能、节水是创建绿色客房的又一重要环节。据国外统计，能源支出约占饭店总支出的5%，如采取有效措施，可降低到总支出的3.5%~4%，这将大大减少营业成本。为节约能源，客房可采用节能设备，关闭不必要的灯，冷暖空调可限时调节，与客人合作，推出"节能卡"。

（二）智能技术的应用

随着高科技时代的来临，饭店客人，尤其是商务客人对饭店的各种设施提出了更高的要求，促使客房设施向智能化方向发展，智能技术在客房服务和管理中得到了广泛应用。例如，客房锁钥系统使用智能IC（集成电路）卡、感应门锁、指纹门锁；客房内使用自动控制系统、感应控制器控制灯光电源，人进灯亮，人出灯灭；使用能够提供客人消费情况、预订房内用餐、订购商品、选看电影等信息的电视系统。

阅读材料

智能保险箱

智能保险箱将智能卡技术、微电子技术、电磁技术和机械制造技术有机地融为一体,是高科技的结晶,有密码、IC卡、TM(接触式存储器)卡等多种开启方式,其钥匙都采用与开门卡统一的智能卡,安全性高、管理方便,而且可以与房间智能控制器、门锁一起联网到中央监控系统,一旦遭到非法侵犯会自动报警。客人退房时,前台甚至可以看到保险箱的开关状态,从而能够提醒客人,避免遗忘物品,真正体现"影子"服务。

(三)个性化与人性化设计

1. 客房房间的个性化与人性化设计

(1)窗台下落,落地窗将更加普遍,窗帘逐步电动化。

(2)电视电脑化及使用点播系统。

(3)去除多开关的控制面板,床上只设床头灯的控制开关及总控开关,房内其他灯具就地控制。

(4)使用红外线与空调一体化的控制器,房间、卫生间无人时,灯自动熄灭,有人时保持正常的照明状况。

(5)变氟利昂式小冰箱为吸收式小冰箱,实现无噪声环境;或者取消小冰箱,学习国外饭店的做法,在客房楼层配置制冰机、饮水机、自动售卖机,需者自便。

(6)吧台改顶射灯为背后照明,台面石材化;吧台配电热水壶,有电源插座。

(7)电源插座同时具备中国标准和英国标准,减少提供接线板的麻烦。

(8)客房色彩多元化;家具多元化,布置分散,有挂墙趋势。

(9)房门号码、空调风口工艺化,安装位有上墙的趋势。

(10)门锁除电子门锁外,还出现指纹锁、视网膜锁等;房内配置手电筒及消防防毒面罩。

(11)对床本身的关注与改造也是一种趋势。很多饭店开始使用能够改善客人睡眠、具有多种功能的保健床。

2. 卫生间的个性化与人性化设计

(1)功能上的多元化。卫生间的功能由满足客人盥洗、如厕、淋浴等个人卫生要求发展为满足健身与享受温馨空间的要求,化妆、保健功能将得到进一步强化。

(2)设施的现代化。一是具有保健功能的按摩浴缸。很多高档饭店竞相在豪华套间设置冲浪式浴缸,为客人消除疲劳、恢复体力。二是出现方便、舒适的自动化马桶。客人如厕时,可根据需要调节坐盖的温度,可自动冲洗下体。三是在卫生间安装音响、小电视,使客人在使用卫生间时得到彻底的放松和享受。

(3)卫生间的空间扩大化。卫生间总的趋势是面积越来越大。我国饭店星级评定标准将卫生间的面积定为4~6平方米,这与国际上三件套设施(洗面盆、浴缸、马桶)卫生间的面积相同,但五件套设施(增加净身盆和厢式淋浴器)的卫生间则需要8~10平方米。豪华卫生间的经典之作当数香港丽晶饭店的海景套间,其卫生间面积达36平方米,拥有豪华的按摩浴缸及独立的桑拿浴室,卫生间三面采用大面积镜子,采用借景的手段将迷人的维多利亚港湾风景尽收眼底,沐浴在按摩浴缸之中,仿佛置身于蔚蓝的大海中,令人心旷神怡。

(4)卫生间的"开放化"。今后卫生间的设计将更趋向于有连通外部空间的窗户和回归自然的气氛,特别是在度假饭店中的单人房内更应倡导这种客、卧室相通的结构(可以用玻璃隔开,也可以在卫生间内加卷帘),使客人透过落地窗欣赏户外景观的设计风格和理念。

(5)卫生间的"美感化"。卫生间将力图为客人创造温馨、浪漫、富有美感的情调和氛围;高档豪华饭店将在洗面台、镜面、浴缸等位置陈设或安装一些特别的工艺品、装饰画、插花等,同时,为每一件陈设品安装相应的低压石英灯。

阅读材料

未来的饭店客房

如何使饭店业更加适应旅游者的需要和科技的发展,是新世纪饭店业最重要的课题之一。美国休斯敦大学希尔顿饭店和餐饮管理学院一直致力于研究符合饭店市场发展新趋势的产品。现在,他们正在其饭店内设计安装三套"21世纪的饭店客房"的虚拟现实、生物测定、"白色噪声"等先进技术,这将赋予饭店客房传统的"舒适""安全"等标准以全新的含义。由于"长住客信息库"已经记录了每一位客人的喜好,新的客房程序将与该信息库配合运作,从而使以下产品和技术在"未来客房"中成为可能。

★光线唤醒:由于许多人习惯根据光线而不是闹铃声来调整起床时间,因此新的唤醒系统将会在客人设定的唤醒时间前半小时逐渐增强房间内的灯光,直到唤醒时刻的灯光亮得像白天一样。

★无匙门锁系统:以指纹或视网膜鉴定客人身份。

★虚拟现实的窗户:提供由客人自己选择的窗外风景。

★自动感应系统:光线、声音和温度都可以根据每个客人的喜好来自动调节。

★"白色噪声":客人可选择能使自己感到最舒适的背景声音。

★客房内虚拟娱乐中心:客人可在房间内参加高尔夫球、篮球等任何自己喜爱的娱乐活动。

★客房内健身设备:供喜爱单独锻炼的客人使用。

★电子控制床垫:使不同的客人得到最舒适的床上感受。

★食谱:营养学家根据客人身体状况专门设计的食谱。

总之,"未来客房"的目标是尽量满足所有客人(他们可以有不同的旅行目的、不同的年龄、不同的健康状况、不同的职业)对客房的要求。

任 务 三 特色客房

案例导入

树屋旅馆的客房

国外最近十分流行树屋旅馆,这些旅馆栖息在树顶上,给人高耸入天的感觉。

瑞典哈拉斯树屋旅馆位于瑞典北部,每个房间的设计独一无二,让宾客感受个性化的体验。其中,有一间像一个巨型鸟巢;有一间像一架悬在空中的银色UFO(不明飞行物);还有一间装了大镜子,从外面就能看见镜子里丛林的镜像。不管你选择哪一间,都能将风景如画的卢尔福音山谷尽收眼底。

曼谷树屋旅馆是用竹子、钢筋和玻璃搭建屋子的。房间由木质走廊连接,每间屋子没有墙,没有天花板,客人在星星的照耀下安然入睡。

三亚南山树屋建造在罗望子树上,被誉为"空中海滩",旅客得通过一条绳索吊桥方能进入树屋。一入内,你就能看到海浪翻滚,拍击岸边,有种宁静之感。

思考   1. 现代旅馆为什么要设置不同特色的客房?
2. 你认为什么样的旅客会去住树屋客房?他们对客房会有什么要求?

特色客房是指根据本饭店实际情况、本地综合资源及不断发展变化的客人需求而特别设计和布置的客房。它可以是单间,也可以是套间或是整个楼层。饭店可以设计女性客房、儿童客房、健康客房、主题客房、公寓式饭店客房、无烟客房、残疾人客房等新型客房,也可以根据同类消费客人,将某些楼层的全部或一部分客房集中设置成特色楼层,如商务楼层、超豪华楼层、无烟楼层、女士楼层等。

随着时代的发展和客人个性化特点的加强,越来越多的客人希望在客房内也能得到一些新奇的享受和经历,能有一些与众不同的收获和感受。因此,饭店应适应客人需要,开发各类具有个性色彩的特色客房、新概念客房、主题客房,以满足不同客人的偏好,突出客房卖点。

一、女性客房

随着经济的发展、女性自我价值观的增强,以及家庭角色地位的转变,女性游客及女性商务客人的数量呈现出上升趋势,女性客房应运而生。

(一)女性客房设施及服务要求

西方有句谚语,叫作"饭店是男人为男人设计的"。由此可见,现代饭店要想满足女性客人的需要,就必须充分考虑女性客人的特点,设计出女士们喜爱的客房。

据调查，女性商务客人平均年龄比男性商务客人小6岁。她们平均每年出差10~12次，其中40%是参加会议，在一个地方逗留的天数通常要比男性商务客人多。在选择饭店时，她们更重视安全和便捷，要求客房清洁、舒适、宽敞、明亮，色彩略显丰富，色调相应柔和一些；有可挂连衣裙的高衣橱及足够的衣架；有良好的灯光及照明，以便梳妆打扮；有可摆放美容化妆品的大梳妆台；有可自行调节客房照明度的暖气；有设在浴室内的晾物架；希望卧房与会客室分开；希望有可供减肥的食品和饮料，以及全天的客房服务和完善的商务服务。

但是，在推出女性客房及服务时也应该注意以下几点。一是要让女性客人像所有宾客一样得到尊敬，采取的服务及设施不能使她们感到仿佛是在接受一种特别的恩惠。二是应考虑到大多数女性商务旅游者不愿以弱者的姿态出现在公众面前。三是在房内设施用品的配置上一定要注意"男女有别"。例如，卧室内的报纸杂志，女士读的常与男士读的有很大不同；卫生间里的洗漱用品，女士使用的品种、质量自然更胜一筹。最后也是最重要的一点，女士对安全方面的要求比男士苛刻很多。

（二）女性客房装修、装饰注意事项

（1）客房内设置紧急呼叫按钮，满足女性客人安全、方便的需要。

（2）客房具备良好的隔音效果，满足女性客人对安静环境的需要。

（3）客房内放置针对女性客人的安全提示说明。

（4）保持客房干净、整洁。相对而言，女性客人对客房的整洁有序更为关注，因为拥有一尘不染与一丝不乱的居住环境是女性的天性，而且这有助于她们拥有一份惬意、良好的心境。

（5）客房内放置精美的时尚杂志，供女性客人休闲时翻阅。

（6）客房中每日准备各种鲜花或干花，视需要提供时令水果。

（7）浴室内配备品牌洗浴用品及女性专用卫生包，以体现对女性客人的体贴照顾。

（8）客房内放置为女性客人量身定制的送餐菜单，为不愿到餐厅用餐的单身女性客人提供方便。

二、儿童客房

近年来，以家庭为单位出游是一种非常流行的旅游方式，不少家庭中有未成年儿童，但饭店的服务设施、服务项目和服务程序的设计却多是以成年人为对象的，不适宜服务于儿童。而较大的儿童也想拥有自己的空间，不愿与父母同居一室。于是饭店开始针对儿童的活动特点，为跟随父母出游的儿童设计客房。

假日饭店集团早在2001年已经拥有了1 100个"儿童套间"。这类房间色彩鲜艳，墙上可能是热带雨林的壁画，也可能是别的吸引孩子的东西。但房间较一般客人用房小，房内放的不是常见的单人床或双人床，而是双层床，可供两个孩子使用。房内也放有电视机、DVD机以及电子游戏机等孩子需要的物品。波士顿丽思·卡尔顿饭店为孩子提供"儿童总统套间"，内有孩子浴室、玩具箱、手工艺品以及放有各种健康食品的电冰箱。

这种专门服务于儿童的儿童客房，由于满足了父母及孩子双方的需要，受到了客人的好评。

三、健康客房

在生活质量日益提高的今天，人们对健康问题越来越重视，为了迎合这种需求，提高饭店客房的吸引力和竞争力，国内外很多高星级饭店纷纷推出"健康客房"。所谓健康客房，是指饭店在健康理念的指导下，通过配备全套健康睡眠用具以及保健设备（如健身设施、桑拿按摩设施等）来满足客人对健康需求的一种特色客房。很多健康客房以高科技生物产品为依托，为顾客营造健康、舒适、人文的休息环境。

健康客房的目标客户主要集中于高层次的商务客人，这些人经常在外奔波，工作压力大，精神紧张，不同程度地存在睡眠不足、睡眠质量不高、身体抵抗力下降、疲劳等现象，即处于亚健康状态。例如，有的饭店客房将枕头设计为不同的高度，提供有助安眠的药枕等。国内一些饭店专门开辟了健康客房楼层，顾客回头率明显提高，产品销售业绩不俗。

四、主题客房

主题客房是具有独特性、针对性、文化性特点的客房。主题客房的类型很多，如新婚客房、民俗客房、海底世界客房、太空世界客房、梦幻客房等。饭店还可以根据不同历史时代的人文现象进行主题的选择和设计，这种人文现象既可以是现代的，也可以是古代的，抑或是未来虚拟的，如史前客房、未来主流客房等。饭店更可以形形色色的文化作为主题，设计各具特色的文化客房，如电影套房、摇滚之夜套房、小说客房等。

主题客房大都存在于主题饭店。主题饭店是世纪之交国际饭店业的新宠。最早推出这一新概念的是美国勃鲁斯接待业物业公司在芝加哥创建的勃鲁斯饭店，美国硬石咖啡国际连锁集团在印度尼西亚巴厘岛兴建的硬石饭店。我国饭店业紧随其后，以意大利水城威尼斯文化为主题的深圳威尼斯皇冠假日饭店于2001年10月试营业，率先引进主题饭店概念并尝试实践。

瑞典基列那镇"冰旅店"的主题客房

阅读材料

世界各地主题酒店掠影

拉斯维加斯——主题饭店之都,拥有柏列吉欧饭店——模仿意大利北部同名小镇的景观建成,有3 000个房间。

金字塔饭店——以埃及金字塔为主题,外形是人面狮身像,有4 407个客房,是世界上第三大度假饭店。

雅典的卫城饭店,到处可见雅典卫城的照片、绘画、模型、雕塑、纪念品,开窗就可以看到雅典卫城。

柏林的怪异饭店,以怪异为主题,浴缸和马桶犹如啤酒桶,床铺利用倾斜的地板、不规则的墙角设计成会飘荡的摇篮;房间的墙壁黄色和棕色相间,犹如监狱之门,有一个被撞开的大洞,足够一个人猫着腰爬进爬出。

五、公寓式饭店客房

所谓公寓式饭店客房,简单地说就是设置于饭店内部,以公寓形式存在的饭店套房。这种套房的显著特点在于:其一,它类似于公寓,有居家的格局和良好的居住功能,有客厅、卧室、厨房和卫生间;其二,它配有全套家具与家电,能够为客人提供饭店的专业服务,如室内打扫、床单更换及一些商务服务等。

由此可见,公寓式客房可将睡觉、做饭、就餐、洗澡、工作集中于一室,非常实惠、舒适,近年来深受市场青睐。

六、无烟客房

专供非吸烟宾客住,并为宾客提供严格的无烟环境的客房称为无烟客房。这里的无烟客房不仅是指房间里没有烟灰缸,楼层有明显的无烟标志,还指进入该楼层的工作人员、服务人员和其他宾客均是非吸烟者,吸烟的宾客在进入该楼层或房间时被礼貌地劝阻不要吸烟,因为非吸烟人士对烟味的敏感程度是非常高的。

无烟客房的出现虽然是仅针对非吸烟这一点而言,但其在尊重宾客的生活习惯、倡导健康生活观念方面的作用是不可小觑的。

七、残疾人客房

我国《旅游饭店星级的划分与评定》对残疾人设施的要求做了基本规定。因此,根据世界上一些国际饭店集团的标准和我国饭店的具体情况,这里提出一些有关残疾人客房的细化标准供参考。

电梯:宜安装横排按钮,高度不宜超过1.5米。

客房：出入无障碍，门的宽度不宜小于 0.9 米；不宜安装闭门器或其他具有自动关闭性的装置；分别在门上高 1.1 米和 1.5 米处装有窥视镜；门链高度不超过 1 米；床的两边装有扶手，但不宜过长，应方便客人从残疾车上上床；窗帘宜用电动装置，按钮高度为 1.2 米左右；火警报警装置除有听觉报警器外，还应装有可视性火警装置；房内电器插座高度不宜超过 1.2 米。

卫生间：入口处无台阶，卫生间门的宽度不宜小于 0.9 米，门与厕位间的空间距离不小于 1.05 米；洗面盆台面高度在 0.7 米左右，洗面盆台面下应无影响残疾车运行的管道等障碍物；坐便器高度为 43 厘米左右，坐便器一侧装有 70 厘米左右的水平方向扶手；在浴缸边侧的墙体上装有离地面 60 厘米左右高的垂直方向的扶手一个；在距浴缸平面 20 厘米左右的高度装水平方向扶手一个；所有扶手应安装牢固，并能承受 100 千克左右的拉力；毛巾架及挂衣钩的高度不宜超过地面高度 1.2 米；淋浴应采用滑动式可调节喷淋器，并配有 1.5 米左右长的金属软管。

随着客人要求的提高，有多少需求就有可能出现多少种类的客房。但是每家饭店应有自己相对明确的市场定位，在对自己的目标市场进行仔细分析、充分调查了解的基础上，才能设计出真正满足宾客需要的客房产品，切不可盲目跟风、生搬硬套，否则不但浪费饭店宝贵的发展资金，更无法切实地满足宾客需要。

项目小结

客人在饭店的大部分时间是在客房度过的。随着社会的发展、科技的进步、客人需求的变化，饭店客房呈现出多样化的特点。常规的客房主要有单人间、大床间、双床间、三人间、套间等。

客房设计的一般原则是讲究安全性、健康性、舒适性、实用性、美观性。卫生间设计的原则是宽敞、明亮、舒适、保健、方便、实用、安全。客房设计还应考虑功能空间并配备相应设备。功能空间包括睡眠空间、盥洗空间、起居空间、书写空间、储存空间，客房设备主要包括家具、电器、洁具、安全装置及一些配套设施。饭店客房室内陈设布置可以分为家具陈设、用品陈设、布件及装饰物陈设、色彩运用、照明设计等几个方面。

特色客房主要包括女性客房、儿童客房、健康客房、主题客房、公寓式饭店客房、无烟客房（楼层）、残疾人客房等。

综合能力训练

······基本训练······

一、解释

火荷载　特色客房　健康客房　无烟客房

二、选择

1. 饭店装修色彩处理的一般原则是不超过（　　）。
   A. 2 种色彩　　　B. 3 种色彩　　　C. 4 种色彩　　　D. 5 种色彩
2. 按国际标准，5 件套设施的卫生间需要的面积是（　　）。
   A. 4~6 平方米　　B. 6~8 平方米　　C. 8~10 平方米　　D. 10~12 平方米
3. 为保证残疾人出入客房无障碍，门的宽度不宜小于（　　）。
   A. 0.8 米　　　　B. 0.9 米　　　　C. 1 米　　　　　D. 1.2 米
4. 饭店客房套间的类型主要有（　　）。
   A. 普通套间　　B. 标准套间　　C. 豪华套间　　D. 商务套间　　E. 总统套间
5. 客房设计还应考虑的功能空间主要有（　　）。
   A. 睡眠空间　　B. 盥洗空间　　C. 储存空间　　D. 起居空间　　E. 书写空间

三、思考

1. 客房设计的一般原则是什么？
2. 如何理解客房卫生间设计的新趋势？
3. 如何运用色彩对客房进行室内设计？
4. 简要说明女性客房设施及服务要求有哪些。
5. 公寓式饭店客房有何特点？

四、案例分析

哪支牙刷是我的？

一个春暖花开的季节，某学术研讨会在一家五星级饭店举行。会议期间，来自北京交通大学的郑教授和西南交通大学的李教授被组委会安排在 402 房间。两位教授走进房间，发现房内各种设施非常豪华，颜色搭配也很合理，氛围十分温馨，感到非常高兴。

晚上，也许是下午长途飞行感觉太累的缘故，郑教授和李教授先后用客房里配备的牙具漱口后，冲了澡，不到 10:30 就上床休息了。

第二天一早，郑教授起来准备洗漱时，发现两个一模一样的杯子并排放在一起，里面放的也是两支一模一样的牙刷。郑教授自言自语道："哪支牙刷是我的呀？"于是他就问李教授："哪支牙刷是您的？"李教授起来一看，傻眼了，只好说："我也不知道哪支牙刷是我的！"于是，只好找服务员重新送来。

问题：

1. 你认为案例中出现的问题是谁造成的？为什么？
2. 你认为应如何更好地解决这一问题？

技 能 训 练

一、任务名称

运用色彩、照明、绿化等方法对某间（女性、VIP、商务、儿童等）客房进行设计。

二、任务目标

1. 通过运用色彩、照明、绿化等方法对某间（女性、VIP、商务、儿童等）客房进行简单设计，熟悉色彩、照明、绿化在客房设计中的作用，以及在不同类型客房中的运用技巧。
2. 通过设计客房装饰，锻炼学生的想象能力、创造能力、组织能力、动手能力和合作能力。

三、任务要求

1. 形成学习小组，通过对项目任务的设计，充分了解色彩、照明、绿化在客房设计中的作用。
2. 使学生认识到设计的重要性，即设计人人都可以做到，可以运用于生活和工作中，美化生活，从而提高学生的学习兴趣，增强其创新能力。

四、任务实施

1. 对所教班级进行分组，每组6~8人为宜。
2. 小组讨论，确定所要设计的客房。
3. 集思广益，形成设计方案。可直接装饰实训客房，或制作成PPT（演示文稿），也可用文本绘制。
4. 各小组选派代表讲解、展示，其他小组进行记录、点评、打分。
5. 各组汇报结束后，各小组进行总结。
6. 教师进行点评、总结，启发学生，帮助学生进一步提高。
7. 可在实训客房、多媒体教室进行。

五、成果考核

1. 各组提交设计方案和总结。
2. 教师根据提交材料和布置效果计分，并纳入学生平时成绩。

模块二　技能篇

项目三 客房清洁

学习目标

通过学习，你应该达到：

1. 知道客房清洁的任务和标准。
2. 会使用客房清洁工具。
3. 清楚住客房、走客房、空房的清洁程序。
4. 会准备工作小车、抹尘、清洁卫生间。
5. 熟练做床。

任务一 客房清洁任务和清洁质量标准

 案例导入

站在客人角度清洁客房

在饭店，客房服务员总是习惯从正面清洁物品。在卫生间，这种清洁方法总是难以把污渍和灰尘擦净。特别是当客人站在物品的侧面时，这些污渍、灰尘就更加明显。因此，服务员在打扫卫生时不仅需要站着、蹲着，必要时，还应该跪着（比如在擦地板时，跪着更能发现地面的细碎垃圾），或侧身清洁物品。

总之，要以客人的视线，站在客人的角度来清洁客房，以此提高客房卫生质量。

 思考
1. 做好客房清洁卫生工作的意义何在？
2. 思考客房清洁工作的内容有哪些。

客房是饭店的基础，是客人入住饭店的第一需求。明亮清洁的房间、幽雅舒适的环境能让客人产生宾至如归的感觉，也是确保饭店良好声誉和经济效益的基本保证。客房清洁工作比较琐细、繁重，但也有规范可遵循，有标准可参考。

一、客房日常清洁任务

客房日常清洁又称为做房，是指客房服务员每天按规范所提供的客房清洁整理工作，包括对走客房、空房和住客房等的清洁整理工作。客房清洁任务通常包括以下几个方面的内容。

（一）物品整理

按饭店清洁卫生质量要求，整理和铺设客人使用过的床铺；整理客人乱放的物品、用具；整理客人乱放的酒店衣物（如睡衣、拖鞋等）。客人放置的私人用品和衣物一般不需要服务员整理。

（二）清扫除尘

倒掉客人在客房内使用过的垃圾、烟灰缸中的烟灰、纸篓里的废物垃圾，扫清地面，用吸尘器吸净地毯、软座椅上的灰尘，用抹布擦拭门、窗、桌柜、灯罩、电视机等各种家具设备，保持客房的整洁卫生。

（三）擦洗卫生间

擦洗卫生间的云台、面盆、浴缸、水龙头、马桶等卫生洁具，擦洗镜面及各种金属挂杆，擦洗墙壁四周瓷砖及地面。

（四）更换及补充用品

按饭店清洁卫生质量要求更换床单、床垫、枕套、面巾、手巾、浴巾、脚垫巾等棉织品，补充文具用品、火柴、茶叶、卫生纸、肥皂、沐浴液、牙膏、牙刷等供应品。

（五）检查设备

检查水龙头、马桶、灯具、电视机、电脑、音响设备、电话、电吹风、中央空调、体重秤、窗帘的拉杆、家具、遥控器的电池、时钟、排风扇等电器设备性能是否正常；检查家具、用品等有无损坏。

（六）房间空气清洁

客房服务员在进行卫生清洁前，先将客房窗户打开，保持客房空气清新；卫生清扫完毕后，适度喷洒空气清新剂。

二、客房日常清洁的原则

一般，客房清洁遵循以下原则。

（1）从上到下。例如，抹拭衣柜时应从衣柜上部抹起，逐渐向下抹。

（2）从里到外。特别是最后的吸尘和检查工作，由里向外工作既能保证整洁，又可防止遗漏。

（3）先铺后抹。房间清扫应先铺床，后抹拭家具物品。如果先抹尘，后铺床，扬起的灰尘就会重新落在家具物品上。

（4）环形清洁。家具物品的摆设是沿房间四壁环形布置的，因此，在清洁房间时，亦应按顺时针或逆时针方向进行环形清扫，以求时效和避免遗漏；先房间后卫生间，卫生间清洁是带水操作，清洁后服务员的鞋底可能有水渍，后清扫可以避免因在房间走动造成的重复污染。

（5）干湿分开。在抹拭家具物品时，干布和湿布要交替使用，针对不同性质的家具，使用不同的抹布。例如，房间的镜子、灯罩、卫生间的金属电镀器具等要用干布擦拭。

三、客房日常清洁基本规范

客房清洁项目众多，清洁质量控制一度较为困难，随着科学管理理论在客房管理中的深化应用，服务员的洁房工作成为有流程可遵循、有标准可参考的规范化活动。通常，可以使用操作标准、时效标准、摆件标准、视觉标准、生化标准等来规范客房清洁工作，即服务员在清洁客房时，必须按照饭店规定的操作程序、时间要求、布置规范、卫生标准等制度、要求进行清洁。

（一）操作标准

操作标准指各项清洁工作的具体操作步骤、标准、做法和注意要点等内容，一般在各项服务工作程序中加以说明。

（二）时效标准

清洁客房的时效标准是指完成各项清洁工作的标准时间。

 阅读材料

客房清洁与服务效率标准

项目	标准值（分钟）	说明
客房服务时间	5.0	为客人提供物品等
客房维修处理时间	15.0	可及时处理的维修时间控制
标准间保洁时间	10.0	干净空房平均每人
标准间保洁时间	20.0	住客房平均每人
标准间保洁时间	30.0	走客房平均每人
单人间保洁时间	10.0	干净空房平均每人
单人间保洁时间	20.0	住客房平均每人
单人间保洁时间	25.0	走客房平均每人
豪标房间保洁时间	15.0	干净空房平均每人
豪标房间保洁时间	30.0	住客房平均每人
豪标房间保洁时间	40.0	走客房平均每人
长包房保洁时间	15.0	标准间平均每人

（三）摆件标准

摆件标准明确规定了客房摆件的顺序、位置、方向、件数与种类，如客房卫生间"五巾"的数量及摆设标准、客房内陈设物品的摆设、各项宾客备用品的摆放。

（四）视觉标准

视觉标准指客人、普通员工、管理者凭借视觉或嗅觉能感受到的清洁标准，主要感受：眼看到的地方无污迹，手摸到的地方无灰尘，设备用品无病毒，空气清新无异味。

阅读材料

客房清洁卫生质量视觉标准："十无"和"六净"

"十无"
1. 四壁无灰尘、蜘蛛网
2. 地面无杂物、纸屑、果皮、水渍
3. 床单、被套、枕套无污迹和破损
4. 卫生间清洁、无异味
5. 金属把手无污渍
6. 家具无污渍
7. 灯具无灰尘、破损
8. 茶具、其他用具无污痕
9. 楼面整洁，无老鼠、蚊子、苍蝇、蟑螂、臭虫、蚂蚁
10. 房间卫生无死角

"六净"
1. 四壁净
2. 地面净
3. 家具净
4. 床铺净
5. 卫生洁具净
6. 物品净

（五）生化标准

生化标准是由专业防疫人员使用专业仪器采样与检测的标准，所包含的内容有洗涤消毒标准、空气卫生质量标准、微小气候质量标准、采光照明质量标准及环境噪声允许值等。生化标准是客房清洁卫生质量更深层次的衡量标准。

阅读材料

客房清洁质量生化标准

生化标准	1. 茶、水具每平方厘米的细菌总数不超过5个。 2. 脸盆、浴缸、拖鞋每平方厘米的细菌总数不超过500个。 3. 卫生间不得查出大肠杆菌。
空气质量标准	1. 一氧化碳含量每立方米不超过10mg。 2. 二氧化碳含量每立方米不超过0.07%。 3. 细菌总数每立方米不超过2 000个。 4. 可吸入灰尘每立方米不超过2 000个。 5. 氧气含量不低于21%。
微小气候质量标准	1. 夏天：室内适宜温度22℃～24℃，相对湿度为50%，适宜风速不得大于0.25m/s。 2. 冬天：室内适宜温度20℃～22℃，相对湿度为40%，适宜风速不得大于0.25m/s。 3. 其他季节：室内适宜温度23℃～25℃，相对湿度为45%，适宜风速不得大于0.15～0.2m/s。
采光照明质量标准	1. 客房室内照明度为50～100lx。 2. 楼梯、走道照明度不得低于25lx。
环境噪声允许值	1. 客房室内噪声最高不得超过40dB。 2. 走廊噪声不超过45dB。

四、客房清洁用具

客房服务员的洁房用具有较大型的清洁机器设备、小型的清洁器具和各类清洁剂。大型清洁设备是清洁公共区域的重要设备。

（一）清洗设备

1. 单擦机

单擦机是擦地机的一种，是饭店使用频率最高的一种清洁设备，也称多功能洗地机，具有洗地、起蜡、上蜡、喷磨和洗地毯的功能。它广泛应用于石材、广场砖、水磨石等硬质地面的清洗。将单擦机底部的洗地刷换为尼龙地毯刷，就可以进行地毯的洗涤。

2. 洗地机

洗地机又称擦地吸水机，它具有擦洗机和吸水机的功能，一般可选择前进和后退两个方向。其特点是洗地效率高，往往用于对饭店大厅、走廊、停车场等大面积地方的清洗。

3. 吸尘器

吸尘器是饭店日常清洁保养中十分重要的清洁设备，地板、家具、帘帐、垫套和地毯等均可以用其清洁。按照操作原理及构造，吸尘器大致可以分为三类：直立式、吸力式和混合式。直立式特别适用于地毯吸尘。吸力式吸尘器有多种款式，如圆筒形、长筒形，它们的一个共同之处就是都有一个长喉管，用来接交各种配件，以配合不同的工作需要。这类吸尘器具备强劲的吸力，清理地板、家具、帘帐等效果较好，也可较方便地清理"矮脚"家具底下或其他浅窄的地方。混合式吸尘器外形与吸力式吸尘器大致相同，多采用圆筒式的设计。它除了具有强劲的吸力外，还具有电动的振动清洁刷，可随时装上使用，因此在清洁效能方面可以同时发挥直立式吸尘器和吸力式吸尘器两者的长处。

4. 洗地毯机

这种设备将喷液、刷洗、吸水三种功能集成在一起，一般配有多个扒头。在操作时，强力喷射、振荡刷洗、真空抽吸三个动作同时进行，可用于地毯的局部清洁及沙发、床靠背等的洗涤，也可用于清洗纯羊毛、化纤、尼龙、植物纤维等材质的地毯。

5. 吹干机

吹干机常用于地毯或地面清洁后的吹干，如用于清洗后的地毯、起蜡后的硬质地面等。可根据地面潮湿程度的不同调节风速，以加速地毯、地面的干燥。

6. 高压清洗机

高压清洗机俗称高压水枪，用于外墙、广场、地面、汽车、垃圾房、停车场和其他需要高压冲洗的地方，主要通过水的压力及温度对相关区域进行清洁。

7. 软面家具清洗机

软面家具清洗机俗称沙发机，其工作原理是由主机将兑制过的高泡清洁剂制成泡沫，一只外接刷盘喷沫刷洗，一只扒头吸液。

8. 扫地机

扫地机主要有手推式扫地机和动力式吸尘扫地机，适用于饭店广场和庭院地面的清洁。

9. 打蜡机

打蜡机又称打光机，主要用于地板及平整地面上蜡后打光。打蜡机以电动机为动力，经变速机构带动刷盘旋转，将上蜡地面打光。打蜡机有单刷机、双刷机、三刷机和上蜡打光机四种。其中，单刷机使用最广，其速度有慢速、中速、高速和超高速。慢速及中速较适合于洗擦地板，高速适用于花岗石、大理石等平整硬质地面的抛光。

此外，客房部配置的清洁设备还有：客房服务员工作小车、堆物升降机、垃圾处理设备等。

（二）小型清洁器具

1. 扫帚

扫帚主要用于扫除吸尘器无法吸走的碎屑和脏物。

2. 簸箕

簸箕是用于撮起集中成堆的垃圾，然后再倒入垃圾容器的工具。

3. 拖把

拖把是用布条束或毛线安装在柄上的清洁工具,适用于清洁干燥平滑的地面。

4. 尘拖

尘拖也称万向地拖,是拖把的进一步发展,由尘拖和尘拖架构成,主要用于光滑地面的清洁保养工作。

5. 玻璃清洁器

玻璃清洁器由长杆、"T"形把和其他配件构成,用于玻璃的清洁。

除了上面介绍的几种外,其他常用的清洁用具还有:抹布、鸡毛掸子、百洁布、丝瓜布、铝丝绒等。

(三)清洁剂

饭店的清洁工作离不开各种类型的清洁剂。清洁剂可消除或减少尘污的附着力,使清洁工作更加容易,防止物件因受热、受潮、受化学污染或摩擦而遭受损坏,延长物品的使用寿命,美化物品的外观等。正确地选择和使用清洁剂,能提高工作效率、保证工作质量,但是清洁剂一般都是化学药品,需要使用者对其有正确的认知,否则会对使用者和使用对象产生严重不良影响。

一般来说,清洁剂包括三种类型:酸性清洁剂、中性清洁剂、碱性清洁剂。清洁剂的化学性质通常用 pH 值(酸碱度)来表示。

1. 酸性清洁剂(pH < 7)

酸性清洁剂具有高度腐蚀性,清洁时要非常小心。它还有一定的杀菌除臭功能,主要用于卫生间的清洁。常用的酸性清洁剂有以下几种。

(1)醋酸,主要用于清除建筑时留下的水泥、石灰斑垢等。

(2)硫酸钠,用于清洁卫生间便器,效果显著。

(3)草酸,用于清洁卫生间便器,效果强于硫酸钠。

(4)马桶清洁剂,有特殊的洗涤除臭和杀菌功效,主要用于清洁卫生间便器。

2. 中性清洁剂(pH ≈ 7)

中性清洁剂没有腐蚀性及伤害性,可用于多数物品的清洁保养,但很难去除长期积聚的陈旧、顽固污垢。

(1)多功能清洁剂,是一种中性清洁剂,在使用过程中加入沐浴露可以增加润滑作用和芳香味道。调和使用可用于浴室脸盆、马桶、浴缸等的清洗,以去除附在浴缸、墙壁上的油脂、水垢及肥皂残余物等。

(2)地毯清洁剂,用于地毯清洗或局部污渍清理,依地毯材质及脏污程度选用各种类别的药剂,稀释 10~20 倍使用,可使地毯颜色亮丽、洁净芳香。清洗地毯前先用吸尘器将地毯吸干净,地毯干后再吸尘一次才能使用地毯清洁剂。注意地毯接缝处要钉上铁钉,以防止地毯缩水。

（3）三合一清洁剂，属于中性清洁剂，一般不会造成损坏，可用于清理黏胶、纤维质污点以及粘在地毯上的口香糖，效果良好。

3. 碱性清洁剂（pH > 7）

碱性清洁剂有极强的去油污功能，使用前应稀释，使用后用清水漂洗。

（1）玻璃清洁剂，用于清理玻璃、镜子上的污渍灰尘，也可加入酒精以增加挥发性，使用后玻璃洁净明亮并可防止灰尘吸附。

（2）封蜡（底蜡），是一种填充剂，使用后能通过渗透将一些细微的孔隙封住并在地表形成一层牢固的保护层，以防止污垢、液体、油脂甚至细菌的侵入。根据使用情况的不同，封蜡层可在1~5年内有效。封蜡有油性和水性两种。油性封蜡一般多用于木质地面，也可用于水泥地、石料地；水性封蜡一般用于塑料地板、橡胶地砖、大理石和水磨石地面等。完成除尘清洗程序后，将封蜡均匀涂抹于地板上，能使地板光洁亮丽，而且日常保养维护会比较容易，因为封蜡含有特殊聚合分子，抗摩擦，防刮伤，质硬，亮度佳，且不变黄，不受水侵蚀，耐用性高，易保养。

（3）起蜡水，用于需再次打蜡的大理石和木板地面，可使陈蜡及脏垢浮起而达到起蜡功效。由于起蜡水碱性强（pH = 10~14），所以起蜡后一定要反复清洗地面后才能再次上蜡。

4. 溶剂类

溶剂为挥发性液体，常用于去除油污。

（1）除锈水，用于清除铁锈污渍，要避免触及衣物造成腐蚀。

（2）酒精，可用于电话机消毒和清理轻微黏胶，但必须是药用酒精，而且应避免触及木器油漆，以免造成泛白痕迹。

（3）地毯除渍剂，用于清除地毯上的果汁、油脂等特殊污渍。

（4）空气清洁剂，具有杀菌、去除异味的作用。

5. 上光剂

（1）桐油，用于擦亮铜器用品，均匀涂抹后用力擦亮；镀铜用品不可使用，以免破坏保护膜。

（2）不锈钢保养油，用于大面积的不锈钢表面污渍的清理，形成保护膜后要将多余的油渍擦拭干净，并依序喷洒均匀后再用力擦拭，以保持光亮。

（3）不锈钢金属防护剂，为水溶性乳化剂，对于锈蚀、斑点的清洁效果显著，保养后不会使金属表面起磨痕或刮伤，能保护金属表面，并能有效防止手印痕迹及水斑等。

（4）地面抛光剂（地面蜡），主要用于地面的清洁保养，有油性（溶剂型）与水性（水基型）两种。它们都能为地面留下一层保护层。油性蜡用于木质地面，溶剂挥发后会留下一个蜡质保护层。水性蜡则适用于少孔塑料地板、花岗岩和云石等，它是一种混合了蜡与聚酯物的乳状液体，干后能留下一个坚硬的具有防滑作用的保护层。

任务二 客房清洁流程

案例导入

减少走步，提高工作效率

任何一家饭店都会有一套自己的洁房程序，但这些洁房程序对提高客房服务员的工作效率的作用却各不相同。不过，任何饭店客房部的优秀员工总会有一套行之有效的洁房方法，例如：

1. 将吸尘器放在门内，手提清洁物品进入房间，在房中转一圈，开灯、收垃圾、拉窗帘、开窗，检查供应品使用情况，然后走回工作小车倒垃圾；
2. 将补充用品带入房间放好，取下床上及卫生间的脏布草，送回小车；
3. 从小车上将干净布草送回房间，整理床铺；
4. 清洁卫生间；
5. 抹尘、吸尘，退出房间。

以上做房工作程序优化的实质是力图简化程序，减少走步，提高工作效率。

思考
1. 制定客房清洁程序的目的是什么？
2. 案例中的优秀员工是怎样提高工作效率的？
3. 说一说客房清洁的一般程序。

对于客房楼层服务员来说，客房清洁程序大致如图3-1所示。

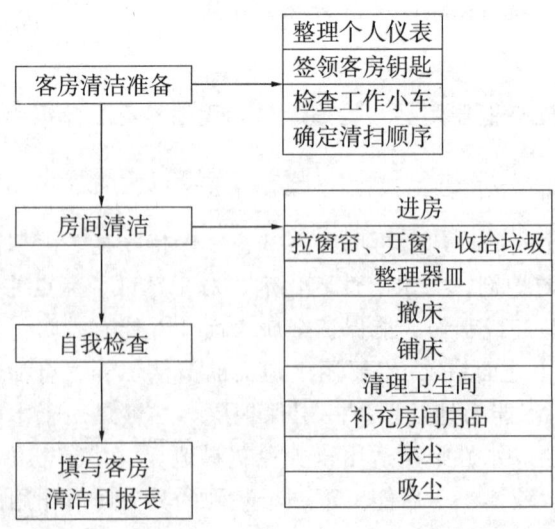

图3-1 饭店客房清扫流程

一、客房清洁准备

(一) 整理个人仪表

在一天的清扫工作开始之前,服务员首先要更换好工作服,佩戴工作牌、头发饰物,女服务员应化淡妆,检查鞋、袜等是否符合要求,精神是否饱满,然后到客房服务中心签到。

(二) 签领客房钥匙

在客房部办公室或楼层,楼层主管根据当天的客房使用情况,向服务员分配房间、发放工作日报表或房况表、钥匙,服务员领签,并参加早会,了解客房部当天的清洁要求。

(三) 检查／准备工作小车

工作小车是客房服务员清洁房间的重要工具,里面能够放置一个服务员完成半天清洁任务所需的物品。

工作小车有三个功能区:一是放置干净的棉织品、消耗性用品;二是放置垃圾、抹布、卫生间清洁剂和清洁工具的储物容器;三是存放回收的脏棉织品的储物容器。

客房服务员在头一天工作结束时,应及时为工作小车补充第二天洁房所需物品。第二天早晨签领客房钥匙后,客房服务员要对工作小车进行检查,确保车上物品齐备。

 阅读材料

工作小车应备物品

1. 干净的床单、枕套、被套。
2. 干净的毛巾、面巾、浴巾、地巾。
3. 卫生纸与面巾纸。
4. 低值易耗品。
5. 客房备用品。
6. 多功能去污剂。
7. 清洁玻璃的去污剂。
8. 马桶清洁刷。
9. 喷洒液。
10. 抹布、海绵。
11. 手套、垃圾袋。

（四）确定清扫顺序

接到工作任务后，客房服务员要了解自己所负责清洁的客房状况。客房状况也称为房态，是提供饭店每天客房出租和房间使用状况的一种表单式信息。为提高客房利用率和服务质量，客房服务员要根据不同的客房状况，按一定的先后顺序进行清扫。

饭店客房的一般清扫顺序为：VIP 房（此类房间须在接到清扫通知的第一时间清扫，并按饭店规定的礼遇规格要求进行布置）—挂有"请即打扫"牌的客房—住客房—走客房—空房。

以上清扫顺序并不是一成不变的，如遇特殊情况可做灵活变动。如在旅游旺季，或饭店客房入住率较高的情况下，应先打扫走客房，再打扫住客房，以使客房能尽快重新出租。淡季时，清扫顺序为挂"请即打扫"牌房间—VIP 房间—住客房—走客房—空房。各种房态标识如表 3-1 所示。

表 3-1　房态标识

名称	英文缩写	定义
住客房	OC(Occupied Clean)	客人正在使用的房间
请勿打扰房	DND(Do Not Disturb)	客人不愿被打扰
请即打扫房	Make Up Room	住客要求立即打扫的房间
外宿房	S/O(Slept Out)	该客房已被租用，但住客昨夜未归
无行李房	N/B(No Baggage)	该房间的住客无行李，应及时通知总台
轻便行李房	L/B(Light Baggage)	住客行李很少，为防止逃账，客房部应及时通知总台
长住房	LSG(Long Staying Guest)	长期由客人包租的房间
加床房	EB(Extra Bed)	表示该客房有加床服务
拒绝服务房	RS(Refuse Service)	表示该房拒绝服务
准备退房	ED(Expected Departure)	住客在当天中午12:00以前已应退房，但现在还未退房
已清扫房	VC(Vacant Clean)	又称OK房，已清扫完毕可以出租
未清扫房	VD(Vacant Dirty)	客人已结账离开的客房，还未打扫
空房	VC(Vacant Clean)	已清洁但无人租用的房间
维修房	O.O.O(Out of Order)	该房因设施故障暂不能出租
双重锁	Double Lock	房间门重锁
贵宾房	VIP	表示该客房住客是饭店的重要客人
走客房	C/O(Check Out)	客人已结账并已离开客房

二、房间清洁

(一) 进房

清洁整理工作是从进房开始的。客房是客人入住后的"私人场所",服务员在任何时候进入客人的房间,都必须遵守一定的规程。

1. 观察门外情况

进房前要注意客房门把上是否挂着"请勿打扰"牌或反锁标志,房门侧面的墙上是否亮着"请勿打扰"指示灯,如有则不能敲门。

2. 敲门

用中指、食指敲门或按门铃,不要用手拍门或用钥匙敲门,然后通报自己是"客房服务员"或"Housekeeping(客房服务)"。

3. 等候

每次敲门后应等候客人反应3秒左右,同时站在门前适当位置眼望门镜,以便房内客人观察。敲门后切勿立即开门,或连续敲门,也不能通过门镜向房内窥视。此时,若房内客人有回应,服务员应再通报,并征求客人意见,如客人不同意此时清扫客房,服务员应向客人道歉并轻轻离开此房间,或视情况征询客人何时清扫比较方便,并把客人要求清扫客房的时间记录在客房清洁日报表上,以免遗忘。

4. 开门进房

若房内无人应答,敲门三次后,可开门进房,并将工作小车横放在客房门口,调整好工作小车的位置,工作小车开口向着房内,用工作小车堵住房门,这是较传统的做法。

(二) 拉窗帘、开窗户并检查房内物品

1. 开窗

进入房间,服务员应关上空调、拉开窗帘、打开窗户,使房内光线充足、空气流通,拉窗帘时应检查窗帘是否有脱钩或损坏现象。

2. 关灯

关掉房间内所有的灯,只开卫生间的灯。

3. 收拾垃圾

收垃圾并更换废纸篓衬袋,将纸篓内的垃圾连同桌面、地面及其他地方的垃圾一起倒进工作小车上的垃圾袋内。

4. 收拾卫生间

进入卫生间，打开换气扇，将清洁桶置于卫生间地面中央，放水冲净马桶，在马桶内喷上清洁剂。

（三）整理器皿

1. 整理餐具

收好散乱的杯、盘等，整理报纸杂志，观察是否有客人遗落的物品，如有，则向主管汇报。

2. 撤换用具

撤换脏的茶具、饮具、酒具，倒空电热水壶中的水，把茶具、饮具、酒具放到工作小车上的指定位置，更换玻璃杯、拖鞋等。

3. 摆放物件

按照酒店客房部的统一要求，将客房内各种物品按指定位置、指定摆放角度和指定展示面重新放置。

（四）撤床

1. 拉床

服务员站在床尾，屈膝下蹲，用手将床架连床垫慢慢拉出至容易整理的位置，此时，床头距离床头板约 50 厘米。

2. 撤走脏布件

撤下床单、枕套、被套，把枕芯、羽绒被或毛毯放置在椅子上，将脏床单、枕套或被套放入工作小车上的布件袋内，取出相同数量的干净布件放在床边待用。

（五）铺床

按照铺床的程序换上干净的床单、枕套，铺好其他床上用品。西式做床是传统的做床方法，其程序如下。

1. 放平床垫

将床垫、衬垫拉平放正，检查衬垫四角的松紧带有无脱落，检查衬垫的卫生状况，如有污迹应给予更换。

2. 铺第一张床单（垫单）

服务员站在床尾，两手分开，用拇指和食指捏住床单的第一层，其余三指拖住后三层,将床单正面朝上朝前方甩开,待其落下时,利用空气浮力调整好位置,使中折线居于床的正中位置,床单四角落下部分长短均匀,从床头一侧开始,顺时针将床单四角包成直角或斜角。

3. 铺第二张床单(盖单)

用同样的手法将床单铺在垫单上,第二张床单要求正面朝下甩开,中折线应与第一张床单重合,床单上端多出床垫 5~10 厘米。

4. 铺毛毯

将毛毯甩开铺在盖单上,床两侧下垂部分相等,中线与床单中折线重合,床头部分毛毯与床垫齐平,毛毯的商标须在床尾,商标朝上。

5. 铺第三张床单(护单)

在毛毯上铺第三张床单,要求顶端与毛毯拉齐,正面朝上,中折线与毛毯中线重合。

6. 包边、包角

将盖单多出部分反折盖住毛毯和护单,再将盖单连同毛毯、护单一起反折 25 厘米,两侧下垂部分掖入床垫,再将床尾下垂部分掖入床垫,将床尾两角包成直角和斜角,包紧包好。

7. 装枕头

一手张开枕套,另一手压住枕芯长边中线,并用五指抓住枕芯一端的两个角,用力将枕芯装入枕套尽头,使枕芯两角推至枕套角部,将开口部分整理好。装枕时,不能用力拍打枕头。将装好的两个枕头叠放在床头的正中,枕头的中线与护单中线重叠,枕套口反向于床头柜,双人床的枕套口方向互对。

8. 铺床罩

将床罩放在床尾,双手掷床罩头部将其抛至床头,床罩两侧下垂部分均等,床罩尾部自然下垂。用床罩把枕头罩好,剩余部分插至两枕头之间,将床罩理平、拉挺。

9. 床复位

借助腿部力量,将床慢慢推回原处,床与床头板对齐,再检查一遍是否铺得整齐美观,并修整。

近年来,国内的绝大多数饭店都已采用中式铺床法,这种铺床法会使客人感到舒适,得到了众多客人的认可。中式铺床在程序上省去了铺盖单、护单和毛毯以及它们的包边包角步骤,改成将羽绒被装入被套,其他步骤不变。

（六）清理卫生间

（1）撤走用过的布件，撤出垃圾，换上干净的垃圾袋。
（2）将烟灰缸、皂碟清洗后放回原处。
（3）清洗浴缸或厢式淋浴间、玻璃墙面、面盆、梳妆台、马桶。
（4）卫生间抹尘。用湿抹布依次擦拭卫生间门、洗脸台、四周瓷砖墙壁、电话副机等处，再用干抹布将镜面、金属器件擦亮。
（5）将干净布件按照规定办法折叠、摆放。
（6）补充卫生间各种客用低值易耗品。
（7）清洁地面。用专用湿抹布从里到外，沿墙角平行擦净整个地面。
（8）检查有无遗漏之处。
（9）撤走清洁工具，关掉电灯和换气扇，将卫生间门虚掩。

服务员清洁卫生间时要格外小心，不要踩在浴缸边缘干活，以免摔伤。

（七）补充房间用品

按照饭店客房物品配置标准补充用品，并按照统一要求整齐摆放。同时检查房内设施设备，尤其是各种开关是否正常，如有故障，立即报修，并做好记录。

（八）抹尘

从房门开始，按照环形路线，沿着顺时针或逆时针方向，从上到下，用干、湿抹布依次把房内家具、设备、用品等擦净擦亮。

需要抹尘的特别物件有画框、镜子、床头板、灯、灯罩、灯泡、床头柜、电话、窗台、玻璃及滑轨、梳妆台及抽屉内部、电视机与机架、椅子、壁橱格架、挂钩、挂杆、门的顶部、门把手、门侧边、空调、取暖器装置、电扇、通气口等。

（九）吸尘

吸尘应本着由里及外的原则进行，特别注意房间的四边、沙发上、窗帘后、墙角、床底等处。吸完尘后把家具复位，然后关好窗户，拉上纱窗帘，整理好电线后把吸尘器放到房门口一侧。

三、自我检查

当房间清洁完成之后，要以客人的眼光对已清洁过的房间做一番审视。从房间的一处开始，目光做环形移动，从一个角扫视至另一个角，直至目光扫过房间内每一件物品。这样做，可能会发现一些不易清洁的死角，确保室内所有家具均已复位，注意灯罩歪斜或绽开的线缝等细小的问题，嗅嗅房内是否有异味，若有可喷洒空气清新剂。若对客房的整洁与清洁作业彻底满意，则关灯、关门。

四、填写客房清洁日报表

每间客房清扫完毕后，要认真登记客房清洁日报表，填写清扫的时间、客房用品的使用与补充情况，以及需要维修的项目等。

以下清洁程序综合了现代饭店中各种房态的基本清洁程序，如果针对特定房态，还可在此基础上设计专项清洁程序，如住客房清洁程序、走客房清洁程序、空房清洁程序（图3-2至图3-4）。

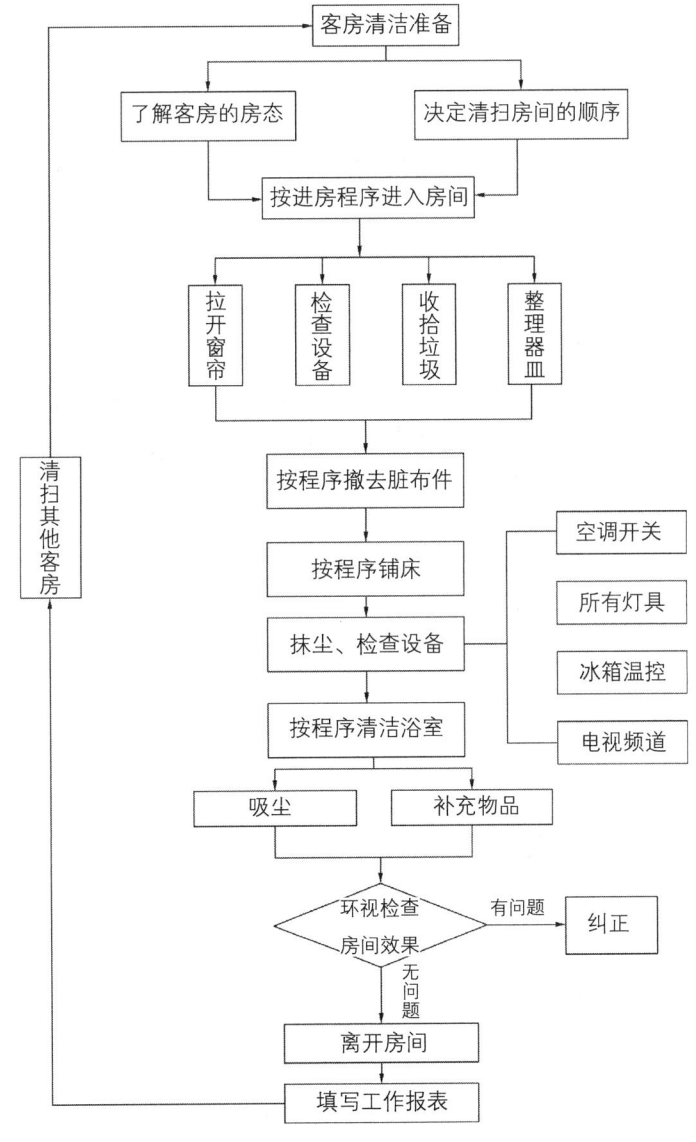

图3-2 住客房清洁流程

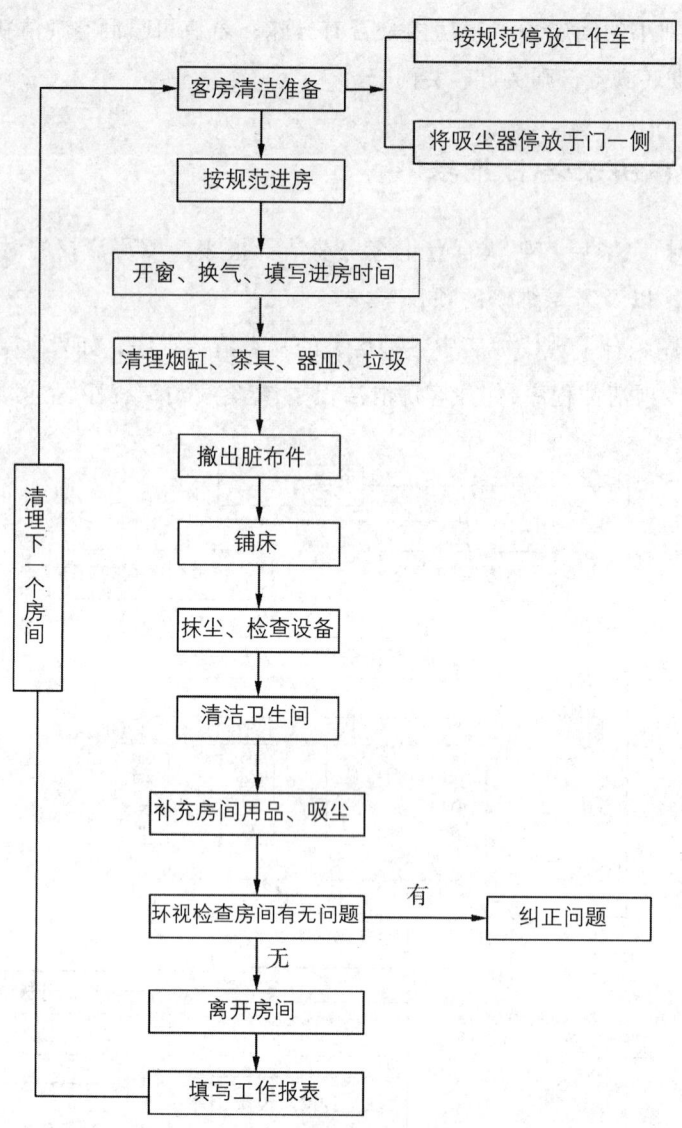

图3-3 走客房清洁流程

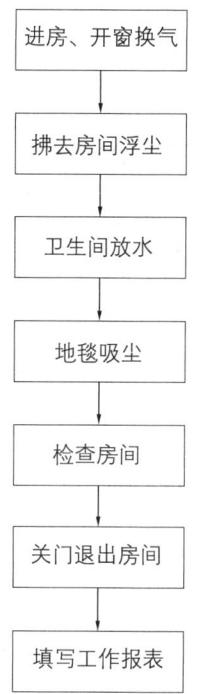

图 3-4　空房清洁流程

任务三 洁房基础技能训练

 **案例导入**

> **被遗漏的香蕉皮**
>
> 李芳是一所高职学院酒店管理专业的学生，上个月初刚进入花园饭店客房部实习，岗位是楼层服务员。由于在校期间做房技能不够扎实，来到饭店后，做房不熟练。
>
> 花园饭店每天的客人都很多，李芳得很努力才能完成工作任务。一天，李芳正在清理1506房间，赵领班很生气地把她叫到1509房间。李芳刚来到门口，一个香蕉皮从赵领班手中飞过来，砸在李芳脚上，接着是赵领班严厉的声音："看，这就是你打扫的房间！"原来，李芳清扫房间时，竟然遗漏了门后的这个香蕉皮！

 思考
1. 李芳在花园饭店遇到哪些挑战？原因何在？
2. 你认为李芳应该怎样提高自己的洁房技能？

一、工作小车布置

（一）操作准备

1. 布置标准

按高星级饭店客房配置要求准备工作小车，小车物品摆放符合标准。

2. 操作物品

操作物品包括工作小车、垃圾袋、各种布巾、客房低值易耗品、清洁桶、小型清洁工具、多功能清洁剂。

（二）操作程序（图3-5）

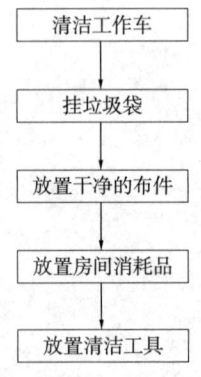

图3-5　布置工作小车流程

（三）操作标准

1. 清洁工作车

（1）在工作间撤去脏的布件、倒掉垃圾。
（2）用湿润的毛巾将空置的工作车内外擦拭干净，检查工作车有无损坏。
（3）清洁桶及清洁用具必须冲洗干净并沥干。
（4）装配好各种清洁剂备用。

2. 挂垃圾袋

将干净的垃圾袋和布件袋挂在车钩上，要把各个袋子钩住或挂紧，确保袋子有足够的支撑力来放置垃圾和撤下来的脏布件。

3. 放置干净的布件

（1）将床单、枕套放在工作车的最下一格。
（2）大浴巾、小浴巾、面巾、方巾、脚巾、浴袍等放在上面的两格。

4. 放置房间消耗品

将房间消耗用品整齐地摆放在工作车的顶架上。房间消耗用品包括以下两种。
（1）易耗品，包括：拖鞋、擦鞋纸、礼品袋、杯垫、餐巾纸、调酒棒、吸管、白糖包、黄糖包、红茶包、绿茶包、咖啡包、伴侣包、圆珠笔、铅笔、火柴、润肤露、洗发露、沐浴露、泡泡浴露、浴室套装（包括浴帽、针线包、指甲锉、棉签）、洗衣粉、牙具、梳子、剃须刀、浴擦、手皂、矿泉水、面巾纸、卷纸、女宾袋（卫生袋）、方皂。
（2）纸制品，包括："请勿打扰"牌、"请即打扫"牌、早餐牌、洗衣单、保险箱说明书、酒吧账单、服务指南、中英文房价单、地图、客人意见书、送房服务餐单、文件夹、无烟房禁烟卡、电话指南、电视节目单、环保卡、便笺、各类杂志。

5. 准备好清洁桶或清洁盆

将塑料清洁桶或清洁盆放在工作车最底层的外侧，清洁桶必须保持洁净无积垢，内放清洁剂、消毒剂、尼龙刷、家具蜡、空气清新剂、胶皮手套等清洁用品。

6. 准备好干净的抹布

准备干净的干抹布两条、湿抹布两条、抹地布一条，有的饭店还使用百洁布、泡棉等。
注意事项：
（1）员工每天完成当日的清洁工作后必须将工作车整理干净；
（2）工作车的最上层为易耗品及部分纸制品，第二层放干净的杯具及从房间更换出来的脏杯具和矿泉水，第三层放棉织品，最下层放礼品袋及纸制品、五类抹布（桌面巾、浴缸巾、马桶巾、地巾、干抹布）；
（3）香皂不能与茶叶放在一起，以免串味；
（4）擦脸盆、浴缸及马桶的百洁布必须分开放置，专项专用，并保持清洁、干燥，一般可采取使用不同颜色和尺寸的抹布来区别，同时抹布一定要干净、卫生并经过消毒；

（5）布件袋和垃圾袋必须定期安排清洗；

（6）工作车必须保持良好的工作状态，如出现轮子脱落等情况，应及时通知房务中心报修，同时开具工程维修单；

（7）工作车整理完毕后，必须按规定停放于工作间内的固定区域。

二、进房

（一）操作准备

1. 物件准备

房间一间，房间钥匙，"请勿打扰"牌一个。

2. 客人角色

1~2位。

（二）操作程序（图3-6）

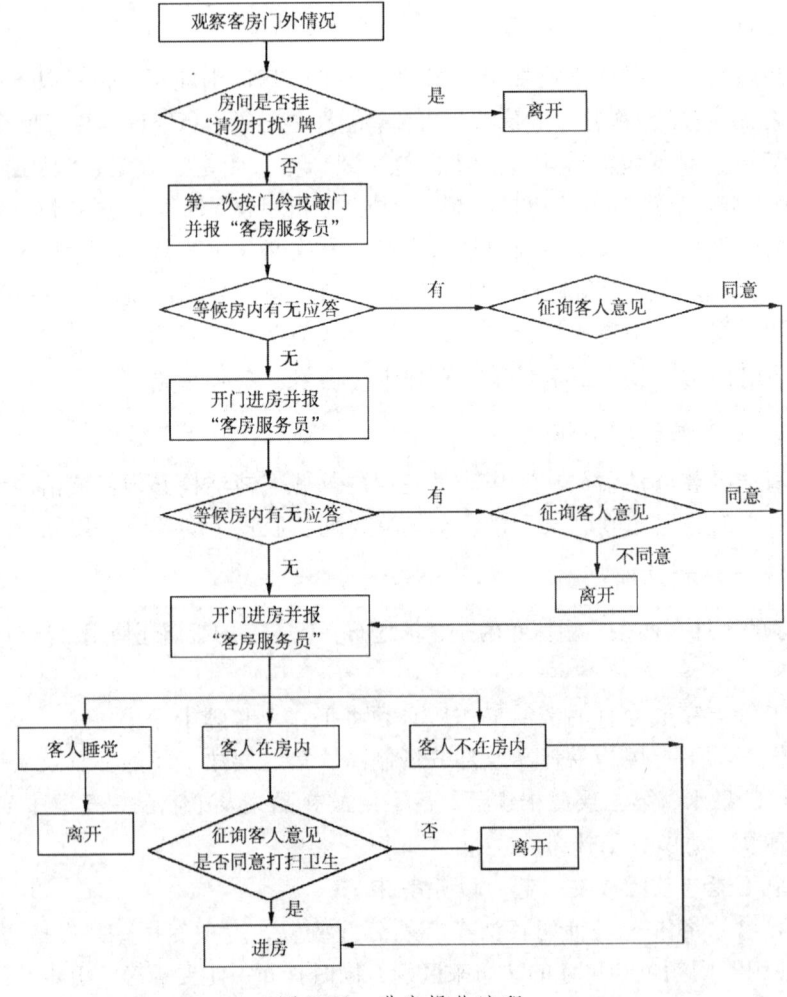

图3-6 进房操作流程

（三）操作标准

1. 观察门外情况

（1）首先应检查一下房门是否挂着"请勿打扰"牌，指示灯是否亮着。

（2）如果"请勿打扰"指示灯亮着，则不能敲门，应轻轻将工作车推走，离开。

（3）无上述情况，才能按以下标准进行。

2. 按门铃敲门（第一次）

（1）首先站在客房主门前正中央，脸正对猫眼，双目平视猫眼，注意不要东张西望。

（2）用大拇指按一下门铃，或用食指、中指第二骨节敲门三下，然后说"客房服务员"，声音不要太轻，以使客人听到为标准。

（3）不能用手拍门或用钥匙敲门。

（4）敲门应有节奏，轻重适度。

3. 等待

（1）等待客人反应3秒左右。

（2）站在门前适当位置，眼望门窥视镜便于房内客人观察。

（3）敲门后切勿立即开门或连续敲门，也不能通过门窥视镜向房内窥视。

（4）若此时客房内客人有回应，应立即通报"客房服务员"，征求客人意见，如客人不同意打扫房间，应向客人道歉"先生/小姐，对不起，打扰了"，并轻轻离开此房或视情况征求客人意见看何时较为方便，把客人要求打扫房间的时间记在工作单上，以免遗忘。

（5）如客人允许，则在房门口等候客人开门。

4. 敲门等待（第二次）

（1）第一次敲门报"客房服务员"，等待时，若客房内无动静，应第二次敲门报"客房服务员"，并再次等待。

（2）操作要领与前面的程序相同。

5. 开门

（1）两次敲门后，如无动静，可开门进房。

（2）开门时，房门打开1/3，并在房门上用手指轻敲两下再报"客房服务员"。

（3）注意观察房内情况，不要猛烈推门。

（4）若发现客人仍在睡觉，应马上退出，轻轻地把门关上。

（5）若客人已醒，但未起床或正在起床时应马上道歉"先生/小姐，对不起，打扰了"后退出，不要解释，以免造成客人的不便。

（6）若客人已经起床，应礼貌地询问客人"先生/小姐，请问现在需要打扫房间吗"，如客人同意，最好按照客人的意见去做，如客人不同意，则礼貌地说"对不起，打扰了"，并退出或视情况征求客人意见什么时候打扫房间，并将时间记录在工作单上。

6. 进房

（1）客人不在房内或征得客人的允许后，服务员将房门敞开并扣住门吸，进行客房打扫。

（2）吸尘器放置在客房门口一侧，吸管应靠在墙壁上，电线应整理好。

（3）将工作车按规定摆放于客房门口。

注意事项：

（1）凡是门外把手上挂有"请勿打扰"牌的，以及房门侧面的墙上亮有"请勿打扰"指示灯的，不要敲门进房。

（2）如在下午2点仍是"请勿打扰"，服务员应报告领班，由领班给客人打电话询问是否需要清理房间。

（3）客人需要服务时，按客人指定的时间工作；如客人不要求服务，填写工作报表，并与下一班次领班做好交接；如房间无人接听电话，领班应进入房间查看；如房间一直占线，应通过总机与客人取得联系。

（4）中班领班安排中班服务员对白天未让打扫的房间在做夜床时彻底打扫，如晚上仍是"请勿打扰"则做好交班提醒，次日领班应特别注意。连续两天不让打扫的房间，应由楼层主管报告保安部和大堂副理。

三、撤床

本部分提供学习的内容是西式撤床程序和操作标准，中式撤床与这个程序大体相同，只是物件有所不同。

（一）操作准备

1. 西式撤床物件

床一张、床垫一个、衬垫一个、床罩一条、床单三条、枕套两个、枕芯两个、毛毯一条。

2. 中式撤床物件

床一张、床垫一个、衬垫一个、床单一条、被套一个、被芯一个、枕套两个、枕芯两个。

（二）操作程序（图3-7）

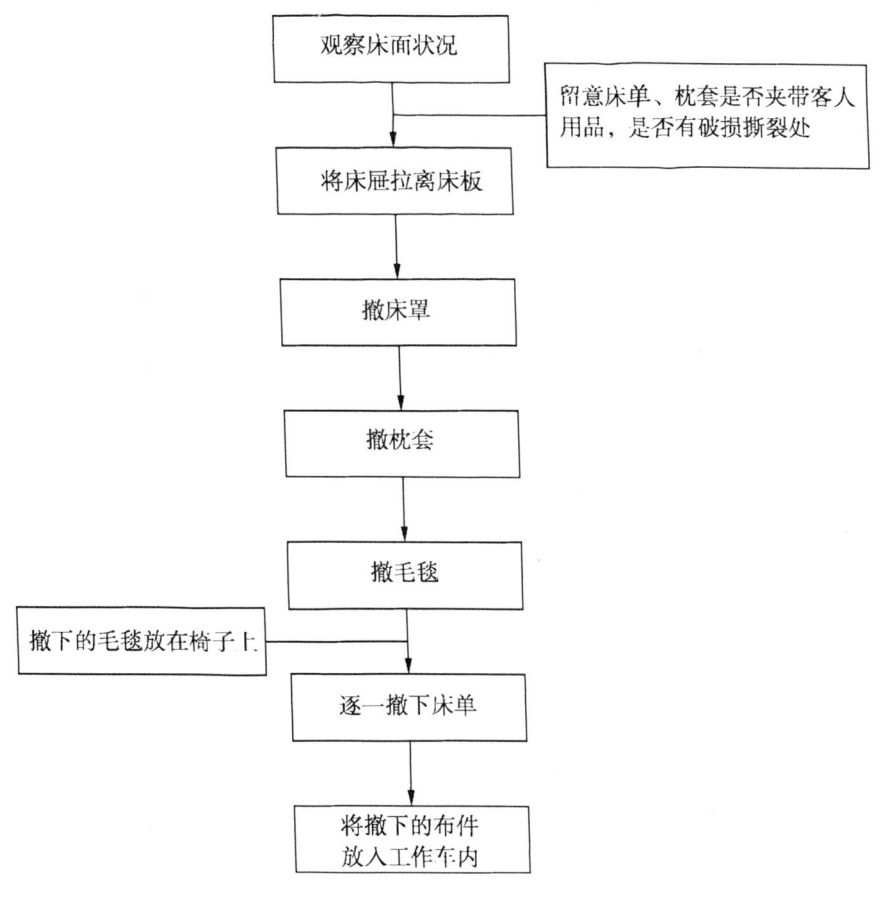

图3-7 撤床流程

（三）操作标准

1. 观察

（1）观察床面状况，留意床单、枕套是否夹带客人用品。

（2）观察床上用品是否有破损、撕裂处或烧烤孔。

2. 拉床

（1）站立在床尾30厘米处，两脚前后交叉一足距离，屈膝下蹲并重心前倾，用双手握紧床尾部，将床屉连同床垫同时慢慢拉出。

（2）最后使床身离开床头板50厘米。

3. 撤床罩

（1）将床罩顶部对折至床尾位置，再从床尾起将床罩向前对折，然后由两侧向中间对折。

（2）将床罩放于椅子或另一张床面上，切记不可放在地面上。

4. 撤枕套

（1）查看枕下有无遗留物品。
（2）左手捏住枕套封口一角，右手探入袋内把枕芯轻轻拉出，动作轻缓。
（3）注意枕芯是否清洁，如发现有污渍，应立即更换。
（4）将枕芯放在椅子上或床面上，撤下的枕套暂放在不影响行走的合适地方。

5. 撤毛毯

（1）把毛毯从各角部和夹缝中拉出，高高提起（避免拖地）。
（2）将毛毯折叠好，顺放在椅子上。

6. 撤床单

（1）从角部开始把床单从床垫缝中一一拉出，床单要逐一撤下，不要放在地上。
（2）检查垫单是否有污渍。
（3）撤床单时，注意不要夹带客人衣物，床上有客人衣物时，要整理好。
（4）撤床单时，动作要轻，卷好放入工作小车。

7. 将棉织品放入清洁车

将撤下的床单等棉织品放进客房工作小车。

注意事项：

（1）撤床上用品时，禁止猛扯狂拉；
（2）撤床时，应留意有无客人遗留物品；
（3）撤床时，应留意床上用品有无污渍；
（4）收取用过的床单和枕套时要点清数量；
（5）禁止将撤下的床单、枕套放在地上或随意堆放。

说明：

（1）中式撤床将"撤床罩""撤毛毯"两个步骤改为"撤被套"；
（2）中式撤床所撤床单只有一条；
（3）中式撤床的操作标准和要求与西式撤床完全一样。

四、西式铺床

（一）操作准备

传统西式铺床所需物件：床一张、床垫一个、衬垫一个、床罩一条、床单三条、枕套两个、枕芯两个、毛毯一条。

（二）操作程序（图 3-7）

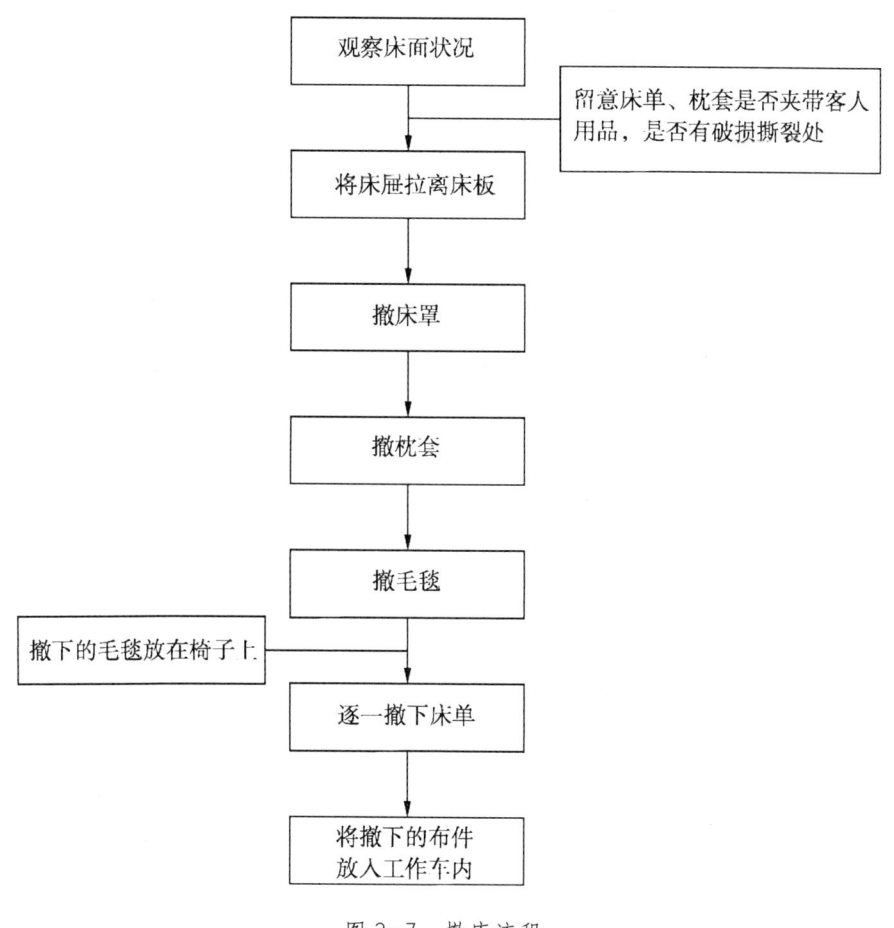

图 3-7 撤床流程

（三）操作标准

1. 观察

（1）观察床面状况，留意床单、枕套是否夹带客人用品。

（2）观察床上用品是否有破损、撕裂处或烧烤孔。

2. 拉床

（1）站立在床尾 30 厘米处，两脚前后交叉一足距离，屈膝下蹲并重心前倾，用双手握紧床尾部，将床屉连同床垫同时慢慢拉出。

（2）最后使床身离开床头板 50 厘米。

3. 撤床罩

（1）将床罩顶部对折至床尾位置，再从床尾起将床罩向前对折，然后由两侧向中间对折。

（2）将床罩放于椅子或另一张床面上，切记不可放在地面上。

4. 撤枕套

（1）查看枕下有无遗留物品。

（2）左手捉住枕套封口一角，右手探入袋内把枕芯轻轻拉出，动作轻缓。

（3）注意枕芯是否清洁，如发现有污渍，应立即更换。

（4）将枕芯放在椅子上或床面上，撤下的枕套暂放在不影响行走的合适地方。

5. 撤毛毯

（1）把毛毯从各角部和夹缝中拉出，高高提起（避免拖地）。

（2）将毛毯折叠好，顺放在椅子上。

6. 撤床单

（1）从角部开始把床单从床垫缝中一一拉出，床单要逐一撤下，不要放在地上。

（2）检查垫单是否有污渍。

（3）撤床单时，注意不要夹带客人衣物，床上有客人衣物时，要整理好。

（4）撤床单时，动作要轻，卷好放入工作小车。

7. 将棉织品放入清洁车

将撤下的床单等棉织品放进客房工作小车。

注意事项：

（1）撤床上用品时，禁止猛扯狂拉；

（2）撤床时，应留意有无客人遗留物品；

（3）撤床时，应留意床上用品有无污渍；

（4）收取用过的床单和枕套时要点清数量；

（5）禁止将撤下的床单、枕套放在地上或随意堆放。

说明：

（1）中式撤床将"撤床罩""撤毛毯"两个步骤改为"撤被套"；

（2）中式撤床所撤床单只有一条；

（3）中式撤床的操作标准和要求与西式撤床完全一样。

四、西式铺床

（一）操作准备

传统西式铺床所需物件：床一张、床垫一个、衬垫一个、床罩一条、床单三条、枕套两个、枕芯两个、毛毯一条。

（二）操作程序（图3-8）

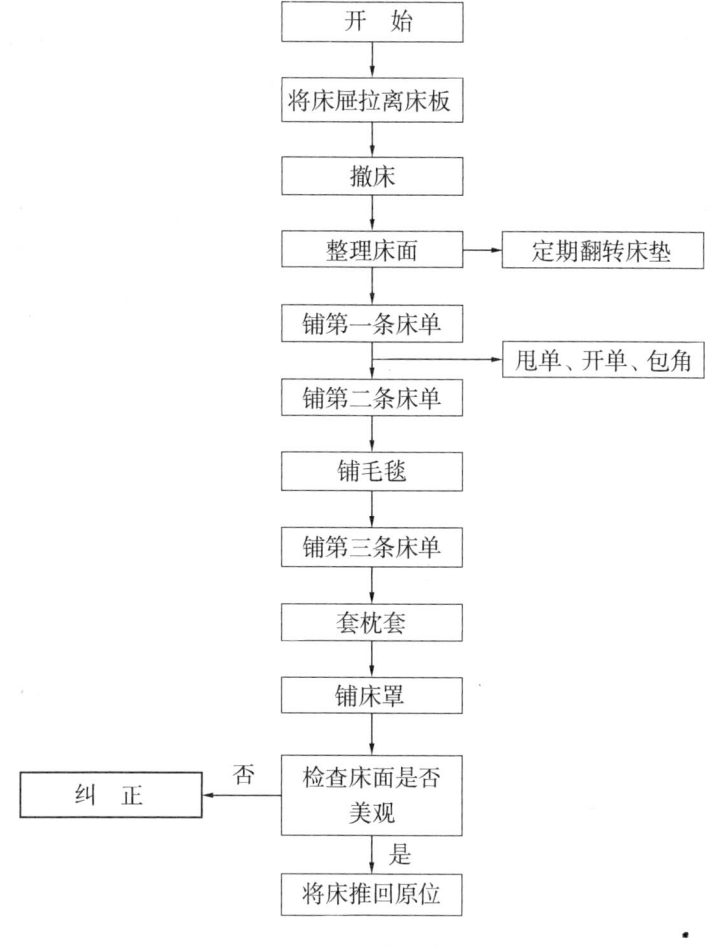

图3-8　西式铺床流程

（三）操作标准

1. 拉床

（1）站立在床尾30厘米处，两脚前后交叉一足距离，屈膝弯腰下蹲并重心前倾，用双手握紧床尾部，将床架稍抬高，将床屉连同床垫同时慢慢拉出。

（2）使床身离开床头板50厘米。

2. 整理床垫

（1）将床垫与床垫边角对齐。

（2）根据床垫四边所标明的月份字样，将床垫定期翻转，使其受力均匀平衡。

3. 整理衬垫

用手把棉褥理顺拉平，发现污损衬垫要及时更换。

4. 铺第一条床单

（1）甩单：将折叠的床单正面向上，用左手抓住床单尾部商标，右手抓住床单尾部拍松，并将其抛向床尾位置，然后右手抓住床单头分别向左右两边打开床单。

（2）开单：两手将床单打开，手心向下，抓住床单头按在床垫约30厘米处，然后将床单提起约70厘米高度，使空气进到床尾部位，呈鼓起状，身体稍向前倾，用力将床单甩出去，当空气将床单尾部推开的瞬间，顺势调整将床单往床头方向拉至下垂，利用空气浮力定位，使床单的中线不偏离床垫的中心线、两头垂下部分相等。

（3）包角：先包床头，将床头下垂部分的床单掖进床垫下面；包右角，左手将右侧下垂的床单拉起呈45°折角，右手将右角部分床单掖入床垫下面，然后左手将折角往下垂拉紧包成直角，右手将拐角下垂的床单掖入床垫下面；包左角与包右角相同，床尾左右角包法与包床头左右角一样，包边包角时方向一致、角度相等、紧密、不露巾角。

5. 铺第二条床单

（1）床单正面朝下，抖单方法同前。

（2）抖单后使床单中线居中，中折线与第一床单对称，三面均匀。

（3）床单头部与床头板对齐。

6. 铺毛毯

（1）手持毛毯尾部，将毛毯前部抛向床头，轻轻后提毛毯，至毛毯前部与床头相距35厘米处放下毛毯。

（2）毛毯平铺且商标朝外在床尾下方，毛毯中线与床单中线对齐。

（3）包角，用双手将毛毯尾部连同第二条床单下垂部分填入床屉和床垫的夹缝中，床尾两角包成直角。

（4）包边，将第二条床单由床头部向上反卷包住毛毯头，将床两侧垂下的毛毯同第二条床单一起填入床垫与床屉间的夹缝。

7. 铺第三条床单

在毛毯上铺第三条床单，要求顶端与毛毯拉齐，正面朝上，中折线与毛毯中线重合。

8. 套枕套

（1）把枕芯横放在床面上，左手抖开枕套平铺在床上，张开袋口，用右手捉住枕芯的两个前角，从枕套开口处送入直至套端，然后将枕芯两角推至两角端部。

（2）用两手提起枕套口轻轻抖动，使枕芯自动滑入，装好的枕芯要把枕套四角冲齐。

9. 放置枕头

（1）将套好的枕头放置于床的正中，单人床（房间一张床）将枕套口反向于床头柜，两个枕头各保持 20 厘米厚度重叠摆放，离床头 1 厘米。

（2）双人床放枕头时，将四个枕头两个一组重叠，枕套口方向相对，当房间有两张单人床时，也要将两床枕套口反向于床头柜，摆放枕头要求一致。

（3）枕头放好后要进行整形，轻推枕面，使四角饱满挺实，注意不要在枕面上留下手痕。

10. 盖床罩

（1）把折好的床罩放在床中央横向打开。

（2）双手把床罩尾部拉至床尾下离地 5 厘米处（扣准床尾两角），将床罩头部抛向床头，使床罩平铺在床上。

（3）抛床罩时注意以腿顶住垂下之床罩，床罩下摆不要着地；站在床头位置将床罩置于枕头上边，下垂 10 厘米，将床罩分别均匀填入上下枕头缝之中。

（4）整理床罩头部，使处于枕头上的床罩平整，两侧呈流线型自然由枕头边垂至床侧，处于上下枕头夹缝中的床罩自然向两侧铺呈流线型至端处。

11. 床复位

（1）把床身缓缓推回原位置。

（2）最后再将做完的床查看一次，对不够整齐、造型不够美观的床面，尤其是床头部分，用手稍加整理。

注意事项：

（1）西式做床主要掌握 12 个环节：铺单掌握好甩单、开单、包角三个环节，铺毛毯掌握好盖毯、包角、包边三个环节，铺床罩掌握好定位、罩边、罩枕头三个环节，套枕套掌握好装芯、定位、整形三个环节。

（2）加第三条床单（护单）时，其床头可与毛毯齐或反包住毛毯头再将盖单回折；一张床用两对枕头时，使枕头开口相对；供客人上床或床头柜一侧应无枕头开口相向。

（3）按以上动作要领反复练习熟练后，铺一张单人床只需 2 分 30 秒左右。

五、中式铺床

（一）操作准备

中式铺床物件：床一张、床垫一个、衬垫一个、护单一条、床单一条、被套一个、被芯一个、枕套两个、枕芯两个。

（二）操作程序（图3-9）

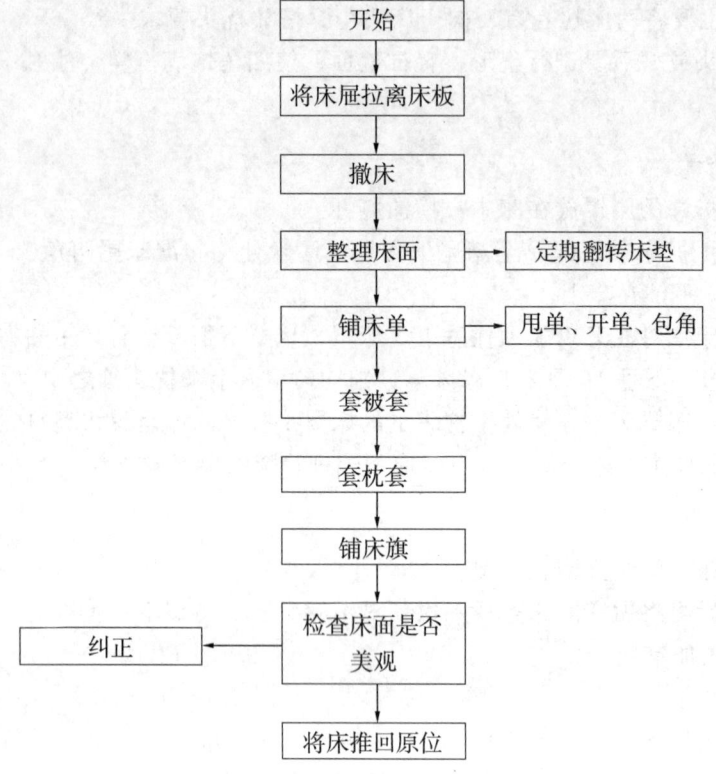

图3-9　中式铺床流程

（三）操作标准

1. 拉床

（1）站立在床尾30厘米处，两脚前后交叉一足距离，屈膝弯腰下蹲并重心前倾，用双手握紧床尾部，将床架稍抬高，将床屉连同床垫同时慢慢拉出。

（2）使床身离开床头板50厘米。

2. 整理床

（1）将床垫与床垫边角对齐。

（2）根据床垫四边所标明的月份字样，将床垫定期翻转，使其受力均匀平衡。

（3）用手把衬垫理顺拉平，发现污损棉褥要及时更换。

3. 铺床单

（1）甩单：将折叠的床单正面向上，用左手抓住床单尾部商标，右手抓住床单尾部拍松，并将其抛向床尾位置，然后右手抓住床单头分别向左右两边打开床单。

（2）开单：两手将床单打开，手心向下，抓住床单头按在床垫约30厘米处，然后将床单提起约70厘米高度，使空气进到床尾部位，呈鼓起状，身体稍向前倾，用力将床单甩出去，当空气将床单尾部推开的瞬间，顺势调整将床单往床头方向拉至下垂，利用空气浮力定位，使床单的中线不偏离床垫的中心线、两头垂下部分相等。

（3）包角：先包床头，将床头下垂部分的床单掖进床垫下面；包右角，左手将右侧下垂的床单拉起呈45°折角，右手将右角部分床单掖入床垫下面，然后左手将折角往下垂拉紧包成直角，右手将角下垂的床单掖入床垫下面；包左角与包右角相同，床尾左右角包法与包床头左右角一样，包边包角时方向一致、角度相等、紧密、不露巾角。

4. 套被套

（1）把被套打开放在床面上，再叉开被套入口，面向上、底向下。

（2）将被芯平铺在床上，将被套外翻，把里层翻出。分清被尾（有商标的为被尾），使被套里层的床头部分与被芯的床头部分固定。两手伸进被套里，紧握住被芯床头部分的两角，向内翻转，用力抖动，使被芯完全展开，被套四角饱满，再将被套开口处封好。

（3）调整棉被位置，使棉被床头部分与床垫床头部分齐平，将棉被床头部分翻折约45厘米，棉被的中线位于床垫的中心线上。棉被不能有皱折，两边长度一致，自然垂直，不能鼓起。被尾要离地毯20厘米，以被尾两个角翘起为标准。

5. 套枕套

（1）将枕芯平放在床上，两手撑开枕套口使其进入空气，将枕芯放到枕套口，左手提起枕套口上边缘，右手将枕芯对半折顺势塞到枕套里去，然后双手各提住套口，边提边抖动，使其全部进入，最后将超出的枕芯部分的枕套掖入枕芯里面，把套口封好，枕芯不外露。

（2）整理枕头，使枕套四角饱满、外形平整。

6. 放置枕头

（1）将套好的枕头放置在床的正中，单人床（房间一张床）将枕套口反向于床头柜，两个枕头重叠摆放，离床头1厘米。

（2）双人床放枕头时，将四个枕头两个一组重叠，枕套口方向相对。

（3）当房间有两张单人床时，也要将两床枕套口反向于床头柜，两个枕头重叠摆放，离床头1厘米。

（4）枕头放好后要进行整形，使四角饱满挺实，注意不要在枕面上留下手痕。

7. 盖床旗

（1）把折好的床旗在床面上打开。

（2）双手把床旗铺在被子上面靠近床尾的位置。

8. 床复位

（1）把床身缓缓推回原位置。

（2）最后再将做完的床查看一次，对不够整齐、造型不够美观的床面，尤其是床头部分，用手稍加整理。

注意事项：

（1）开始和结束时的站立位置均在床尾。

（2）整张床单铺完后床单的正面在上，床单商标在床尾，中线居中，开单要一次定位，床单要包紧，且四个角都要成直角。

（3）包角时需半跪或蹲式，禁止躬身操作。不能跪床，铺床时不能跑动或绕圈，整个过程中不能有拍打动作。

六、清洁卫生间

（一）操作准备

物件准备：清洁桶、清洁剂、清洁工具、抹布。

（二）操作程序（图3-10）

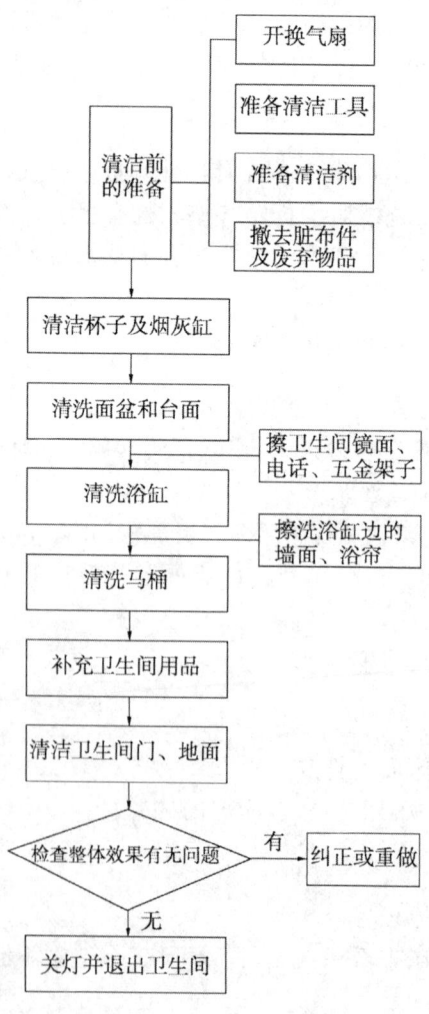

图3-10 卫生间清洁流程

(三)操作标准

1. 清洁前的准备

(1)打开换气扇。

(2)准备好操作工具,特别注意在卫生间门口垫一块小地垫,以免弄脏地毯。

(3)刷浴缸及面盆的百洁布和洗刷马桶的百洁布应分开放置,防止交叉污染。

(4)准备好清洁用的抹布及清洁药水,包括消毒水一瓶。

(5)放水冲净坐厕,在坐厕内喷上清洁剂,注意不能将清洁剂直接倒在釉面上。

(6)撤掉脏布巾,放入布件袋内。

(7)将要用的湿抹布洗净拧干放在一边待用(三块湿抹布须严格分开,一块擦脸盆,一块擦浴缸,一块擦坐厕、地面)。

2. 清洁烟灰缸及垃圾桶

(1)将烟灰缸里的烟灰倒入指定的垃圾桶内,在浴室内洗净,用布擦干、擦净。

(2)清理纸篓(垃圾桶),收集用过的牙具、肥皂,统一分捡,其中一部分留用清洁,一部分作为废品回收。

3. 清洗杯子

按操作规范清洁消毒杯子,更换潮湿、脏污的杯垫。

4. 清洗面盆和台面

(1)将客人的物品移到一边,待清洁后复位。

(2)使用多功能清洁剂清洗面盆、台面和五金配件并冲洗干净。

(3)用干净抹布分别将其擦干净。

(4)擦亮五金配件。

(5)将面盆下两侧的布件篮和地秤清洁干净,确保无水迹、毛发、灰尘。

(6)确保面盆、大理石台面等无毛发、无灰尘。

5. 清洁浴缸

(1)使用多功能清洁剂清洗浴缸、皂碟、五金配件和大理石墙面。

(2)擦洗浴帘,除去水渍、污渍,确保浴帘上无毛发、无污渍。

(3)冲洗后,关闭浴缸的塞子。

(4)使用专用的干净抹布将其擦干净。

(5)擦亮五金配件。

(6)确保浴缸内无毛发、无污渍、无水渍。

(7)清洁浴帘杆,确保浴帘杆无水渍、无积灰。

(8)清洁晾衣器及附件表面,确保无水渍、无积灰。

6. 清洁马桶

(1)使用规定的马桶清洁剂。

（2）用专用工具将马桶内外刷洗干净。
（3）将马桶座圈和盖板、马桶边沿和外侧及边角揩干净。
（4）确保马桶及座圈、盖板无污迹、无水渍。
（5）定期清洁马桶水箱。
（6）清洁手纸架，确保无灰尘、无水渍。
（7）卫生间抹尘。

7. 清洁电话

（1）卫生间电话机必须每天用专用消毒剂消毒。
（2）清洁与消毒后检查电话是否工作正常、电话线是否绕好。
（3）定期清洁排风口，确保无尘(每周)。

8. 清洁镜子

（1）用浴缸刷蘸少许清洁药水从左到右在镜子表面污渍处轻轻擦洗。
（2）用抹布蘸热水将镜子表面的药水擦洗干净。
（3）用干抹布将镜子表面揩干。
（4）另用干净的抹布将镜子表面揩亮。
（5）确保镜子表面无水渍、无污渍、无线头。
（6）清洁镜框、镜架，确保无灰尘、无污渍。
（7）对于镀铬镜框、镜架必须确保无手印、无水渍。

9. 补充、更换卫生间用品

按规定补充用品。

10. 清洁门和地面

（1）用潮湿并蘸有少量清洁剂的专用湿抹布从上至下、从里向外顶着门的边角平行擦净整个卫生间的门，边退边擦净地面。
（2）定期往卫生间地漏内浇水。

11. 退出卫生间

（1）再次巡视卫生间，确保无遗漏、无死角。
（2）关灯退出卫生间后，将卫生间门关至30°角。

注意事项：

（1）水龙头滴水要立即报告上级，防止沾染相连部件。
（2）避免经常使用漂白水和氨水，因为它们会损坏部件的表面（氨水对不锈钢有特别的损害作用）。
（3）注意瓷砖之间的渣子，避免形成霉点或严重的石灰沉积物，可用漂白剂进行清洁。

七、客房晚间小整理

（一）操作准备

物件准备：工作小车、茶具、文具、低值易耗品、毛巾、清洁抹布。

（二）操作程序（图3-11）

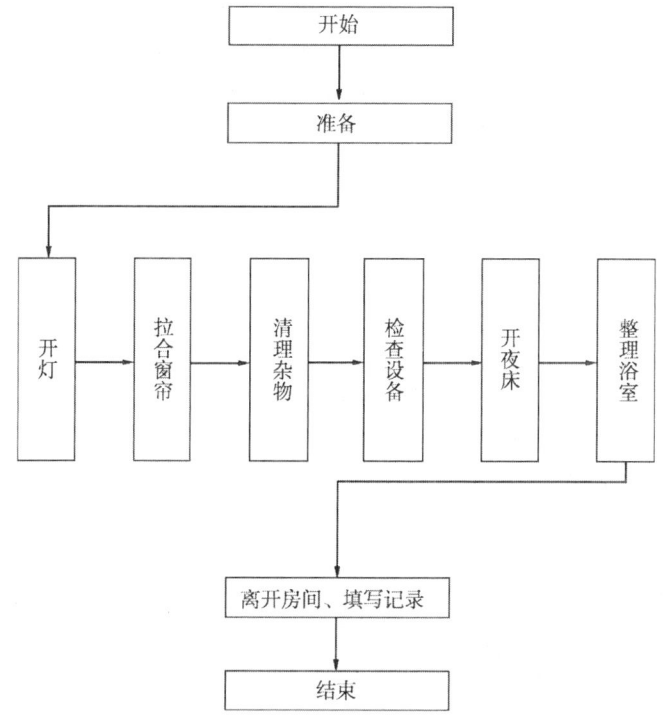

图3-11 晚间小整理操作流程

（三）操作标准

1. 准备工作

（1）将需要更换的茶具、客用品以及清洁用具等备齐放在工作车上。
（2）检查自己的仪容仪表。
（3）将工作车按规定摆放于客房门口。

2. 进房

（1）严格按进房程序进房。
（2）如果客人在房内，则应经客人同意方可进入，并礼貌地向客人道晚安。如果客人不需要开夜床服务，则服务员应在工作表上做好登记。

3. 开灯、开空调

（1）开灯并检查所有照明设备是否正常工作。

（2）将空调开到指定的刻度上。

（3）轻轻拉上遮光窗帘和二道帘。

4. 开夜床

（1）将床罩从床头拉下，整齐折叠好，放在规定的位置。

（2）将靠近床头一边的毛毯连同衬单（盖单）向外折成45°角，以方便客人就寝。

（3）拍松枕头并将其摆正，如有睡衣应叠好置于枕头上。

（4）按饭店规定在床头或枕头上放上鲜花、晚安卡或小礼品等。

（5）如一人住单床时，则开有电话的床头柜一侧；一人住双床，则一般开临近卫生间那张床的靠床头柜一侧；如两人住大床，则两边都开。

（6）在开夜床折口一侧摆好拖鞋。

5. 整理房间

（1）清理烟灰缸、桌面，倒垃圾。

（2）如果有用过的餐具也一并清除。

（3）简单清洁、整理桌面、床头柜、茶几。

（4）更换用过的茶具，增添饮用水。

（5）放入报纸或将饭店提供的浴衣摊开在床尾。

（6）客人如有加床，则在这时打开整理好。

6. 调试电视

（1）使电视频道齐全，图像清晰，且电视频道与服务指南内容一一对应。

（2）检查冰箱和小酒吧的饮料，开好酒水单。

7. 整理卫生间

（1）冲抽水马桶。

（2）脸盆、浴缸如使用过，应重新擦洗干净。

（3）将地巾放入浴缸外侧的地面。

（4）将浴帘放入浴缸内，并拉出1/3，以示意客人淋浴时应将浴帘拉上并放入浴缸内，避免淋浴的水溅到地面。

（5）将用过的毛巾收去并换上干净的毛巾，也可将用过的毛巾按饭店规定整理后摆好。

（6）如有加床，增添一份客用品。

8. 环视检查房间

（1）环视一遍卫生间及房间，检查有无不妥之处。

（2）除夜灯和走廊灯外，关掉所有的灯并关上房门。

（3）如果客人在房内，不用关灯，向客人道别后退出房间，轻轻将房门关上。

（4）在客房晚间整理报表上登记。

注意事项：

（1）客房晚间整理也称"开夜床服务"。为方便客人休息，晚间整理通常利用客人晚上就餐或外出活动时进行，一般在晚上6~8点。

（2）如发现房门挂着"请勿打扰"牌或双锁，服务员不能去敲门，应将一张留言条从门下塞入，提醒客人如需夜床服务，请通知客房中心或服务台。

（3）房间如有会客者，待其离店后再开床。

（4）开夜床时，要注意床上是否有客人的物品。如有，未经客人同意，不要擅自移动。

（5）住一位客人的房间，每天要开固定的床位。不可同时开两张床，以免引起客人误解。

（6）更换杯具时，要认真检查杯内有没有客人的假牙及其他物品。

知识链接

客房服务员（中式铺床、开夜床）比赛规则和评分标准

一、比赛内容：标准中式铺床、开夜床

二、比赛要求

1. 操作时间4分钟。

中式铺床时间3分钟，提前完成不加分，每超过10秒扣2分，不足10秒按10秒计算，超过1分钟终止比赛。

开夜床时间1分钟，提前完成不加分，每超过5秒扣1分，不足5秒按5秒计算，超过30秒终止比赛。

2. 选手必须佩戴参赛证提前进入比赛场地，裁判员统一口令"开始准备"后进行准备，准备时间2分钟。准备就绪后，举手示意。

3. 选手在裁判员宣布"比赛开始"后开始操作。

4. 操作结束后，选手立于工作台侧，举手示意"操作完毕"。

5. 比赛用床架不带床头板，不设床头柜，靠近裁判一头为床头。

6. 操作过程中，选手不能跑动、绕床头、跪床或手臂撑床，每违例一次扣2分。

7. 其他：

（1）床单和被套叠法：正面朝里，沿长边对折两次，再沿宽边对折两次；

（2）选手不可在床头操作，其余位置不限。

（3）床架+床垫高度为45厘米。

8. 中式铺床比赛评判工作结束后，选手整理床铺，做开夜床准备，准备时间为2分钟。

三、比赛物品准备

（一）物品标准

1. 床架（1个）；

2. 床垫（1个，2米×1.2米）；

3. 工作台（1个）；

4. 床单（1个，2.8米×2米）；

5. 被套（1个，2.3米×1.8米，底部开口，系带方式）；
6. 羽绒被（1床，重量约1.5千克/床）；
7. 枕芯（2个，75厘米×45厘米）；
8. 枕套（2个，开口方式为信封口）。

（二）创意物品

自创：开夜床创意物品（地巾、拖鞋为自备必需品）。

四、比赛评分标准

（一）中式铺床评分标准（表3-2）

表3-2　中式铺床评分标准

项目	要求细则	分值	扣分	得分
床单 （17分）	一次抛单定位（两次扣2分，三次及以上不得分）	6		
	不偏离中线（偏2厘米以内不扣分，2~3厘米扣1分，3厘米以上不得分）	3		
	床单正反面准确（毛边向下，抛反不得分）	1		
	床单表面平整光滑	2		
	包角紧密平整，式样统一（90°）	5		
被套 （6分）	一次抛开（两次扣2分，三次以上不得分），平整	4		
	被套正反面准确（抛反不得分）	1		
	被套开口在床尾（方向错不得分）	1		
羽绒被 （20分）	打开羽绒被，压入被套内，做有序套被操作	5		
	抓两角抖羽绒被，一次抛开定位（整理一次扣2分，类推），被子与床头平齐	8		
	被套中心不偏离床中心（偏2厘米以内不扣分，2~3厘米扣1分，3厘米以上不得分）	5		
	羽绒被在被套内四角到位，饱满、平展	2		
羽绒被 （20分）	羽绒被在被套内两侧两头平	2		
	被套口平整且要收口，羽绒被不外露	2		
	被套表面平整光滑	4		
	羽绒被在床头翻折45厘米（每相差2厘米扣1分，不足2厘米不扣分）	8		
	尾部自然下垂，尾部两角应标准统一	4		
枕头 （2个） （9分）	四角到位，饱满挺括	3		
	枕头边与床头平行	2		
	枕头中线与床中线对齐（每相差2厘米扣1分，不足2厘米不扣分）	2		
	枕套沿无折皱，表面平整，自然下垂	2		
综合印象 （8分）	总体效果：三线对齐，平整美观	4		
	操作过程中动作娴熟、敏捷，姿态优美，能体现岗位气质	4		
合计		80		
操作时间：　　分　　秒　　超时：　　秒　扣分：　　分				
选手跑床、跪床、撑床：　　次　　　　　　　　扣分：　　分				
实际得分				

（二）开夜床评分标准（表3-3）

表3-3　开夜床评分标准

项　目	要求细则	分值	扣分	得分
被子折角 （1.5分）	被子反折角为45°等腰直角三角形	0.5		
	反折角于床上一侧的直角边与被子中线重合（偏2厘米以内不扣分，2~3厘米扣0.5分，3厘米以上不得分）	0.5		
	折角平整，下垂自然	0.5		
地巾、拖鞋 （1.5分）	地巾摆放于折角一侧，地巾靠床头边与被子反折45厘米边（靠近枕头一侧）齐平，超过不得分	0.5		
	地巾靠床体边与被子下垂边沿垂直齐平，超过不得分	0.5		
	拖鞋摆放于地巾之上	0.5		
创意 （7分）	夜床服务用品新颖、卫生，突出个性化	2		
	摆放位置安全，方便使用	1		
	整体美观，具有艺术美感	1		
	在酒店实际应用中具有推广价值	2		
	操作过程中动作规范、娴熟、敏捷	1		
合　计		10		
操作时间：　　分　　秒　　　超时：　　秒　　扣分：　　分				
实际得分				

知识链接

国家职业技能标准：客房服务员

1. 职业概况

1.1 职业名称

　　客房服务员。

1.2 职业定义

在饭店、宾馆、旅游客船等场所清洁和整理客房，并提供客房服务的人员。

1.3 职业等级

本职业共设三个等级，分别为：初级（国家职业资格五级）、中级（国家职业资格四级）、高级（国家职业资格三级）。

1.4 职业环境

室内，常温。

1.5 职业能力特征

具有良好的语言表达能力；能获取、理解外界信息，并对信息进行分析、判断；具有一定的计算能力；具有良好的动作协调性。

1.6 基本文化程度

初中毕业。

1.7 培训要求

1.7.1 培训期限

全日制职业学校教育，根据其培养目标和教学计划确定。晋级培训期限：初级不少于80标准学时，中级不少于90标准学时，高级不少于100标准学时。

1.7.2 培训教师

培训初级、中级、高级人员的教师应具有本职业高级职业资格证书2年以上或本专业中级以上专业技术职务任职资格。

1.7.3 培训场地设备

理论知识培训在满足教学需要的标准教室进行，技能操作在标准客房或模拟场所进行。

1.8 鉴定要求

1.8.1 适用对象

从事或准备从事本职业的人员。

1.8.2 申报条件

——初级（具备以下条件之一者）

（1）经本职业初级正规培训达规定标准学时数，并取得结业证书。

（2）在本职业连续见习工作2年以上。

（3）本职业学徒期满。

——中级（具备以下条件之一者）

（1）取得本职业初级职业资格证书后，连续从事本职业工作3年以上，经本职业中级正规培训达规定标准学时数，并取得结业证书。

（2）取得本职业初级职业资格证书后，连续从事本职业工作5年以上。

（3）连续从事本职业工作7年以上。

（4）取得经人力资源和社会保障行政部门审核认定的、以中级技能为培养目标的中等以上职业学校本职业（专业）毕业证书。

——高级（具备以下条件之一者）

（1）取得本职业中级职业资格证书后，连续从事本职业工作4年以上，经本职业高级正规培训达规定标准学时数，并取得结业证书。

（2）取得本职业中级职业资格证书后，连续从事本职业工作6年以上。

（3）取得高级技工学校或经人力资源和社会保障行政部门审核认定的、以高级技能为培养目标的高等职业学校本职业（专业）毕业证书。

（4）取得本职业中级职业资格证书的大专以上本专业或相关专业毕业生，连续从事本职业工作2年以上。

1.8.3 鉴定方式

分为理论知识考试和技能操作考核。理论知识考试采用闭卷考试方式，技能操作考核采用现场或模拟场所实际操作、口试等方式。理论知识考试和技能操作考核均实行百分制，成绩达60分以上者为合格。

1.8.4 考评人员与考生配比

理论知识考试考评人员与考生配比为1∶15，每个标准教室不少于2名考评人员；技能操作考核考评人员与考生配比为1∶20，且不少于3名考评员。

1.8.5 鉴定时间

理论知识考试时间为90分钟；技能操作考核时间：初级不少于30分钟，中级不少于40分钟，高级不少于50分钟。
1.8.6 鉴定场所设备
理论知识考试在标准教室进行,技能操作考核在标准客房或模拟场所进行。
2. 基本要求
2.1 职业道德
2.1.1 职业道德基本知识
2.1.2 职业守则
(1) 热情友好,宾客至上。
(2) 遵纪守法,诚实守信。
(3) 文明礼貌,优质服务。
(4) 团结合作,顾全大局。
(5) 安全操作,注重环保。
2.2 基础知识
2.2.1 客房产品知识
(1) 客房种类。
(2) 床的种类。
(3) 客房功能布局。
(4) 客房设备用品。
2.2.2 清洁剂和清洁器具知识
(1) 清洁剂。
(2) 清洁器具。
2.2.3 面层材料维护保养知识
(1) 地面面层材料维护保养。
(2) 墙面材质维护保养。
2.2.4 安全生产与环境保护知识
(1) 安全操作规程。
(2) 防盗防火知识。
(3) 绿色饭店知识。
2.2.5 服务心理学与沟通技巧
(1) 服务心理学。
(2) 沟通技巧。
2.2.6 客房常用英语
(1) 常用词汇。
(2) 日常服务英语。
(3) 情景会话。
2.2.7 相关法律法规知识
(1)《中华人民共和国劳动合同法》相关知识。
(2)《中华人民共和国消防法》相关知识。
(3)《中华人民共和国消费者权益保护法》相关知识。

（4）《中华人民共和国治安管理处罚法》相关知识。
（5）《旅游安全管理暂行办法》相关知识。
（6）《旅馆业治安管理办法》相关知识。

3. 工作要求

本标准对初级、中级、高级客房服务员的技能要求依次递进，高级别涵盖低级别的要求。

3.1 初级

职业功能	工作内容	技能要求	相关知识
一、客房清扫整理	（一）清扫客房前的准备	1.能了解核实客房状态； 2.能安排客房清扫顺序； 3.能布置房务工作小车； 4.能备齐清洁剂和清洁器具	1.客房状态及清扫整理要求； 2.房务工作小车布置要求； 3.清洁剂和清洁器具配备要求
	（二）客房日常清扫整理	1.能清扫走客房； 2.能清扫住客房； 3.能整理空房； 4.能简单整理客房	1.客房清扫整理的基本方法； 2.走客房清扫注意事项； 3.住客房清扫注意事项
二、客房杀毒消毒	（一）消毒剂配制	1.能按百分比和份数比配制消毒剂； 2.能配置常用消毒剂（液）； 3.能保管消毒剂	1.常用消毒剂的名称和用途； 2.消毒剂配制和使用注意事项
	（二）客房消毒	1.能对卧室进行消毒； 2.能对卫生间进行消毒	1.客房消毒注意事项； 2.卫生防疫常识
	（三）客用品消毒	1.能对杯具进行消毒； 2.能对电话机进行消毒	1.杯具消毒注意事项； 2.电话机消毒要求
三、客房对客服务	（一）楼层迎宾服务	1.能进行宾客抵店前的准备工作； 2.能提供宾客抵店时的迎接服务	1.迎接散客注意事项； 2.迎接团队宾客注意事项
	（二）住店日常服务	1.能提供茶水、饮料服务； 2.能提供微型酒吧服务； 3.能提供开夜床服务； 4.能提供洗衣服务； 5.能提供擦鞋服务； 6.能提供租借物品服务	1.常用茶叶、饮料知识； 2.微型酒吧物品配备； 3.洗衣服务项目和注意事项
	（三）送客服务	1.能进行宾客离店前的准备工作； 2.能提供散客和团队宾客送别服务； 3.能检查走客房； 4.能报告宾客遗留物品	1.走客房检查要求及注意事项； 2.宾客遗留物品处理规定

3.2 中级

职业功能	工作内容	技能要求	相关知识
一、客房清扫整理	（一）客房计划卫生	1.能安排客房计划卫生； 2.能进行客房计划卫生工作	1.计划卫生的意义； 2.客房计划卫生的内容； 3.计划卫生工作注意事项
	（二）楼层公共区域清洁保养	1.能清洁保养楼层走廊； 2.能清洁保养工作间； 3.能清洁保养安全楼梯	1.楼层公共区域清洁保养项目； 2.楼层公共区域清洁保养要求
二、客房对客服务	（一）代办服务	1.能提供宾客修理物品服务； 2.能提供宾客递送转交物品服务	1.代办服务的项目； 2.代办服务注意事项
	（二）针对性服务	1.能提供贵宾、商务客人等宾客针对性服务； 2.能向相关部门提供宾客需求信息	1.针对性服务的内涵和要求； 2.客史档案常识
	（三）会议布置与服务	1.能布置20人以内的小型会议室； 2.能准备会议所需设备和用品； 3.能提供饮品服务	1.会议礼仪常识； 2.投影仪等会议设备使用常识
	（四）特殊情况处理	1.能处理"请勿打扰"房； 2.能处理贵宾报失事宜； 3.能及时报警	1."请勿打扰"房处理规范； 2.受理宾客报失注意事项
三、客用品管理	（一）楼层库房管理	1.能保管楼层库房物品； 2.能进行楼层库房物品盘点工作	1.楼层库房库存条件； 2.物品盘点知识
	（二）客用品配备和领发	1.能配备客用品； 2.能领发客用品	1.客用品配备标准； 2.客用品领发注意事项

3.3 高级

职业功能	工作内容	技能要求	相关知识
一、客房布置	（一）贵宾房布置	1.能布置V1客房； 2.能布置V2客房； 3.能布置V3客房； 4.能布置V4客房	1.贵宾的分类； 2.贵宾房布置要求
	（二）长包房布置	1.能布置公寓长包房； 2.能布置办公长包房	1.公寓长包房布置要求； 2.办公长包房布置要求
	（三）特色客房布置	1.能布置新婚房、女性客房等特色客房； 2.能向宾客介绍特色客房	1.特色客房知识； 2.产品介绍基本技巧
二、客房对客服务	（一）特殊宾客服务	1.能提供残障宾客服务； 2.能提供伤病宾客服务； 3.能提供醉酒宾客服务； 4.能向相关部门提供特殊宾客服务	1.残障宾客服务注意事项； 2.伤病宾客服务注意事项； 3.醉酒宾客服务注意事项
	（二）疑难问题处理	1.能受理宾客投诉； 2.能受理损坏物品事宜； 3.能对突发事件采取有效措施	1.宾客投诉心理分析； 2.处理宾客投诉的原则和技巧

续　表

职业功能	工作内容	技能要求	相关知识
三、客房楼面管理	(一)客房检查督导	1.能检查客房清洁保养质量； 2.能进行现场督导	1.查房的程序和方法； 2.督导方法和技巧
	(二)客用品管理	1.能对客用品进行定额管理； 2.能对客用品进行日常管理	1.客用品的分类； 2.客用品管理制度
	(三)员工培训	1.能制订初级、中级客房服务员培训计划； 2.能编写培训方案； 3.能进行初级、中级客房服务员专业理论和技能培训	1.培训计划的分类； 2.培训方案编写规范； 3.培训方法和技巧

4. 比重表

4.1 理论知识

	项目	初级（%）	中级（%）	高级（%）
基本要求	职业道德	5	5	5
	基础知识	20	20	15
相关知识	客房清扫整理	30	25	—
	客房杀菌消毒	15	—	—
	客房对客服务	30	30	30
	客房布置	—	—	20
	客用品管理	—	20	—
	客房楼面管理	—	—	30
	合计	100	100	100

4.2 技能操作

	项目	初级（%）	中级（%）	高级（%）
技能要求	客房清扫整理	40	40	—
	客房杀菌消毒	20	—	—
	客房对客服务	40	40	30
	客房布置	—	—	30
	客用品管理	—	20	—
	客房楼面管理	—	—	40
	合计	100	100	100

任务四 客房计划卫生

 案例导入

卫生间墙壁的计划卫生

美国杂志《居室年鉴》记载过一个客房卫生间墙壁清洁的方法，具体如下。该饭店客房卫生间清洁剂是一种低腐蚀作用的专用清洁剂。把它恰当混合后，再装入喷雾瓶内。服务员就用这种装了清洁剂的喷雾瓶往卫生间墙壁上喷洒，洒完后再返回来擦洗墙面，或者一人在前面喷洒，一人在后擦洗。这种工作每季度做一次。该饭店有300间客房，完成这件工作仅需32个工时，总开支为450美元，而且效果很不错。

 思考
1. 该饭店客房卫生间墙壁计划卫生的效果表现在哪些方面？
2. 开展计划卫生有什么意义？

从实际操作的角度来看，客房清扫作业分为两部分。一部分是每天都要进行的客房清扫，如床铺的整理、房间的除尘、卫生间的清理等，称为客房日常清洁，而另一部分则是客房计划卫生。

一、客房计划卫生的作用

客房计划卫生是指在搞好客房日常清洁工作的基础上，拟定一个周期性清洁计划，采取定期循环的方式，对清洁卫生的死角或容易忽视的部位及家具设备进行彻底清扫和维护保养。计划卫生能够进一步保证客房的清洁保养质量，维持客房设施设备的良好状态。

客房计划卫生的必要性表现在以下几个方面。

（一）合理利用客房部人力资源，保证客房的清洁卫生质量

客房服务员每天的清洁整理工作量比较大，一个服务员平均每天需清洁12~14间客房，旺季会更多，所以对客房的某些部位，如通风口、天花板、门窗玻璃、窗帘、床罩等，不可能每天清洁（有些项目也没有必要每天清洁，如地毯）。为了保证清洁卫生的质量标准，同时又不致造成饭店人力资源的浪费和紧张，客房部会有计划地对一些特殊项目进行周期性清洁保养。

（二）维持客房设施设备的良好状态

不论客房楼层还是公共区域，有些家具设备不需要每天进行清洁整理，但又必须定期进行清洁保养，这样可以维持客房家具设备的良好状态，保证客房部的正常运转。

二、客房计划卫生的类型

（一）以时间为标准进行分类

1. 日常计划卫生

（1）地毯局部污渍处理。

（2）壁纸脏迹处理。

（3）浴帘更换。

（4）防滑垫清洁。

（5）检查洗发水。

2. 周计划卫生

（1）马桶水箱清洁。

（2）电话消毒。

（3）卫生间地面、地漏、马桶底座清洁。

（4）家具上蜡。

（5）地漏喷药。

3. 月计划卫生

（1）卫生间排风扇清洁。

（2）空调出风口及回风口清洁。

（3）窗槽、窗框、窗玻璃清洁。

（4）家具移位、床底地毯吸尘。

（5）灯具的灯口、电器的电线除尘。

（6）顶棚盖板用干抹布擦拭表面灰尘。

（7）家具后、沙发边角、地毯的吸尘，踢脚线抹尘。

（8）热水壶清洁。

（9）冰箱清洁。

4. 季度计划卫生

（1）床垫翻转，每个季度第一个星期一完成。

（2）床裙拆洗，将床裙撤出送洗衣房洗涤、熨烫。

（3）根据地毯的颜色深浅、污染程度进行地毯干洗。

（4）壁纸吸尘。

5. 半年计划卫生

（1）纱帘拆洗。

（2）护垫拆洗。

（3）沙发清洗。

6. 年计划卫生

（1）厚窗帘清洗。

（2）地毯清洗。

（二）以清洁区域为标准进行分类

1. 房间部分

房间计划卫生项目一般包括墙面除尘与修补、空调出风口的清洁、空调过滤网的清洁、床底及边角的除尘、外阳台清洁、洗涤窗帘、洗涤被褥、电话消毒、家具打蜡等。

2. 卫生间部分

卫生间计划卫生项目一般包括清洁排风口、清洁马桶水箱、清洁浴帘、清洁云台下部、清洁下水口和活塞、云台打蜡等。

（三）其他物品的保养

该项计划卫生项目涉及客房房门、家具、冰箱、镀金制品、烟具等的清洁与保养。

三、客房计划卫生的安全问题

客房计划卫生中，有许多是高空作业和存在安全隐患的作业，如通风口、玻璃窗、天花板的清洁等。为此，应采取以下防范措施。

（1）在打扫天花板、墙角、通风口、窗帘盒或其他高处物体时，要用脚手架或凳子。

（2）站在窗台上擦外层玻璃要系好安全带。

（3）在做房间清洁时，如有急事离开，不得将门虚掩，一定要锁好。

（4）工作小车运送物品时不要让物品挡住视线，遇到转弯时应特别小心。

（5）东西掉垃圾袋内，不能直接用双手伸入袋内翻捡，应将垃圾倒出放平，再拾捡。

（6）不能用手直接捡取破碎玻璃片、刀片和其他锐利物品，应使用扫帚清除，并放在指定容器内，以免造成意外。

（7）擦拭电器用品时，不能站在潮湿的地方，不能用湿布。

（8）在操作所有机械设备时，一定要遵守操作说明，确保安全。

（9）学会使用楼层消防器材。

（10）员工在客人召唤入房时，要使房门大开，对客人关门要保持警惕，不能坐在客人的床上。

任务五　客房清洁卫生质量督查

案例导入

"快六步"检查法

美国《居室年鉴》杂志提供了一种快速高效的客房检查方法，即"快六步"检查法。这个方法的要点是将检查重点放在客房服务员不易清洁的物品上。

"快六步"检查法具体如下。

首先，站在客房门口观察整个房间是否整齐有序，然后深深吸一口气，感受气味好不好（第一步）。接下去检查大型衣橱、书架旁边的地毯上是否有灰尘，床头柜和床之间是否有碎屑、烟蒂等（第二步）。检查床上枕套是否挺括、有无毛发、气味如何（第三步）。检查卫生间靠近废纸篓的梳妆台墙面是否洁净、无污渍（第四步）。检查用手擦过淋浴墙时，是否听到吱吱的响声（第五步）。检查用一支蘸了水的棉签在马桶边缘擦一下，棉签是否干净、无渍（第六步）。

思考　想一想，还有什么更好的客房卫生质量检查方法？

一、培养员工清洁卫生质量意识

首先，让员工树立卫生第一、规范操作、自检自查的岗位责任感，同时要求客房管理人员及服务人员注意个人卫生，从自身做起，既完善自身形象，又加强卫生意识和卫生习惯。其次，明确客房清洁标准与流程，不断提高客房服务员对涉外星级饭店卫生标准的认识，与国际卫生标准接轨。

二、严格落实查房制度

查房即检查客房。客房一般实行服务员自查、领班普查、主管及部门经理抽查的检查制度。

（一）服务员自查

服务员每整理完一间客房，要对客房的清洁卫生状况、物品的摆放、设备和家具是否需要维修等进行自我检查。其好处有：加强员工的责任心，提高客房的合格率，减轻领班查房的工作量，增进工作环境的和谐。

（二）领班普查

领班要对自己管辖的每间客房进行检查并保证合格。领班是服务员自查后的第一道关，往往也是最后一道关，因为领班查房后若认为合格，就会向前台上报，向客人开放，所以领班责任重大，需要由训练有素的员工来担当。

领班查房的作用主要有：对不足之处查漏补缺；指导不熟练的员工做好自查工作；督促考察员工的工作情况；通过检查了解基层情况并向上反馈，帮助管理者对实际情况及时做出反应。

（三）主管抽查

主管抽查主要是对领班工作的考察，同时也便于日常工作的分配调节，为实施员工培训计划和人事调动等提供有价值的信息。

（四）部门经理抽查

经理人员的查房标准较高，所以称为"白手套"式检查。这种检查一般都是定期进行的，作用是加强与基层员工的联系，更多地了解客人的意见，有助于提高饭店的管理水平和服务质量。

阅读材料

客房清洁卫生质量检查标准

项目		标准
客房	房门	无指印、划痕，锁完好，安全指示图、"请勿打扰"牌、餐牌完好齐全，安全链、窥视镜、把手清洁完好
	墙面和天花板	无裂缝、漏水或小水泡现象，无蛛网、斑迹，无油漆脱落和墙纸起翘等现象
	墙板、踢脚线	清洁完好
	地毯	吸尘干净，无斑迹、烟痕，如需要，做洗涤、修补或更换标记
	床	铺法规范，床罩干净，床下无垃圾，床垫按期翻面，床单更换，位置端正，无破损，无毛发
	硬家具	干净明亮，无刮伤痕迹、木刺，坚固无松动，位置正确
	家具	无尘、无污迹，如需要，做修补、洗涤标记
	抽屉	干净无污迹，推拉灵活自如，把手完好无损
	电话机	无尘、无污迹，显示屏清晰完好，话筒无异味、功能正常，电话线整齐有序
	镜子与挂画	框架无尘，镜面明亮，位置端正
	灯具	灯泡、灯罩清洁无尘，功率正确，开关使用正常
	垃圾桶	状态完好、清洁，罩有塑料袋

续 表

项目		标准
客房	电视机与音响	接收正常，清洁无污迹，位置正确，频道设在播出时间最长一档，音量调到偏低
	壁柜	衣架品种、数量正确且干净，门、橱底、橱壁和隔板架清洁完好，柜内自动开关灯正常
	窗帘	干净完好，无破损，位置正确，操作自如，挂钩无脱落
	玻璃窗	清洁明亮，窗台与窗框干净完好，开启轻松自如
	空调	滤网清洁，工作正常，温控符合要求
	小酒吧	清洁无异味，物品齐全，温度开在低挡
	客用品	数量、品种正确，无涂抹、折叠、状态完好，摆放合格
卫生间	门	正反面干净，无划痕，把手洁亮，状态完好
	墙面	清洁完好，无松动、破损
	镜子	无破裂和水银发花，镜面干净，无污迹
	天花板	无尘、无污迹，无水漏或小水泡，完好无损
	地面	清洁无污迹，无水迹，无毛发，接缝处完好无松动
	浴缸	内外清洁，镀铬件干净明亮，皂缸干净，浴缸塞、淋浴器、排水阀和开水龙头等清洁完好，无滴漏，接缝干净无霉斑，浴帘干净完好，浴帘扣齐全，晾衣绳使用自如，冷热水水压正常
	脸盆及梳妆台	干净，镀铬件明亮，水阀使用正常，无水迹，无毛发，灯具完好
	马桶	里外均清洁，使用状态良好，无损坏，冲水流畅，开关自如
	抽风机	清洁，运转正常，噪声低，室内无异味
	客用品	品种、数量齐全，状态完好，摆放符合规范

三、现场督导

客房部领班、主管要时时巡视、督察员工的清洁工作过程，做到走动式管理，深入现场、深入员工、深入顾客、深入主要环节，了解员工工作状态、设备运行状况和卫生质量，必要时给予员工现场示范、及时指导、现场纠错。

项目小结

客房清洁业务包括两部分内容：客房日常清洁与客房计划卫生。客房服务员的日常清洁工作任务主要有物品整理、清扫除尘、擦洗卫生间、更换及补充用品、检查设备、房间空气清洁。客房计划卫生的范围较广泛，涉及客房墙面除尘与修补、空调出风口的清洁、空调过滤网的清洁、床底及边角的除尘、外阳台清洁、洗涤窗帘、洗涤被褥、电话消毒、家具打蜡等，以及清洁卫生间排风口、清洁马桶水箱、清洁浴帘、清洁云台下部、清洁下水口和活塞、云台打蜡等。

客房清洁的要领是遵守清洁流程，即做好客房清洁准备、房间清洁、自我检查和填写客房清洁报表。其中的每一个流程又包含若干环节。

客房清洁基础技能是从事客房清洁业务的必备技能，主要包括准备工作小车、进房、撤床、铺床、清理卫生间、客房晚间小整理等操作技能。

综合能力训练

······ 基 本 训 练 ······

一、解释

房况表　客房计划卫生　走客房　住客房　外宿房

二、选择

1. 以下（　　）清扫顺序符合饭店住宿高峰期的需要。
A. VIP房—挂有"请即打扫"的客房—住客房—走客房—空房
B. 空房—挂有"请即打扫"的客房—住客房—走客房—VIP房
C. 挂有"请即打扫"的客房—VIP房—住客房—走客房—空房
D. 走客房—VIP房—挂有"请即打扫"的客房—住客房—空房

2. 按照时间分类，客房计划卫生分为（　　）。
A. 日常计划卫生　　B. 周计划卫生　　C. 季度计划卫生　　D. 半年计划卫生

3. 中式铺床的程序是（　　）。
A. 拉床—铺单—包边、包角—装被套—装枕套—床复位
B. 拉床—铺第一张单—铺第二张单—铺毛毯—装枕套—床复位

C. 拉床—铺单—包边、包角—装枕套—床复位

D. 拉床—铺单—包边、包角—铺毛毯—装被套—床复位

4. "DND"房是指（   ）。
   A. 少行李房　　　　B. 空房　　　　C. "请勿打扰"房　　D. 维修房

5. 以下（   ）不属于客房日常清洁的内容。
   A. 清洁通风口　　　B. 清洁卫生间　　C. 补充客房用品　　D. 整理客房物品

6. 客房服务员一般在下列（   ）报到上班、接受洁房任务并领取钥匙和洁房所需用品。
   A. 客房部经理办公室　B. 洗衣房　　　C. 楼层工作间　　　D. 客房部副经理室

三、思考

1. 简答客房日常清洁的内容。
2. 简答客房清洁的质量标准。
3. 复述客房清洁流程。
4. 简答中式铺床的要领。
5. 简答客房服务员进房后首项任务是什么。

四、案例分析

烟灰缸必须放在茶几的中间

三位客人坐在某饭店大堂休息，其中一位客人沈先生从衣袋里掏出一包香烟，抽出一支点燃，又顺手将位于茶几中央的烟灰缸移到自己一侧。他一边抽烟，一边与另外两个客人聊天。不一会儿，他前面茶几上的烟灰缸中已经有了三四支烟蒂。负责大厅公共区域清洁的保洁员小叶看到这个情形后，立刻取来一个干净的烟灰缸，并按操作标准将烟灰缸放在茶几的中间位置。沈先生刚要弹烟灰，发现烟灰缸回到了茶几中央。沈先生对小叶说："小姐，能不能将烟灰缸放在我旁边？"小叶回答："对不起，先生，酒店的服务标准要求我们将烟灰缸放在茶几的中间。"

问题：

1. 保洁员小叶做得对吗？为什么？
2. 当饭店的服务标准与客人的需求发生冲突时，应该怎么办？

····· 技 能 训 练 ·····

一、任务名称

画出工作小车功能示意图。

二、任务目标

1. 认识工作小车的结构与功能。
2. 知道在工作小车上有序放置物品的方法。
3. 学会整理和布置工作小车。

三、任务实施

1. 观察工作小车。
2. 弄清工作小车各部分的构成和功能。
3. 画出工作小车示意图,并标明各功能区名称及用途。

四、成果考核

1. 画出工作小车示意图一张,不小于 10 厘米 × 20 厘米。
2. 教师根据示意图质量计分,并纳入平时成绩。

项目四 公共区域清洁

学习目标

通过学习，你应该达到：

1. 清楚公共区域的业务范围。
2. 明白前台区域和其他区域的清洁程序。

任务一 公共区域的业务范围

 案例导入

大堂的雨伞套

某杂志社几位采编人员一连三天都在饭店房间里整理采访来的材料。忽然，门铃响起，开门一看，正是他们翘首等待了几天的同济大学某教授。他们发现教授手中的雨伞外有一个细狭的塑料套子，不禁赞叹教授的细心。要是没有这个套子的话，大饭店豪华的地毯早就被湿透的雨伞上的水滴弄湿了。"哪里，哪里，"教授一边坐下一边说，"我哪里想到这一层，是饭店大堂服务员给每个进店拿着雨伞的客人套上的。这样既方便了客人，又保护了饭店的地毯，保持了饭店环境的整洁。"

 思考　1. 公共区域的清洁卫生状态对饭店的影响如何？
　　　　2. 公共区域清洁卫生的业务范围包括哪些？
　　　　3. 公共区域应该如何清洁？

饭店公共区域范围广大，不仅涉及住店客人以及用餐、开会、购物等非住店客人，而且还是所有员工工作环境的重要组成部分。公共区域的清洁卫生状况被每一位经过和进入饭店的客人及非住店客人所感知，对树立饭店形象有较大的影响。所以，做好公共区域的清洁卫生工作意义重大。

一、公共区域的范围

公共区域（public area，简称 PA）是饭店宾客和员工共同享有的活动区域，包括室外和室内部分。室外公共区域包括外围的外墙、花园、前后大门、通道等。室内公共区域包括前台和后台两个部分：前台公共区域主要指客人使用的场所，如前台、电梯、楼梯、大厅、休息室、餐厅、娱乐场所、公共洗手间，以及餐厅、歌舞厅、夜总会等；后台公共区域则是指员工使用的部分，包括员工休息室、更衣室、员工餐厅、员工娱乐室、员工公寓、行政办公室，以及所有的下水道、排水排污管道和垃圾房等。

饭店公共区域卫生由客房部承担，这样组织的好处在于能统一调配清洁卫生工作的人力、物力，使清扫工作专业化，提高劳动效率和质量。

二、公共区域清洁卫生的特点

（一）人员流量大，清洁工作难度大

公共区域的人员流量非常大，客人活动频繁，这给该区域的清洁保养工作带来了不便和困难。为了便于清洁和减少对来往人员的干扰，公共区域的清洁工作应尽量安排在人员活动较少的时间段进行，特别是客用的区域，大量的清洁工作应安排在夜班完成。

（二）涉及范围广，对饭店的影响大

公共区域清洁卫生的范围涉及饭店的每一个角落，既包括外围的外墙、花园、前后大门、通道等，也包括室内的大厅、休息室、餐厅、娱乐场所、公共洗手间、电梯、行政办公室、员工休息室、更衣室、餐厅、员工公寓，以及所有的下水道、排水排污管道和垃圾房等。公共区域的清洁卫生状况被每一位经过和进入饭店的客人及非住店客人所感知、所传扬，对树立饭店形象有较大的影响。

（三）项目繁杂，专业性、技术性强

公共区域的清洁卫生工作不仅涉及面很广，而且在不同的地点，针对不同的清洁对象，有不同的清洁标准和不同的清洁方法，使用不同的清洁剂，所以清洁卫生项目繁杂琐碎，包括地面、墙面、天花板、门窗、灯具的清洁，公共卫生间的清扫，绿化布置、除虫防害等。各类清洁工作具有各自的专业性和技术性，对工作人员提出了较高的要求。

三、公共区域的清洁任务

（一）店外公共区域的清洁保养

每天用扫帚清扫花园、停车场地面，及时除去地面上的垃圾；用拖把定期擦洗停车场；庭院、花园的地面一般每周用水冲洗一两次；定期清洗饭店外墙，这项清洁工作可由饭店自行安排，也可委托专门的清洁公司进行；草地、盆景、花木等应按规定进行浇水、施肥、修枝整形、除草灭虫等工作。

清扫门庭通常应先喷洒适量的水，以防起灰尘；及时清理门前的泥沙、污渍等；门前的花盆、花槽、防滑地面毡下的泥沙每天要清理两至三次；地毯要定期换洗；门前的地面也要定期用水冲洗，一般每星期冲洗一两次。

（二）店内公共区域的清洁保养

1. 前台公共区域的清洁保养

（1）大堂的清洁服务。大堂是饭店内日夜使用的场所，它的状况会给来宾留下深刻的印象，因此需要不停地进行清洁保养。

（2）公共洗手间的清洁服务。公共洗手间是客人最挑剔的地方之一，因此饭店必须保证公共洗手间清洁卫生、设备完好、用品齐全。

（3）餐厅、酒吧、宴会厅的清洁。餐厅、酒吧和宴会厅是客人的饮食场所，卫生要求较高，其正常清洁工作一般由各营业点自行承担，而客房部的公共区域组则负责其彻底的清洁保养，但应根据其地面材料、营业时间等的不同分别进行。

2. 后台公共区域的清洁保养

饭店后台区域是饭店工作人员共有、共享的活动区域。员工食堂、浴室、更衣室、服务通道、员工公寓、娱乐室的卫生状况对员工的思想和精神，以及对饭店的服务质量有重要的影响。

阅读材料

辛苦了，可敬的 PA 工作人员

饭店的 PA 工作人员是一群从事十分平凡的工作的人群。从大堂的保洁到公用卫生间及走道的清洁，从地上的立式烟缸到顶上吊灯的清洁，从楼梯的扶手、栏杆、门窗玻璃到地毯的清洁，都离不开 PA 工作人员。PA 工作人员使宾馆内外的环境始终保持干净整洁，真正做好这项工作并不容易。在操作时，眼睛要随时注意地面上是否有污迹，发现地面上有严重污迹时，必须及时处理。同时，还必须留意自己的操作不能给客人造成丝毫不便。每天光做地面保洁工作，就需要来回走上数十公里。饭店对烟灰缸有着极高的保洁要求，即使客人再多，烟灰缸内的烟蒂也不能超过三支，必须做到及时清洁。饭店从大堂、客梯厅到休息区，所放的烟灰缸不下数十只，PA 工作人员就得徒步做无数次循环。随着客人的增加，往返频率也需相应加快。一天忙碌下来，谁也无法记清走了多少个来回。玻璃栏杆上那些黄灿灿的铜管，在阳光的直射下闪闪发亮，谁也说不清 PA 工作人员多少次抹上桐油，用力抹擦，才能保证它一直光亮如新。如果遇到客人酒喝多了或身体不适，呕吐在地毯上或大理石地面上，PA 工作人员会毫无怨言地及时把所有的呕吐物清理掉，因为他们认为：保持饭店环境美好整洁，让客人每时每刻感受到温馨是他们最重要的工作职责。当夜深人静人们酣然入睡时，PA 工作人员的机械化部队出动了，而此时大堂已少有人影。大理石地面上磨地机轻轻转动着，他们先用去污剂磨去白天客人留下的污迹，然后，用光亮剂使大理石光亮如镜。过道里地毯机在地毯上轻快飞转，那细细的泡沫洗去白日里众人留下的污痕。那些由于客人的原因白天不能清洁的地方，夜深了 PA 工作人员才得以大展身手。清晨，当明媚的阳光照进大堂时，展现在客人面前的是一番全新的景象。这一切，就是那些昼夜忙碌的 PA 工作人员所做的贡献。

项目四　公共区域清洁

任务二　前台区域和后台区域清洁

 案例导入

"我要投诉你们！"

某城市一家二星级饭店，建筑外观还不错，设备也算得上齐全，在当地也算是个名流常往之地。

住在306房间的客人，清晨起身发现室内卫生间地面上有积水，便叫服务员来收拾。他因急于方便，便下楼到大堂公共卫生间去了。一进卫生间门，一股难闻的异味扑鼻而来，令他差一点作呕。他憋住气勉强方便以后急忙离开，然后便去找服务员提意见，谁知服务员回答："卫生间总会有臭味的，我们饭店人来人往，有些客人用过以后不冲水，我们也没办法。"

这位客人听后很恼火，就去找饭店部门经理，谁知那位经理也是个善于打"太极拳"的人，还是同样的话："卫生间总是有异味的，你就将就一些吧！"

客人听后火冒三丈，他说："你们也算是星级饭店，公共卫生间竟搞成这个样子！我要向你们的上级单位投诉，并且告诉熟人，出差时不要住在你们这家店！"

 思考
1．与客房清洁工作相比，公共区域的清洁卫生工作有何不同？
2．公共卫生间应当如何保持清洁无异味？

前台是饭店的门面，也是饭店客人来往最多的地方，会给客人留下重要的第一印象。因此，前台的清洁卫生工作尤为重要。

一、前台功能区域的清洁保养

（一）大堂的清洁保养

大堂是客人接触饭店最早的区域，也是饭店内日夜使用的场所，其环境气氛和清洁卫生情况会给来宾留下深刻的印象，因此需要频繁地进行清洁保养。

1．大堂日间清洁卫生

（1）大堂地面的清洁。大堂地面应保持无灰尘、无污迹、无杂物，清洁明亮。大堂一般为大理石等硬质地面，在客人活动频繁的白天，需不断地进行推尘工作，以清除灰尘、杂物和脚印等。

入口处的指示牌要经常擦拭，保持清洁光亮。为防止或减少行人将尘土、砂石带进室内，应在大门入口处设置防尘格、铺设踏脚垫，踏脚垫需及时更换清理。

大堂内有地毯处每天要吸尘3~4次，每周清洗一次，每天定时吸尘，保持无污迹。大

堂地面清洁要仔细，不能有任何遗漏点。拖擦过程中应及时取下清洁工具上的灰尘杂物。操作过程应尽量避开客人或客人聚集区。打蜡或水迹未干区应有标示牌，以防客人滑倒。

遇到雨雪天，应在入口处放置雨伞架及雨伞套，并在大门内外铺上踏垫和小地毯，同时在入口处不停地擦洗地面上的泥尘和水迹。此外还要在入口处设置防滑告示牌，适当增加推尘次数，以防客人滑倒。

 阅读材料

> **清洁程序错乱，客人受害**
>
> 　　某饭店，公共区域服务员小张在晚上12：00开始了对大厅地面的清洁工作。她把清洁剂洒到地面正准备拖地，突然想到没有放置安全警示牌，就用抹布把洒有清洁剂的地面围起来，急忙去拿警示牌。正在这时，两位在饭店夜总会消费后准备离店的客人出现在大厅，小张正想提醒客人注意安全，不想客人已经走到洒有清洁剂的地面，一位客人摔倒在地。客人极为不满，向饭店投诉。饭店免费为客人清洗了弄脏的衣物，并赔付了一定的医疗费。

（2）门庭清洁。白天对玻璃门窗、门框、指示牌等上面的污渍进行擦抹，大门玻璃应保持一尘不染。门和拉手需经常擦拭，清除表面的浮尘、手印、污迹。门顶、门帽、门轴、闭门器要干净无尘土、污物。拉手要保持光洁明亮，无指痕、污迹，金属拉手应用金属上光剂擦拭，确保无锈蚀，木质拉手应使用家具蜡除污上光。

（3）家具的清洁。白天勤擦拭休息区的桌椅、服务区的柜台及一些展示性的家具，确保干净无灰尘。沙发、座椅等当客人使用后，应随时整理复位，随时注意茶几、台面上的纸屑杂物，一经发现，及时清理。及时倾倒并擦净立式烟筒，更换烟灰缸。更换烟灰缸时，应先将干净的烟灰缸盖在脏的上面一起撤下，然后将干净的烟灰缸放上，以免烟灰飘扬洒落。沙发、座椅、茶几、茶台等客人使用频繁的设施，应随时整理复位，保持整洁。

（4）其他设施设备的清洁保养。大堂内的装饰品要放置合理，悬挂品应经常检查固定处是否有松动、粘贴不稳等现象，摆放品应放置稳妥，所有装饰品均应保持清洁，无灰尘、污迹、破损；大堂内若放置有钢琴，应按规定小心擦拭、清理；不锈钢、铜器等金属装饰物为饭店大厅增添了不少光彩，这些器件每天都要清洁，否则会失去光泽或沾上污迹。擦洗这些器件时，要注意使用专门的清洁剂，若用其他的清洁剂会对器件造成严重损坏。

大堂内的植物应按时浇水、施肥、喷药，每天清除枯死的树叶、花朵，确保植物没有黄叶（花）、残叶（花）。经常擦拭垃圾箱，保持外观清洁。

2. 大堂晚间清洁卫生

饭店晚间往来人员较少，大厅可进一步进行清洁工作，主要工作内容如下。

（1）吸尘，清扫地面，洗刷地毯，家具除尘，倒净并擦净烟灰缸。

（2）擦净墙上、木器上、金属面上、门上、把手上等处的指印或污点，用桐油或不锈钢清洁剂擦净、擦亮所有铜器、不锈钢器具。铜器分为纯铜和镀铜两种，擦拭方法也有所不同。擦拭纯铜制品时，先用湿布擦去尘土，然后用少许桐油进行擦拭，直到擦净污迹，再用干布擦净桐油，使其表面发光发亮。擦拭后铜制品表面不能留有桐油，以免在使用过程中弄污客人的手或衣物。镀铜制品不能使用桐油擦拭，因为桐油中含有磨砂膏，会损坏镀铜的表面，不但影响美观，还会减少使用寿命。

（3）洗净擦亮所有的玻璃门和镜面。

（4）每天夜间12点以后对地板打薄蜡一次，并用磨光机磨光，使之光亮如镜。

（5）夜间对门口的标牌、墙面、门窗及台阶进行全面清洁、擦洗，对大门口的庭院进行清扫冲洗等。

3. 大堂的周期清洁计划

除了每天的日常清洁外，每周、每月、每季都要有相应的清洁计划。例如，定期对台面进行打蜡，对电话机进行消毒，对门窗的框、沟、地角线等进行清洁，对天花板通风口进行清洁，以及走廊吊灯、吸顶灯的清洁，金属、木质家具及墙面的清洁打蜡，沙发、桌椅的坐垫、靠背与扶手的清洗等。

（二）公共洗手间的清洁服务

公共洗手间的清洁工作主要包括地面、墙面、门窗、天花板、隔板（隔墙）、卫生洁具及其他室内设施的清洁等，可分为每日常规清洁和周期性大清洁两种。每日常规清洁的次数可根据具体人流量和标准要求而定，周期性大清洁可根据具体情况拟订计划，一般可每星期、每半月或每月安排一次。

1. **公共洗手间的每日常规清洁**

公共洗手间一般要求每隔一小时小清理一次。小清理程序包括：检查洗手间设备有无损坏，如果有及时报修；依序擦净面盆、水龙头、台面、镜面，并擦亮所有金属镀件；将卫生间的香水、香皂、小方巾、鲜花等摆放整齐，并及时补充更换；配备好卷筒纸、卫生袋、香皂、衣刷等用品。

公共洗手间的彻底清洁一般应安排在人流量小的晚间或清晨进行，并在其他公共区域的卫生清洁工作完毕后开始。操作程序和方法如下。

（1）准备好所需的工具、用具及清洁剂，打开门窗，启动排气扇通风换气，在卫生间门口放置清洁工作标志牌。

（2）检查洗手间设备有无损坏，发现卫生洁具或排水管道堵塞，应立即疏通，如果堵塞严重，应及时通知管道工疏通。如果发现卫生洁具损坏，或管道、阀门、水龙头漏水，应及时通知管道工修理或更换。

（3）放水冲刷坐便器、小便器、蹲位，在坐便器内倒入规定数量的洁厕水，浸泡一定时间。

（4）收集废弃物，清扫地面垃圾，清倒垃圾篓，更换垃圾袋后放回原位。

（5）用带柄尼龙刷蘸洁厕水刷洗坐便器、小便器内壁和蹲位台面，用干地拖将蹲位台面的水迹擦干。用湿抹布蘸万能清洁剂擦洗水箱、冲水阀和外壁及坐便器的座沿、盖子外侧、底座，再用清水抹布擦洗干净，最后用干抹布擦干水迹。

（6）用湿抹布蘸万能清洁剂擦洗台面、洗手盆、水龙头，擦洗干净后，用干毛巾擦干水迹。镜子上均匀喷上清洁玻璃水，用湿抹布擦洗干净，最后用干毛巾擦净。

（7）用湿抹布擦拭毛巾架、厕纸架、皂液缸、烘手器、空气清新剂架上的灰尘、污迹，最后用干毛巾擦净水迹。

（8）先清扫地面，然后用湿地拖擦净地面。

（9）检查及整理清洁作业完毕，应环视整个卫生间一遍，看是否有遗漏和清洁不彻底之处，如有应及时补做。

（10）喷洒适量的空气清新剂，检查是否需要补充皂液、厕纸和手纸。

2. 公共洗手间的周期性大清洁

公共洗手间的周期性大清洁是指在每日常规清洁的基础上，有计划地定期对洗手间的墙面、门窗、天花板、隔板（隔墙）、灯具及通风设备等进行清洁保养。

（三）扶梯、电梯的清洁

饭店的电梯包括客用电梯、职工电梯、餐梯、货梯等几种，客用电梯和大厅一样，客人使用频繁，需经常清理。清洁项目主要是天花板、灯、墙面、镜面、电话机的除尘及地面吸尘。大堂扶梯、电梯的清洁保养多在夜间进行，白天只进行简单的清洁维护。主要清洁工作是擦亮扶梯扶手、挡杆、玻璃护挡；电梯四壁要经常擦拭，确保厢壁表面光洁明亮，无污痕、划痕、指印，沟槽处无积尘、沙砾；电梯内若铺设有星期地毯，应在每天 24 点按时更换；楼梯台阶若铺设地毯，应定时吸尘；楼梯若为硬质地面，每星期须打蜡一次。

（四）绿化布置及清洁养护

1. 绿化布置

绿化布置能给宾客耳目一新、心旷神怡的美好感受。

（1）按照规划对客人进出场所的花卉树木进行布置、摆放。

（2）定期调换各种盆景，保持时鲜。

（3）接待贵宾或举行盛会时，要根据饭店通知进行重点绿化布置；在进行绿化布置和鲜花摆放时，要特别注意客人所忌讳的花卉。

2. 清洁养护

（1）每天按顺序检查、清洁、养护全部花卉盆景。

（2）拣去花盆内的烟蒂杂物，擦净叶面枝杆上的浮灰，保持叶色翠绿、花卉鲜艳。

（3）及时清除喷水池内的杂物，定期换水，对水池内的假山、花草进行清洁养护。

（4）发现花草有枯萎现象，应及时修剪、清理。

（5）定时给花卉盆景浇水。

（6）养护和清洁绿化时，溅出的水滴及弄脏的地面应用随身携带的抹布擦干净，应注意不影响客人的正常活动。

（五）其他功能区域的清洁

其他功能区域包括餐厅、酒吧、多功能厅、歌舞厅、商场、会议室及康乐区域等。餐厅、酒吧和宴会厅是客人的饮食场所，卫生要求较高，主要是在餐厅营业结束后，做好地毯的清洁工作。

餐厅清洁保养的主要工作如下。

（1）清洁家具设备。
（2）擦亮金属器件及玻璃、镜面等。
（3）地毯吸尘清洗。
（4）分期进行桌椅、沙发、墙面、灯具的清洁保养。
（5）清洁餐厅内的花盆、花卉植物。

会议室一般由客房部的公共区域组进行彻底清扫，其清洁保养的主要工作如下。

（1）收拾会议结束时留下的残留物品、垃圾。
（2）清洁会议室的桌椅。
（3）地面除尘，地毯吸尘、除渍。
（4）清洁接待室和洗手间。

二、后台功能区域的清洁卫生

做好后台功能区域的清洁卫生，可以为员工创造一个良好舒适的环境，让员工心情舒畅，使他们积极、主动、热情地为客人提供服务。

（一）行政区域的清洁

（1）定时收拾办公室台面的文件、报纸、杂志，擦拭桌椅。
（2）保持办公区域清洁无污渍，对办公室内地毯及时吸尘。
（3）擦拭窗台、门、装饰物等，清洁饮水机。
（4）清洁洗手间。

（二）其他区域的清洁

其他后台区域的清洁卫生工作有：做好员工食堂、浴室、更衣室的日常消毒、清洁维护；对员工公寓、娱乐室等进行定期清扫；搞好员工通道等的清洁保养，为员工创造良好的生活、工作环境。

三、地面及墙面的清洁保养

地面、墙面的清洁保养是饭店清洁保养工作的重要内容。做好这项工作，可美化饭店环境，延长地面、墙面装饰材料的使用寿命。

（一）地面材料的清洁保养

1. 地毯的清洁保养

地毯具有舒适、清洁、美观、安全、保温、吸音的特点，因而成为饭店常用的地面材料之一。地毯的品种有羊毛地毯和化学纤维地毯等。羊毛地毯高雅名贵，但造价高；化学纤维地毯美观、价廉，易于清洗。饭店会根据星级、投资额、不同营业区域的特殊要求来选购不同材质、颜色、图案的地毯。

地毯清洁保养的内容一般包括以下几点。

（1）吸尘。吸尘是保养地毯最基本、最有效和最经济的方法。聚集在地毯内的尘埃、沙砾，当人来人往时，会因摩擦而割断地毯纤维。因此，必须每天吸尘。而且吸尘可减少洗涤地毯的次数，恢复地毯纤维的弹性，从而延长地毯的寿命。要彻底吸净地毯纤维底部的泥沙，常采用直立式吸尘器。吸尘频率根据客流量而定，通常，每天至少吸尘一次，大堂、电梯等客流大的地方一天要吸两至三次。

（2）及时清除地毯上的污渍。常见的地毯污渍有水溶性污渍、油溶性污渍和特殊性污渍。水溶性污渍主要是饮料、果汁等引起的，油溶性污渍是由动植物油、鞋油、工业油等造成的，特殊性污渍是口香糖、油漆等造成的。这些污渍可用专门的清洗剂清除，但必须及时清理，以避免其渗透扩散留下永远无法清除的脏迹。地毯清理后要用尼龙刷将纤维梳理至原状。

（3）定期对地毯进行彻底的清洗。饭店客房部一般配备专门的地毯清洗工，负责清洗所有地毯。因为这是一项专业性很强且劳动强度很大的工作，故根据情况可半年或一年对地毯进行一次大面积清洗。

2. 木质地面的清洁保养

木质地面由软木材料（如松木、杉木等）和硬木材料（如杨木、枫木、榆木、橡木等）加工而成，特点是有一定的使用耐久性、导热性能低、有弹性、较舒适等。但木质地面最容易随空气中温度、湿度的变化或长时间水清洁而裂缝、破损、腐朽，同时，因木材纤维易破裂，故木质地面易磨损，而且耐火性很差。

新的木质地板在使用前应先进行砂擦、吸尘、打蜡抛光。在木质地板上打蜡，一般要上三层，而且每一层都须抛光。

（1）日常清洁保养程序如下。

① 在铺设木地板的区域入口处铺一块防尘地毯垫，每天清理更换，以减少客人出入时带进的沙砾。

② 用喷上静电除尘水的拖把除尘或用尘推推尘，也可以使用吸尘器吸尘，保持地面光亮无灰尘。

③ 用油灰刀、细砂纸、抹布去除地面上的小斑迹，根据情况补蜡。

④ 蜡面局部有脏迹，可用抛光机、喷洁蜡局部擦洗，待其干后，进行补蜡并且抛光。

（2）定期清洁保养程序如下。

① 用尘推或吸尘器清除地面的垃圾或灰尘。

② 在重新打蜡前，先去除旧蜡，方法是：采用磨砂机干磨后，用吸尘器吸去杂物。磨砂机可用擦洗机或抛光机替代，换上钢丝绒软垫即可。

③ 视情况用打蜡车、落蜡拖在干净的地面上上底蜡、面蜡，上蜡要薄而均匀，每上一遍蜡都须等前一遍蜡完全干透。每层蜡干后用抛光机配软盘轻度打磨，以便蜡层更为坚硬和平滑。木质地板应选用油性蜡。

④ 待地面蜡层彻底干后，再用抛光机配软盘给地面进行抛光。

3. 大理石地面的清洁保养

饭店常用的地面材料有天然大理石和人造大理石。天然大理石是石灰岩经过地壳内高温高压的作用而形成的变质岩，属于中硬材料，主要由方解石和白云石构成，其成分中有50%以上为碳酸钙，主要用于大厅地面的装饰和卫生间地面的铺设。因其含有杂质，且碳酸钙在大气中受二氧化碳、硫化物、水汽的作用也容易风化和溶蚀，使表面失去光泽，故不宜用作室外铺设材料。人造大理石表面光洁度很高，富有装饰性，具有良好的耐久性和可加工性，表面抗油污性能也很好，对醋、酱油、食油、墨水等都不着色或着色很轻微，且价格低于天然大理石，所以人造大理石是饭店较大量使用的地面装饰材料。

（1）日常清洁。先扫除大理石地面上的脏屑，用拖把或排拖进行除尘。湿拖推尘的程序是：把地拖放进装有清水的水桶中浸湿并拧干，将地面大致划分为多个作业段，在每个作业段内横向往复拖洗，边拖边退。在拖洗过程中，应始终保持地拖的干净，并及时更换水桶中的污水。干拖推尘则是用尘推渗入适量的牵尘油推地除尘的方法。

（2）定期清洁。饭店一般都规定洗涤大理石地面的周期，目的是清除地面上较深的脏垢和用拖把无法清理的脏迹。清洗地面前要将所有物件搬离，通常在晚上客人稀少时进行。按被清洗地面面积的大小可分别采用洗地机清洗和地拖清洗。

地拖清洗方法与湿拖除尘相同，先用中性清洁剂的稀释液拖洗一遍，再用清水拖洗一遍。如果用洗地机清洗地面，应安排在人流量较小的晚间进行。清洗前，将地面的物体搬离。将洗地机推入清洗起点位置，装入稀释好的清洁剂，开机操作，喷出清洁液，用刷子擦洗，并沿直线行走，同时开吸水机开关，边擦洗边吸除污水。

（3）打蜡。对大理石地面进行打蜡是保护面层的最佳方法，既美观又可延长使用寿命。程序是：用干净的棉拖或专用的落蜡工具将第一层蜡均匀涂于地面，待蜡层风干20~30分钟后，用抛光机轻度打磨，使蜡面平滑牢固；约四个小时完全干透后再上第二层蜡；干透后（4~8个小时）再涂上一层很薄的面蜡。两小时后再让人行走，防止滑倒。

（4）晶面处理。晶面处理即通过机械将化学剂加热浓缩并压缩成结晶膜铺在地面上，这层透明的无色薄膜光亮、坚固。晶面处理的效果优于打蜡，因为打蜡虽对石质地面有较好的保护作用，但对坚硬的鞋底及沙砾等硬物则难以抵御，而且蜡层会随日常的清洁和磨损而消失。晶面处理弥补了打蜡的不足，可使石质地面变得更平滑、光洁，保护石质地面不受任何酸碱物质的侵蚀，抵御坚硬物质的磨损，使地面经久常新。

4. 花岗岩地面的清洁保养

花岗岩是一种火成岩，具有结构细密、质地坚硬、耐酸、耐磨、耐腐蚀、吸水性小、抗压强度高等优点，常用于外围装饰和大堂地面的铺设。

（1）日常清洁保养。每天用尘推配合静电吸尘剂（尘推油）在表面来回推尘，根据客人流量、密度确定来回推尘次数。花岗岩耐酸碱度优于大理石，因此清洁时可用弱酸性清洁剂（如浓度为31%的清洁用盐酸）。花岗岩材质致密，吸水性强，渗透入花岗石底部的水分与底下的水泥容易产生化合反应，生成水斑，很难清除。因此清洁保养时，尽量少用水，即使用水也应快速吸干。如有油渍、胶渍，如脂肪油类、矿物油类、树脂胶类，则分别采用毛巾配合洗洁精和尘推油擦拭。如有黄色锈斑、黄斑，则采用专业石材除锈剂敷盖、浸润。

（2）定期护理保养。采用晶面护理机配合中性的花岗岩晶面剂做定期的晶面护理或进行石材翻新处理。石材翻新是用专门的设备经粗磨、中磨、细磨三道工序，磨平磨滑，使石材恢复天然光泽。

5. 地面砖的清洁保养

地面砖材料种类很多，可分为陶、瓷两大类，均以黏土为主要原料，经配料、制坯、干燥、熔烧而制成。地面砖有篦釉和不施釉两种，其表面光滑、不吸湿、不透气，主要用于卫生间地面的铺设，但地面砖易破碎，热胀冷缩，拼接缝较宽，不利于清洁保养工作的开展。

地面砖的清洁保养方法如下。

（1）每天用刷子、抹布或除尘拖把清扫地面。

（2）每天可用湿拖把或湿抹布拖擦地面。根据地面卫生情况，间隔一定周期可用清洁剂湿拖或用洗地机清洗，用拖把或吸水机吸去溶液并拖干，以免残留水或清洁剂留下斑痕。地面砖应尽量少用清洁剂清洗，因为清洁剂可使水泥浆松脱。

（3）前台区域的地砖，可用水性蜡上蜡并抛光。卫生间的地砖因要考虑防滑，很少需要上蜡或抛光。

（二）墙面材料的清洁保养

1. 硬质墙面的清洁保养

饭店公共区域的墙面多采用硬质材料，如大理石、花岗岩和瓷砖等。墙面与地面相比，很少受到摩擦，所以墙面日常保养的主要工作是每天擦去墙表面的浮灰，并定期用喷雾蜡水进行清洁保养。蜡水既有清洁功效，又会在表层形成透明保护膜，方便日后的清洁。对于卫生间的墙面，则应当定期使用偏碱性的清洁剂进行清洗，并用清水洗净，否则会使墙表面失去光泽。

2. 墙纸、墙布的清洁保养

除尘时可以用干抹布、鸡毛掸、吸尘器等，对耐水的墙纸、墙布可用中性清洁剂、毛巾和软刷擦洗，也可注入喷雾器在墙纸上全面喷洒清洁剂，10~15分钟后，用吸水机吸净已洗完的墙纸。对于不耐水的墙纸要用橡皮等擦拭，或用毛巾蘸些清洁液拧干后轻擦。

平时要注意防止硬物撞击、摩擦墙纸和壁布。倘若有的地方接缝开裂，要及时予以补贴。

3. 木质墙面的清洁保养

木质墙面的清洁保养主要是除尘去渍，定期打蜡上光，防止碰撞。用掸子掸净墙壁上的灰尘，用微湿的布擦拭墙壁。木质墙上蜡时，可将少许固体蜡涂于清洁布上，均匀涂抹在墙面上，另用一条清洁布用力地擦拭，达到抛光效果。

4. 油漆墙面的清洁保养

日常清洁保养方法是每天擦去表面浮灰，定期用喷雾蜡水清洁保养。如果发现墙面有特殊脏迹，要及时擦除，用湿抹布擦洗后，再用干毛巾吸干即可。难以用水擦干净的污渍，可以用细砂纸轻轻打磨掉，再用墙漆刷稍微修补一下。

5. 涂料墙面的清洁保养

涂料可分为溶剂型涂料、水溶性涂料、乳胶漆涂料三种，比较常见的是各类乳胶漆墙面。清洁涂料墙面一般采用干擦的方式：用鸡毛掸子或干净的扫帚，从上至下轻轻拂去墙面及顶部的灰尘；用干毛巾擦拭墙面污迹，擦不掉的污迹可用细砂纸轻轻打磨掉；墙面上黏附的泥沙、污物等可用平铲刀铲除。

拓展训练

一、大理石地面的清洁与保养

（一）大理石地面清洁与保养的工具

洗地机1台、吸水机1台、墩布车1台、地拖1把、起蜡水、封蜡、钢丝绒、涂蜡拖把、上光蜡、喷蜡器。

（二）大理石地面清洁与保养流程（图4-1）

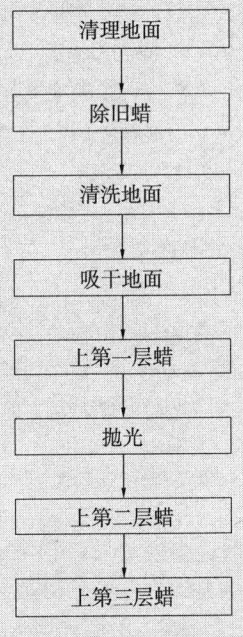

图4-1 大理石地面清洁与保养流程图

（三）大理石地面清洁与保养的步骤和操作规范（表4-1）

表4-1 大理石地面清洁与保养的步骤和操作规范

程序/项目	标准
1.清理地面	(1)在工作区域周围竖立"暂停使用"或"小心路滑"指示牌提醒客人； (2)将所需打蜡地面上的所有家具和物件搬离； (3)清扫果壳纸屑，碰到口香糖等黏胶类垃圾要用刮刀刮干净
2.除旧蜡	(1)用拖把将起蜡水按1：10的比例兑水均匀涂抹于待洗地面； (2)均匀地将稀释后的起蜡剂洒在需要上蜡的地面上； (3)等候10～20分钟，待起蜡水与地面充分反应后，将黑色磨光垫放入起蜡机进行起蜡； (4)用洗地机磨洗，直至陈蜡及脏垢浮起； (5)用钢丝绒擦除墙角边的陈蜡
3.清洗地面	(1)用洗地机清洗地面，按一定方向有顺序地进行，避免遗漏； (2)用清水漂清地面，根据需要决定漂洗次数(因起蜡水是强碱性，残留在大理石上会影响打蜡效果，所以要确保清洗干净)
4.吸干地面	(1)用吸水机吸干地面； (2)如有部分地面还比较湿，可用干布推干，推完一块再推另一块，依次进行，避免遗漏； (3)等待地面完全干透
5.上第一层蜡	(1)用拖把或喷蜡器将第一层蜡，即封蜡(大理石地面适用水性蜡)均匀涂抹于地面； (2)涂抹时从前往后退，循序渐进； (3)蜡要喷得薄而均匀，为避免遗漏，每行可互叠10厘米左右
6.抛光	(1)待蜡层风干后用抛光机轻度打磨，使蜡面平滑牢固； (2)抛光时推进速度不能太快，保持在50米/分的速度左右； (3)抛光时，上下行距应互叠10厘米，以免漏抛光
7.上第二层蜡并抛光	(1)第一层蜡抛光约4小时后才能按同样的方法涂蜡； (2)一定要等蜡层干透后再抛光，否则会使蜡面层起糊
8.上第三层蜡并抛光	(1)第二层蜡干透(4～8小时)后再涂上一层很薄的面蜡； (2)蜡干后用同样的方法抛光即可
注意事项	(1)为了使上了蜡的地面能保持较长时间的洁净和光亮度，应在饭店大堂入口处铺设防尘防水地毯，这样既可以将灰尘和污水隔断带入大堂，同时也增添了大堂的规范和雅致； (2)每天各班次用静电尘推和抹布及时将客人带入大堂内的灰尘和污水清理掉，从而达到清洁效果； (3)起蜡操作时，不得待溶液变干，要带湿吸除才行； (4)每次上蜡要厚薄均匀，否则会有花斑； (5)上的蜡一定要干后才能抛光，因为蜡未干透成型就抛光会使地面起花； (6)上几层蜡视地面情况而定，一般是上一层封蜡、一层面蜡，讲究的上三层蜡； (7)地面打蜡后要防止被水溅滴和冲洗，日常清洗只能用溶剂型清洁剂

二、地毯的清洁与保养

（一）地毯清洁与保养的工具

地毯清洁剂、吸尘器、带电子打泡箱的洗地毯机、烘干机、围栏若干和警示牌。

（二）地毯清洁与保养流程（图4-2）

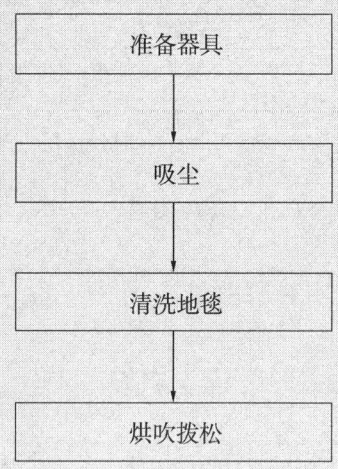

图4-2 地毯清洁与保养流程图

（三）地毯清洁与保养的步骤和操作规范（表4-2）

表4-2 地毯清洁与保养的步骤和操作规范

程序/项目	标准
1.准备器具	(1)在准备清洗的地方竖立"暂停使用"告示牌； (2)准备好各类洗涤剂和洗涤器具； (3)检查洗地毯机、烘干机等能否正常使用
2.吸尘	用吸尘器全面吸尘
3.清洗地毯	(1)将地毯清洁剂按说明书上的比例稀释后注入电子打泡箱内； (2)打开泡箱开关，将泡沫均匀地喷洒在地毯上； (3)等10~15分钟后，待污渍溶解脱离地毯，再开机操作； (4)用洗地毯机抽洗，控制洗地毯机的走向，由里至外，保持适当的速度在地毯上来回刷3~4次，上下行距互叠10厘米左右； (5)用手刷处理地毯边缘、角落和机器推不到之处； (6)在清洗地毯的同时，用吸水机吸净已洗完的地毯
4.烘吹拨松	(1)用地毯烘干机烘干地毯（烘干机的使用方法与吸尘器类似）； (2)用吸尘器进行拨松吸尘； (3)工作完毕，用清水冲洗泡箱和地毯刷
注意事项	(1)对地毯进行彻底清洗保养，可根据地毯的使用情况和脏污程度决定频率； (2)若清洗大面积的地毯，为防缩水，可在四周及接缝处用钉子固定； (3)地毯清洗干净未完全吹干之前要盖好保护单

三、外墙的清洁

（一）外墙清洁工具

绳子、清洁剂、保险带、铲刀、刮水器、抹布、高压冲洗机等。

（二）外墙清洁流程（图4-3）

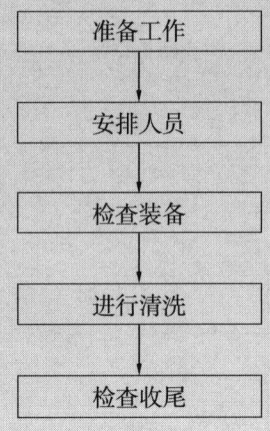

图4-3 外墙清洁流程图

（三）外墙清洁步骤和操作规范（表4-3）

表4-3 外墙清洁步骤和操作规范

程序/项目	标准
1.准备工作	(1)清洗范围内竖立"暂停使用"告示牌，不得停放车辆及有人员行走； (2)准备好各类洗涤剂和安全装备
2.安排人员	安排具有登高操作证的年满18周岁的男性工作人员
3.检查装备	检查绳索、保险带、供水系统是否正常等
4.进行清洗	(1)将事先准备好的中性清洁剂涂擦在外墙的铝板上或玻璃上； (2)用清水冲洗污渍并用刮窗器将水迹刮清； (3)铝板和玻璃上的建筑痕迹必须用铲刀铲清，注意不可将铝板和玻璃刮出印痕； (4)擦清外墙边角上的导航灯、排风百叶及饭店店牌
5.检查收尾	(1)清洗后的铝板、玻璃无污迹、无建筑痕迹； (2)清洗后人员安全无恙； (3)收拾好各类器具
注意事项	(1)饭店外墙清洁是一项高危工作，所以对人员的选择要严格把关； (2)在操作开始前对绳索、保险带等物品的安全检查要认真、细致； (3)操作时，一定要根据操作规范安全行事

四、客用电梯的清洁与保养

（一）客用电梯清洁与保养的工具

警示牌、吸尘器、干（湿）抹布、清洁剂、水桶、刷子等。

（二）客用电梯清洁与保养流程（图 4-4）

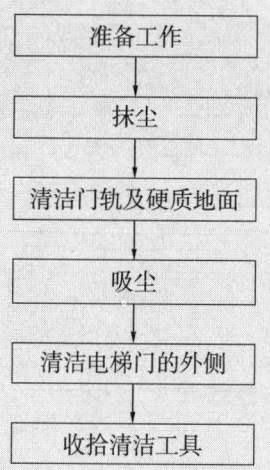

图 4-4 客用电梯清洁与保养流程图

（三）客用电梯清洁与保养的步骤和操作规范（表 4-4）

表 4-4 客用电梯清洁与保养的步骤和操作规范

程序／项目	标准
1.准备工作	(1)在需要清洗的电梯口放置"暂停使用"警告牌； (2)使电梯暂停工作，门保持开启； (3)准备好洗涤剂和打扫工具
2.抹尘	(1)先用湿抹布，再用干抹布对天花板、灯具及轿厢四壁进行除尘； (2)用干抹布擦拭楼层显示屏、数字按钮、电话机等； (3)关上电梯门，用干抹布擦拭电梯门内侧； (4)用玻璃清洁剂擦拭电梯轿厢内的玻璃； (5)对电梯内的不锈钢门和门框进行擦尘和上光
3.清洁门轨及硬质地面	(1)用小扫帚或刷子清理出门轨内的碎片或灰尘，再用潮湿的抹布清洁轨道内部； (2)对电梯内的硬质地面进行清洁； (3)清洁后拖干地面
4.吸尘	用吸尘器对电梯内的地毯进行吸尘，必要时需更换后清洗
5.清洁电梯门的外侧	用干抹布清洁电梯门的外侧
6.收拾清洁工具	清洁器具收拾妥当，电梯恢复正常运行状态
注意事项	(1)电梯打扫工作持续时间要短，尽量避免给客人带来不便； (2)时间选择也要避开客流高峰期； (3)清洁电梯时，要选择客人进出较少的楼层，以免影响客人和增加噪声； (4)大型饭店里的自动扶梯的清洁工作一般安排在晚间进行，粘在梯踏阶上的油污与口香糖渣必须去除，金属部分加以擦拭，扶手应无灰尘、无污迹，玻璃灯罩应擦亮； (5)员工电梯、货梯等的清洁可参照客用电梯的清洁方式

五、玻璃的清洁

（一）玻璃清洁的工具

水桶、无毛干（湿）抹布、玻璃刮水器、铲刀、报纸、抛光布、抛光剂、步梯等。

（二）玻璃清洁的流程（图4-5）

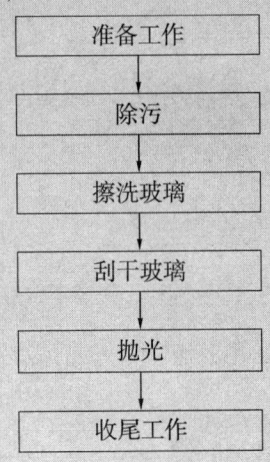

图4-5 玻璃清洁的流程图

（三）玻璃清洁的步骤和操作规范（表4-5）

表4-5 玻璃清洁的步骤和操作规范

程序/项目	标准
1. 准备工作	(1)移走或系好窗帘、百叶窗等，不要妨碍工作； (2)在需刮洗的玻璃下铺设报废床单或护尘布以保护地板； (3)按比例稀释清洁剂
2. 除污	(1)用报纸或干布抹掉表面上的污物； (2)如有漆斑等难除的污渍，可用铲刀去除（但不可将刀刃正对玻璃操作）
3. 擦洗玻璃	(1)将清洁剂均匀喷洒在玻璃表面，均匀涂抹玻璃； (2)按从上至下、从左至右的顺序擦拭； (3)清洗框架，注意角落； (4)够不到的地方可借助步梯，但要确保牢固
4. 刮干玻璃	(1)玻璃刮子以从上至下、从左至右的方法刮清玻璃上的污水； (2)每刮一次均用抹布擦拭刮水器上的污水； (3)用玻璃涂水器蘸热水洗涤玻璃表面再刮干； (4)用干抹布将未刮净的水迹及边框擦干直至无尘、无污迹
5. 抛光	用抛光剂抛光直至发亮
6. 收尾工作	(1)收掉铺在地面上的报废床单或护尘布，并送去指定地点； (2)窗帘或百叶窗复原； (3)收拾器具和垃圾，恢复正常使用
注意事项	(1)擦洗玻璃有时需要登高作业，所以安全问题很重要； (2)为避免操作时一个人爬上爬下，最好小组分工合作； (3)用铲刀刮油漆或涂料时，铲刀要锋利，但刀刃不能正对玻璃，避免留下划痕

项目小结

本项目主要阐述了公共区域的业务范围以及各公共区域的清洁保养程序:首先介绍了公共区域清洁卫生的特点和公共区域的业务范围,公共区域清洁保养工作内容主要包括店外公共区域的清洁保养工作和店内公共区域的清洁保养工作;详细介绍了对大堂、公共卫生间、绿化养护、餐厅、后台区域等公共区域的清洁保养程序。

综合能力训练

······ 基本训练 ······

一、解释

公共区域 大理石地面 木质地面

二、选择

1. 饭店(　　)范围广大,不仅涉及住店客人以及用餐、开会、购物等非住店客人,而且还是所有员工工作环境的重要组成部分。

  A. 客房　　　　B. 布件房　　　　C. 洗衣房　　　　D. 公共区域

2. 大堂内有地毯处(　　)清洗一次。

  A. 一天　　　B. 一周　　　C. 半个月　　　D. 一个月

3. 前台公共区域包括(　　)。

  A. 大堂　　　B. 电梯　　　C. 公共洗手间　　　D. 餐厅

4. 后台公共区域指(　　)。

  A. 大堂　　　B. 员工电梯　　　C. 公共洗手间　　　D. 行政办公室

三、思考

1. 简要说明公共区域清洁卫生的特点。
2. 大堂的清洁保养主要有哪些工作？
3. 如何做好公共区域清洁卫生的质量控制？

四、案例分析

规范并非一成不变

一天中午，某饭店公共区域赵主管召集下属开会，开会的原因是近一个星期以来，酒店各公共区域卫生质量下降，地面、物件总是有尘灰，公共洗手间内马桶内壁有黄斑，多名客人对此表示了不满。赵主管也曾现场督导员工的清洁工作，没有找到任何不妥之处。赵主管发挥团队的力量，让公卫组的员工都来讨论这个问题。服务员小李说："这些尘灰肯定是从外面吹来的。上周三以来，每天上午11点左右就持续刮风约10分钟，风里有不少细小的尘沙。"服务员小王说："近来卫生间换了一种新的马桶清洁剂，听说价格很贵，效果也很好。但我们使用后，效果不佳，所以马桶出现黄斑。"

赵主管听到这儿，醒悟过来。他立即为大家分析了尘灰与黄斑形成的过程，大家连连点头。赵主管又说："既然如此，我们必须改变原有的操作程序：1. 每天上午11点至11：30，前台区域抹尘频率改为每5分钟一次；2. 卫生间马桶清洁剂必须在喷洒10分钟后才能清洗，我们原来让清洁剂在马桶表面停留5分钟的做法是不对的。"

会上的决定当天就试行，接连几天，效果非常好。

问题：
1. 案例中，饭店公共区域存在的清洁卫生问题是什么？
2. 赵主管修改公共区域操作标准的依据是什么？

····· ····· 技 能 训 练 ····· ·····

一、任务名称

电梯清洁训练。

二、任务目标

使学生在实践中掌握饭店公共区域——电梯的清洁程序与标准。

三、任务实施

1. 对所教班级进行分组，每组6~8人为宜。

2. 小组通过学习教材、查询资料、参观饭店，以学校教学楼电梯为清洁对象，编制关于电梯清洁工作任务、清洁程序、清洁质量标准的方案。

3. 根据编制的清洁方案，小组内进行作业分工，实施电梯清洁工作。

四、成果考核

学生现场操作，教师根据学生表现计分，并纳入平时成绩。

项目五 客房服务

学习目标

通过学习，你应该达到：

1. 清楚客房常规服务项目、规程及注意事项。
2. 明白客房个性化服务项目、规程及注意事项。
3. 按照客房常规服务程序，为客人提供规范服务。
4. 能运用客房个性化服务知识和程序，为客人提供个性化服务。
5. 能结合客房优质服务要求，为客人提供特色服务。

任务一 客房服务的内涵

案例导入

做服务人，做服务事，用服务心

某月27日，杭州太虚湖假日酒店房务部楼层领班邓其祥，在检查某客房时，发现电视柜内有一个公文包，包内有4 000元人民币，19 500元港币。而此客人刚退房不久，他及时将这些物品上交酒店并帮助寻找客人，最终在酒店的停车场找到了正准备上车离去的客人。公司表彰邓其祥时，他说："我的原则是做服务人，做服务事，用服务心，认认真真工作，快快乐乐生活，并以一颗感恩的心善待周围的每一个人。"公司为表扬这种拾金不昧的精神，按照规定奖励5分，他成了公司"阳光房"的第二位获得者。

思考
1. 对邓其祥的服务行为和理念进行简要评价。
2. 你认为客房服务的核心是什么？

一、客房服务的含义

服务是饭店服务人员为满足客人需要所做的工作。国际饭店业认为，服务的英文（service）单词的每个字母所代表的含义可以对服务的内涵进行最佳阐释。它们分别是：真诚（sincere）、效率（efficient）、随时做好服务准备（ready to serve）、可见（visible）、有问必答（informative）、礼貌（courteous）、出色（excellent），这七重含义应贯穿于对客服务的全过程。

客房服务就是指客房服务人员为满足客人提出的各种合理要求，向客人提供的各种服务。客人在饭店下榻期间，逗留在客房内的时间最长，客房部对客服务水准的高低在很大程度上决定了客人对饭店产品满意程度的高低。这就要求客房的对客服务要以与其星级相称的服务程序及制度为基础，以整洁、舒适、安全和具有魅力的客房为前提，随时为客人提供真诚主动、礼貌热情、耐心周到、准确高效的服务，使客人"高兴而来，满意而归"。

二、客房服务的特点

客房服务与饭店的前厅、餐饮等服务既有相同之点，又有不同之处。前厅、餐饮服务主要是直接的面对面服务，而客房服务更多的是"背后"服务。客房服务的主要特点包括以下几个方面。

（一）体现出"家"的氛围

既然饭店的宗旨是为客人提供一个"家外之家"，因此是否能够体现出"家"的温馨、舒适、安全、方便等就成为客房对客服务成败的重要因素。在对客服务中，客房服务人员扮演着"管家""侍者"的身份，因此要留意客人的生活习惯等。例如，客房服务员清晨为客人整理房间时，如果发现客人被子上盖着大衣，说明客人夜里嫌冷，那么就应在交班时请中班服务员在做夜床时提高空调温度或加床毯子。对客服务要尽量做在客人开口之前，给客人留下美好的印象。

（二）对客服务的表现形式具有"明暗兼有"的特点

前厅和餐饮部等部门的对客服务表现为频繁地接触客人，提供面对面的服务，而客房部有别于这些部门，它的服务是通过有形的客房产品表现出来的。例如，客人进入客房后，是通过床铺的整洁、地面的洁净、服务指南的方便程度等感受到客房服务人员的服务的。客房对客服务的这一特点使客房服务人员成为饭店的幕后英雄，但这并不表示客房部没有面对面的对客服务，其面对面的对客服务包括送、取客衣，清扫客房，递送客用品等。因此，服务人员在对客服务时也要讲究礼节礼貌。综上所述，客房的对客服务形式"明暗兼有"，这一特点对客房服务人员的素质提出了很高的要求。

三、客房对客服务的模式

由于受不同设施设备和人力条件的限制，饭店客房在对客服务的模式上，各饭店采用了不同的形式。

（一）楼层服务台

饭店客房区域内各楼层的服务台称为楼层服务台或楼面服务台，它发挥着前厅部总服务台驻楼面办事处的职能，24小时设专职服务员值台。楼面服务台受客房部经理和楼面主管的直接领导，同时在业务上受总服务台的指挥。

作为一种传统的接待服务组织形式，楼层服务台可以根据客人的需要，及时提供面对面的服务，使客人感到亲切、方便，而且有利于做好楼面的安全工作。同时，楼层服务台可以及时准确地了解房态，有利于客房的销售工作。但楼层服务台通常需要24小时为客人提供服务，因此岗位和人员数量要求多，这提高了饭店的人力成本，不利于根据工作灵活地调配和安排人员。

（二）客房服务中心

为了使客房服务符合以"暗"的服务为主的特点，保持楼面的安静，尽量减少对客人的干扰和降低饭店的经营成本，越来越多的饭店采用客房服务中心的服务模式，根据每层楼的房间数目分段设置工作间。服务中心实行24小时值班制，通过饭店内部的呼叫系统通知客人所在楼层服务员上门为客人服务。

客房服务中心的优点在于突出了"暗"的服务，给客人营造了一个自由、宽松的入住环境。同时，它还有利于降低成本、提高劳动效率，强化了服务人员的时效观念。但采用客房服务中心的模式同样也存在一些不足。例如，由于楼层不设专职服务员，给客人的亲切感较弱，弱化了服务的直接性；对楼层的一些不安全因素无法及时发现和处理，在某种程度上无法保障住客的安全。

四、客房服务模式选择的依据

虽然说客房服务中心的设置更多地体现了国际饭店业的主流和趋势，但饭店到底选择哪种服务模式，还是要根据饭店自身的实际情况并考虑客人的需要来确定。在实际运作时，下面两个因素可供参考。

首先，考虑本饭店的客源结构和档次。如果饭店客源结构中外宾、商务散客占绝大多数，则可以采用服务中心的模式；如果饭店以接待会议团队客人为主，且内宾占绝大多数，采用楼层服务台的模式更合适；如果客源构成比较复杂，则可考虑将两种模式结合起来，比如白天设楼层服务台，晚上由服务中心统一指挥协调，只是应在服务指南中向客人说明。

其次，考虑本地区的劳动力成本的高低。经济发达地区劳动力成本较高，饭店采用服务中心的组织形式就比较普遍；反之，则采用楼层服务台的比较多。当然，目前现代化饭店的经营模式大多采用房务中心服务模式。

任务二 常规服务项目

 **案例导入**

帮客人找"家"

凌晨1点半,楼层服务员小黄发现6楼客房电梯口走出一位醉醺醺的客人。小黄小心地询问,却问不出个所以然来,于是立即报告当班经理。经理很快过来礼貌地询问了客人的姓名、房间号,但客人的回答却让其大失所望:房间是朋友替他开的,其他什么也说不清了…… 小黄和经理迅速联系前台帮客人找"家"。前台经过电脑查询很快传来消息:"有位钟先生说是给他朋友订房,在907。"小黄和经理搀扶着客人到了907房间,为客人找到了"家"。

 思考
1. 小黄和经理的服务合理之处表现在哪些方面?
2. 客房服务一般有哪些要求?

客房是客人在旅途中的"家"。客人住进饭店后,在客房逗留的时间最长。因此,客房的环境、设施、服务项目,以及服务人员的服务水平,对客人的满意度都有着直接的影响,在很大程度上体现了整个饭店的服务水平。

一、客房楼层接待服务

客房楼层接待服务包括三大环节:迎客服务的准备、到店的迎接服务和送客服务。

(一)迎客服务的准备

客人到达前的准备工作是楼面接待服务过程的第一个环节,也是使其他环节得以顺利进行的基础环节。准备工作一定要充分、周密,要做到以下两点。

1. 了解客情

楼层服务台接到总台传来的接待通知单后,应详细了解客人的人数、国籍、抵店和离店时间、宗教信仰、风俗习惯及客人的生活标准要求、付费方式、活动日程等信息,做到情况明确、任务清楚。

2. 周全地布置房间

及时调整家具设备,配齐日用品,补充食品饮料。对客人忌讳的用品要暂时撤换,以示尊重。房间布置完,还要对室内家具、水电设备及门锁等再进行一次全面检查,发现有损坏、失效的,要及时报修更换。

（二）到店的迎接服务

客房服务的迎接工作，是在客人乘电梯到楼层进入房间时进行的。这个环节要求热情礼貌、服务迅速、分送行李及时。

1. 梯口迎宾

客人步出电梯，服务员应微笑问候。无行李员引领时，服务员应帮助客人提拿行李并引领客人入房。对第一次住店的客人，应向其介绍房内设施设备的使用方法。

2. 分送行李

分送行李，主要是指团体客人的行李。先到的行李由行李员送到楼层，排列整齐，由楼层服务员核实件数；待客人临近到达前，再按行李标签上的房号逐一分送。后到或随客人到的行李，则由行李员负责分送到房间。

（三）送客服务

客人离店前的服务，是楼层接待工作的最后一个环节。

1. 客人离店前的准备工作

掌握客人离店的准确时间，记住客人房间号码；检查代办事项，看是否还有未完成的工作；要注意检查账单，在客人离店前送到前台收银处，保证及时收款；征求即将离店客人的意见，并提醒客人检查自己的行李物品，不要遗漏。

2. 送别客人

协助行李员搬运客人行李；主动热情地将客人送到电梯口并代为按下电梯按钮，以敬语向客人告别；对老弱病残客人要专人护送。

3. 离店检查工作

迅速进房仔细检查，注意客人是否有遗留物品，同时还应检查客房设备和用品有无损坏或丢失，如发现有损坏或丢失现象，应及时报告主管；迅速整理、清洁客房，填写客房报告表。

二、洗衣服务

（一）客衣的收取

最常见的送洗方式是客人将要洗的衣物和填好的洗衣单放进洗衣袋，留在床上或挂在门把手上。也有客人嫌麻烦请服务员代填，但要由客人过目签名。洗衣单一式三联，一联留在楼面，另两联随衣物送到洗衣房。

电话接受客衣是国际上大部分饭店的例行做法。客衣服务员在电话中需提醒客人填写洗衣单，并将其与所需洗烫的衣物一同装入洗衣袋，放于客房内。客人有时会有一些特殊要求，服务员应问清楚并做好记录。

知识链接

洗衣标识

图形符号	说 明	图形符号	说 明
□ 👕	水洗后干燥	○ 干洗	常规干洗
40	最高水温：40℃ 机械运转：常规 甩干或拧干：常规	○ 干洗	缓和干洗
40	最高水温：40℃ 机械运转：缓和 甩干或拧干：小心	⊗ 干洗	不可干洗
	手洗，不可机洗， 用手轻轻揉搓、冲洗 最高水温：40℃ 洗涤时间：短	□○□	转笼翻转干燥
	不可拧干	⊠	不可转笼翻转干燥
	不可水洗		悬挂晾干
△ △Cl	可以氯漂		滴干
△ △Cl	不可氯漂		平摊干燥
	烫斗底板最高 温度：200℃		阴干

注：图形符号与说明来源于中华人民共和国标准：GB/T8658-1988《纺织品和服装使用说明的图形符号》。

（二）客衣的送回

送回客衣主要有两种方式。一种是客衣服务员将客衣送至楼层工作室，再由楼层服务员将其送给客人。洗衣房送还客衣后，客房服务员应将经过核收的衣物及时送往客人房间，并请客人检查签收。另一种是由客衣服务员直接送回客人房间。准确无误是送还客衣工作中需要特别注意的问题，常见的错误是送错楼层和送错房间。对于"请勿打扰"及双锁房的客人，客衣服务员不可打扰，要把客衣交给客房服务中心服务员，并在门下放入"衣服已洗好"的说明卡。说明卡的内容示例如下：

亲爱的宾客：

因您的房间挂了"请勿打扰"牌/双锁，我们将您的衣物暂存放于客房服务中心。若您需要，请拨电话×××与我们联系，衣物将立刻送回。

客房服务中心
×年×月×日

洗衣服务是一项十分细致的工作。按国际惯例，由于饭店方面原因造成衣物缺损，赔偿金额一般以洗涤费用的10倍为限。所以要求经手人员工作认真负责，不能出一点差错，否则会招致投诉，给饭店造成经济损失和声誉影响。

三、房内小酒吧服务

为了方便客人，大部分饭店都在客房内安放有小冰箱（一些高档饭店还在客房内设有小型吧台），向客人提供适量饮料和酒水，备有饮具和酒水单。

（一）配备

关于房内小酒吧的配备，客房部管理人员首先应根据本饭店的星级及目标市场，确定饮料的配备品种及各品种的数量；然后再设计小酒吧账单，账单上应列出饮料及其他配备品的品种、数量、价格及有关注意事项。此外，房内还需配备饮料杯、酒杯、杯垫、调酒棒、开瓶器等用品。

（二）检查

为了加强对酒水饮料的管理，饭店应设计一份记有冰箱内（或吧台）酒水饮料的种类、数量和价格的清单，并要求客人将自己每天饮用的酒水饮料如数填写。

对客房小酒吧的检查，通常由服务员在每次进房时进行，如清扫客房、小整理、做夜床时。若有消费，应立即输入账款，并做好补充。对于离店客人，国内大部分饭店要求总台收银员在其结账时通知客房部，由楼层服务员检查客人的饮料消费情况，并立刻电话通知总台收银处。国外绝大部分饭店则在客人结账时询问客人是否消费了小酒吧饮料，根据客人的回答进行结账，从而大大加快了结账速度。

（三）盘点

客房部需定期统计和盘点楼层的小酒吧饮料，确保所有房内的小酒吧饮料不超过保质期，这是小酒吧服务与管理工作的一个重点。客房部应每月检查一次楼层所有饮料的保质期，更换快过期的饮料，将其退库或与供货商调换。

四、拾遗服务

遗留物品大多在客人退房离店、服务员查房或整理房间时发现，服务员应立即设法交还给客人；对于不能当面交还的，要按照饭店的规定，为客人妥善保管遗留物品。

（一）服务规程

拾获者发现客人的遗留物品时，应及时通知总台查询客人的动向。若客人尚未离店，应立即交还客人。若客人已经离店，应将遗留物品上交客房服务中心或客房部办公室保管，并填写"遗留物品登记表"，记录拾获遗留物品的日期、时间、地点、名称、数量、拾获者姓名等内容，然后，将遗留物品做适当处理。

（二）注意事项

在提供遗留物品保管服务时，应特别注意以下问题。

1. 遗留物品必须归口管理

遗留物品的管理需要一套严密的程序，归口管理不仅可以提高效率，而且会使错误率降至最低。

2. 明确专人管理

在设有客房服务中心的饭店，遗留物品一般由客房服务中心服务员负责登记和保管。客房部秘书需每月对遗留物品储存柜进行一次清点和整理。

3. 配备必要的储存柜

饭店要视自身的规模和星级，配备放置遗留物品的橱柜。一些大型高星级饭店甚至设有专门的遗留物品储存室。

4. 确定保管期

饭店行业对遗留物品的保管期没有硬性规定，惯例为 3~6 个月。贵重物品和现金的保管期一般为 6~12 个月，水果、食品为 2~3 天，药物为 2 周左右。

5. 确定保管期后的处理方式

按国际同行业的惯例，遗留物品应归物品的拾获者，但整瓶酒须上交给饭店供餐饮部使用，贵重物品和现金须上交给饭店。国外一些饭店在找不到失主的情况下，将物品拍卖并将所得钱款捐给慈善机构。

五、房内送餐服务

送餐服务（room service）是指应客人的要求，将客人所点的食品饮料送至客房。常见的房内用餐有早餐、便饭、点心、小吃、夜宵等项目，其中以早餐最为常见。

（一）订餐

提供房内送餐业务时，饭店要设计专门的房餐服务餐牌，摆放在床头柜或写字台上，上面标明房餐服务电话号码。另外，提供房餐服务，通常要收取额外的服务费。客人若需要在客房用早餐，应于前一天晚上在客房备有的早餐牌上选好食物种类，注明用餐时间，然后将其挂在客房门把手上，由服务员定时收集。客人也可以直接打电话订餐。在接受订餐时，要准确记录房间号码、客人姓名、餐饮内容、送餐时间、特殊要求等。

（二）送餐

送餐时可以用托盘提供，也可以用餐车送达，这要视所送餐食饮料的多少而定。如用餐车送餐，要小心谨慎，以免因地毯不平或松动而倾倒。另外，送餐车必须有保温装置，防止送到时饭菜温度不够影响质量。

具体送餐程序如下。

（1）按规定先敲门，自报身份，等候客人开门。
（2）托盘或餐车摆放位置要适当，可征求客人意见。
（3）摆放妥当后揭开餐碟盖，要一一报菜名，并询问客人还有什么需要。
（4）准备好账单并问清楚客人结账方式，如签单则请客人在账单上签字。
（5）提供房餐服务时，要注意及时将客人用过的餐具和剩物撤出（一般在1小时后，征得客人同意撤出），以免影响房内卫生和丢失餐具。在送餐1小时后仍未接到客人收餐具的电话，需打电话询问。
（6）收餐具时，要征求客人对用餐的意见。撤餐具时注意清点餐具并检查有无破损，同时还要注意随手更换烟灰缸、玻璃杯，擦净桌上的脏物，以保持房内清洁。注意不要与客房用品混淆。

阅读材料

周到的服务

服务员发现客房中放有西瓜，想必是旅客想品尝一下当地的西瓜，应该不会千里迢迢带个西瓜回家。所以，服务员主动为客人准备了托盘、水果刀和牙签。事情虽小，但提供了个性化服务，使客人得到了意外的惊喜。

六、访客接待服务

做好访客的接待也是客房部的一项重要的对客服务工作。提供这项服务时，客房部服务员应特别注意，要在先征得住店客人的同意后方可将来访者带到客房。在住客不在时，除非住客事先说明，否则不得将访客带进住客房间。楼层服务员对来访客人的接待，应该像对待住客一样热情礼貌。如果来访者较多，应主动送座椅到客房，还要询问被访者需要提供什么服务，并尽快满足。

访客具体接待程序如下。

（1）热情地接待来访者，问清被访住客的姓名及房号，通过电话与该住客联系。

（2）如果住客不在房内，向访客说明，并提示其可以去总台办理留言手续。如果住客不愿接见访客，应先向访客致歉，然后委婉地请其离开，不得擅自将住客情况告知访客。如果住客同意会见，按住客的意思为客人引路。如果住客事先要求服务员为访客开门，要请住客去大堂副理处办理有关手续；访客抵达时，服务人员须与大堂副理联系，证实无误后方可开门。

（3）如果会客地点在客房，将来访者引领进房间后，应礼貌地询问住客是否需要茶水、毛巾；若访客超过3人，还要询问住客是否需要座椅，并主动询问住客有无其他服务要求。

（4）若会客时间较长或人数较多，应及时为客人补充茶水。

（5）会客完毕后如有需要，应再次整理好房间，以利于住客休息。

七、物品租借服务

物品租借已成为客房部的一项重要服务项目。客房内所提供的物品一般能满足住店客人的基本生活需求，但有时客人会需要饭店提供一些特殊物品，如熨斗、婴儿车、烫衣板、变压器、接线板等。因此，客房服务中心应备有此类物品，向客人提供租借服务。客房部可以通过"租借物品记录表"了解宾客需求，及时提供客人所需物品，并确保所有物品能够收回。

客房物品租借的具体程序如下。

（1）客人租借物品时，服务员应问明租借物品的名称、要求、租借时间等，并详细记录在"租借物品登记单"上。

（2）将用品迅速送至客人房间，请客人签字。

（3）借出物品时，要检查其清洁、完好情况。

（4）收回租借物品后，要检查完好情况，并做好记录。

（5）客人离店时，要注意检查客人有无租借物品未归还。

八、擦鞋服务

为了方便客人，饭店会在客房内放置擦鞋纸，也有的饭店以"自动擦鞋机"取而代之。除此之外，客房服务中心也可以根据客人要求提供人工擦鞋服务。在提供此项服务的饭店，客房壁橱中放置了标有房间号码的鞋篮，并在服务指南中告之客人：客人如需要擦鞋，可将鞋放入篮内，放在房间门口，由服务员收集到工作间，或者打电话通知客房服务中心前来收取。

具体服务程序如下。

（1）服务员在接到客人要求擦鞋的电话或通知后，应在饭店规定的时间内赶到客人房间收取皮鞋。

（2）收取皮鞋时，应在小纸条上写明房号放入皮鞋内，以防送还时出现差错。

（3）擦鞋时，应根据客人皮鞋的面料、颜色选择合适的鞋油或鞋粉，仔细擦拭、抛光。

（4）将擦净的鞋及时送至客人房间，如果客人不在，应将鞋子放于适当位置。

（5）做好记录，注明房号、颜色、时间等，以备核查。

九、托婴服务

托婴服务就是为外出活动办事的住客提供短时间照管婴幼儿童的有偿服务。饭店一般设有专职的人员负责托婴，也可以由客房部服务员在班后承担这项工作。兼职的服务员也须接受照料孩子的专业培训，懂得照看孩子的专业知识和技能。一般以3小时为计费起点，超过3小时的，按小时增收费用。

在接受客人托婴服务时，客房服务员应请客人填写"婴幼儿看护申请单"，了解客人的要求及婴幼儿的特点，并向客人说明有关注意事项。

具体程序如下。

（1）客人申请托婴服务时，应问清照看的时间、小孩的年龄、特点和家长的要求等，并告诉客人收费标准。

（2）看护者在规定区域内照看婴幼儿，严格遵照家长和饭店的要求看护。

（3）不要随便给小孩食物吃。

（4）为确保安全，不要将小孩带出指定地点（通常是客房或专门场所），更不能带出饭店。

（5）不要将尖利物品及其他危险物品充当玩具，不托付他人看管。

（6）在照看期间，若婴幼儿突发疾病，应及时报告上级，请示客房部经理，以便妥善处理。

十、加床服务

加床服务是客房部提供的服务项目之一。有时客人会直接向楼层服务员提出加床服务要求，客房部服务员应礼貌地请客人到总台办理有关手续，不可随意答应客人的要求，更不得私自向客人提供加床服务。

客房服务员接到总台有关提供加床服务的通知后，应立即在工作单上做好记录，随后将所需物品送至客房。如果客人在房内，应主动询问客人，按客人要求摆放好加床；如客人无特别要求，则将加床放于墙角位置，同时，还须为客人增加一套客房棉织品、杯具及卫生间用品等。

任务三 个性化服务项目

案例导入

一双新鞋带

某酒店一位客房服务员在打扫VIP房间时，发现垃圾桶里有一根断了的鞋带，再看客人鞋子，因无鞋带闲置一边。于是，他抽空跑到商场买了一副新的，为客人的鞋子穿好鞋带，还把鞋子擦亮，放回原处。客人回来，看到光亮如新的鞋子和新鞋带，感动不已。

思考
1. 客房服务员服务的闪光之处表现在什么地方？
2. 个性化服务要求服务员做好哪些方面的工作？

一、个性化服务的内涵

个性化服务就是有针对性地满足不同客人合理的非常规的服务。个性化服务通常体现出服务员的主动性及发自内心的与客人之间的情感交流，体现出服务员是在设身处地地为客人服务。之所以提出这样一个服务新概念，主要是因为仅有规范化的服务是不能使所有的客人完全满意的。规范化服务只能满足大多数客人常规的基本需求，而不能满足客人更深层次的个别需求，而客人深层次的需求却是即兴的、灵活多变的，因此，服务必须要站在客人的角度，因客人的不同需要而随机应变。

客房的个性化服务，一方面要求客房产品形成自己的特色，如标准客房向主题客房转变、浴室的空间结构和内部装饰的变革、高科技在客房服务及管理中的运用，另一方面要满足客人的个性化需求，为宾客提供专门为他们定制的服务。此外，个性化服务还应充分展现服务员的个性。每个员工都有自己富有个性的人格和素质，要在坚持规范化服务程序的前提下，培养员工的个性化服务意识，发挥其创造性，在客我接触的真实瞬间，充分挖掘员工潜力，为客人提供有针对性的超值服务和富有个性的瞬间服务，如员工的微笑服务、快捷服务、创造性服务。

个性化服务的内容很广泛，大致可以分为以下五个方面。

（1）更灵活的服务。这是最普通的个性服务，概括地说，不管是否有相应的规范，只要客人提出要求，且是合理的，饭店就应尽最大可能去满足客人。

（2）能满足客人癖好的服务。这是最具体、最有针对性的个性化服务，比如有些客人不喜欢服务员触摸自己的任何物品。这些癖好事无巨细，可能涉及方方面面，这就需要我们仔细观察，并做好记录存储起来，建立规范化的需求档案，满足客人个性化的需要。

（3）意外惊喜的服务。严格来讲，意外惊喜的服务不是客人原有的需要，而是由于客人急需解决有关问题，"雪中送炭"式的个性化服务。如客人在住店期间患病或受伤，在客人最需要帮助时服务及时到位，客人必会铭记在心。

（4）（电脑）自选式的服务。发达国家的许多个性化服务通过电脑来实现，无论是个人留言、查询消费账目、结账、叫醒服务还是客房送餐都可以由客人在房间内通过客房电视电脑系统自由选择并处理，这是一种高品质的个性化服务。

（5）心理服务。凡是能满足客人心理需求的任何个性化服务都将为客人带来极大的惊喜，这就要求饭店服务人员有强烈的服务意识，能主动揣摩客人的心理需求，服务于客人开口之前。

 阅读材料

> **温馨提示**
>
> 尊敬的李先生：
>   您好！欢迎您入住我们酒店！我发现您的电脑线交错在写字桌上，或许有些阻碍您办公，我帮您整理好了放在桌子旁边，以便您使用，如需其他服务，请致电XXXX。祝您住店愉快！
>
>   您的客房服务员：XXX
>   X年X月X日

二、主要的个性化服务项目

（一）贵客接待服务

1. 客房部接待贵宾的程序

（1）客房服务中心在接到贵宾接待通知单后，应熟悉有关内容，了解贵宾的日程安排、生活习惯与爱好等，并及时通知相关楼层，做好准备工作；

（2）领班安排楼层服务员对贵宾房进行大清扫（完成各项计划卫生），协助客房服务员、房内用膳服务员将增放的物品放入房间；

（3）房间布置完毕，领班、楼层主管、客房部经理、大堂经理进行严格检查，发现问题立即纠正；

（4）根据贵宾的生活习惯和爱好，提供有针对性的服务；

（5）留心贵宾的喜好，做好记录并及时将有关信息传递到总台，以便完善客史档案。

2. 贵宾接待特别注意事项

（1）及时传递信息。客房部应对贵宾接待通知单认真研究，并将有关信息、需要采取的措施传达给所有相关人员，以便进行准备。

（2）注意细节，精益求精。饭店管理和服务水平的高低往往见于细节之中。通常，有经验的管理人员会给贵宾房选用新的印刷品、棉织品及其他用品；使用两层床单的饭店增加一层床单，即护单，以提高其档次，等等。

（3）确保员工尽可能地用姓名或尊称称呼客人。通常，客房中心将贵宾接待通知单放在醒目的位置，客房部管理人员的任务是确保部门员工记住有关信息，并在与客人的交流中使用。

（4）提供有针对性的服务。善于观察细节并提供相应的服务，是高质量客房服务的体现。例如，床上有多余的枕头说明客人喜欢高枕头；所放的水果没用说明客人可能喜欢其他品种的水果，这时就要及时进行调整，以争取最大限度地满足客人需求。

（5）服务适度，尽量不打搅客人。在贵宾接待中常出现的问题是过多地关心客人或清扫客房的时间安排不当而造成对客人的打扰。大多数饭店对贵宾房每天要清洁3次以上，即早晨的清洁、下午的小整理及晚上的做夜床，正常的检查要达3次，如果主管和经理再查的话，进房要达6~7次，对于客人来说这是无法接受的。因此，对贵宾房的清洁和检查的时间和次数一定要掌握好，做到既保证客房的清洁，又不打扰客人。

 阅读材料

万豪会记住您的名字

万豪酒店是世界著名的酒店集团，要求酒店任何一线部门的服务员都要记背客人的姓名，称呼客人的尊姓，让客人感到很亲切！曼谷的万豪酒店，曾经入住过一位客人，但是几年后一直没有再入住过，而酒店的服务并没有停止。每到这位客人的生日前，酒店就会给客人寄出一张生日卡，并问候客人，有时间的话，希望客人能再次光顾酒店。三年后，这位客人公干再次入住这家酒店，服务员夹道欢迎。当客人办理入住手续时，酒店服务员问客人是否还要入住三年前住过的那间超大床型的房间。客人入住后，发现浴袍上绣有自己的姓名，十分惊喜。

（二）对伤病客人的服务

客人因各种原因来到一个陌生的环境，可能会因为旅途劳累，或气候、水土不服而生病，一些慢性病也较容易复发，遇到这种情况时处理方法如下。

（1）得知客人生病后，应首先向客人询问病情，是否需要就医，并报告客房部，表示关心和乐于帮助。

（2）如客人患感冒，夏季时要为其关掉空调；冬季要根据室温主动为客人加被子、毛毯，为其准备足量的开水或其他物品。

（3）在客人生病期间，应尽量保持客房内和楼层安静，房间卫生可简化。

（4）如客人患病较重，应通知客房主管并立即与医务室联系，同时尽快赶赴现场，实施处理。要动员重病号住院治疗，不可延误时间，避免发生意外。

（5）如果发现客人得了传染病，要及时向部门经理汇报，并马上报告卫生防疫部门迅速将客人转送医院治疗,客人住过的房间、用过的设施及物品,要请防疫部门彻底消毒。

(6)写出客人伤、病事件处理过程的详细报告,说明客人病伤原因、症状、处理方法和结果。

(三)对醉酒客人的服务

饭店中醉酒问题经常发生,对待不同的醉酒客人应采取不同的、灵活机动的应对方法。具体的常规处理方法如下。

(1)发现客人有醉态,服务员要主动上前搀扶客人到房间(女服务员要找客人的陪同或同伴同行)。

(2)进房后扶客人躺在床上,帮客人冲一杯糖水,把打火机、刀之类的危险物品放到客人拿不到的地方。对重度醉客,应协助保安人员将其制服,以免其扰乱其他住客或伤害自己。

(3)如果客人呕吐,应及时清理。

(4)在安置醉客回房休息后,服务员要特别注意其房内动静,以免客房用品受到损坏,或因其吸烟发生火灾等。

(四)对老年客人的服务

对年老体弱的客人,根据其年岁大、视力及听力差、记忆力减退、行动不灵活等特点,在日常服务中,应给予特别关照。

(1)当他们到达饭店后,服务员应立即迎上前去搀扶他们就座,最好能安排他们坐在活动座椅里。上下电梯要主动搀扶,时常提醒一些事项,帮助提拿一些物品等。

(2)在服务过程中,要随时观察客人的身体状况,因为老年客人的身体较弱,由于长途旅行,加上气候、水土、饮食方面的变化,他们比较容易生病。

(3)如果客人突然在饭店发病,要保持镇静,按照对伤病住客的服务程序进行服务。

(五)对挑剔、容易暴躁的客人的服务

(1)服务这一类客人一定要有耐心,态度要友善,在不影响饭店利益的情况下,尽量顺从他们的要求。

(2)对客人提出的意见一定要虚心听取。如果是一时误会,服务员也不要急于辩解,等客人讲完后,再耐心细致地解释,以取得客人的谅解,并向客人表示感谢,感谢他对客房工作的关心。

(3)如果服务员尽了最大努力仍无法平息客人的怒气,就要及时向领导汇报,请领导出面解决。

(六)对儿童的服务

随着散客旅游的快速发展,越来越多的家庭喜欢出门旅游,因此饭店接待的儿童顾客也越来越多,服务员要学会根据儿童的心理和特点进行服务,基本原则是对待儿童要

像对待成人一样不可懈怠,要给予耐心周到的服务。

很多饭店设有专门为儿童特制的设备,如在客房有婴儿床。在为儿童服务的过程中,最重要的是把最有吸引力的东西拿给他们,这样可以减少不必要的扰乱,使服务员顺利地进行工作。不能随便抱小孩或给他们乱吃东西。

(七) 对残疾客人的服务

饭店针对残疾客人的特点进行特殊服务是非常必要的。尽量把公共场所的设施设计得适合伤残人士的需要,方便他们使用。首先,应在思想上树立正确认识,把他们当成普通客人对待,千万不可以用异样的目光看待他们,更不可流露出轻视的样子,因为这样会严重伤害客人的自尊心。其次,在对伤残客人的服务过程中,如果他们自己要做,而且是他们力所能及的事情,服务员应根据需要灵活适当地帮助他们,使他们感到服务员提供的是服务而不是同情。

(八) 对死亡客人的处理

发现客人死亡,应马上报警,在警察还没到来前要保护好现场。处理程序如下:

(1) 将客房门锁上,以便缩小影响范围,保护现场;

(2) 要验明死者身份,如果不是住店客人要查看证件;

(3) 死者财产的保管责任在饭店,如果警察机关要作为证据将客人物品带走,必须请对方签名;

(4) 将死者送出饭店时要避开客人,走员工通道;

(5) 对房间进行整理、消毒。

三、对不同类型客人的服务

饭店的客人来自世界各地及社会的各阶层,他们有着不同的背景、生活习惯、兴趣爱好、宗教信仰等,这就要求饭店对不同类型的客人采用不同的服务方法。

(一) 按旅行的组织方式划分

1. 散客客人及其服务要求

散客主要是指个人、家庭及 15 人以下自行结伴的旅游者。散客在店滞留时间较短,平均消费水平较高,对客房的硬件和软件都有较高要求。因此,在对客人做好功能服务的基础上,要特别注意心理服务,满足客人的精神需求。另外,这类客人行李少,进出频繁,服务员一定要随时清理核查各种单据,以免发生"跑账"或"漏账"现象。

2. 团队客人及其服务要求

团队客人大多数以旅游观光为目的,旅游团的活动一般有组织、有计划、日程紧、时间少。饭店虽然给团队客人的房价折扣较大,但由于出租的房间数量多,其客房收入对饭店来说也很可观。在接待中,饭店应注意对旅游团每一位成员一视同仁;遇到问题时，与接待单位或旅行社的陪同联系；要充分做好团队进、离店前后的各项工作。

（二）按旅游目的划分

1. 观光型客人及其服务要点

这类客人以游览为主要目的，喜欢购买旅游纪念品、工艺品等。此类客人对当地的名胜较感兴趣，需要邮寄信件或明信片等委托服务。对于客人的委托服务，一定要按时、保质保量地完成。

2. 商务型客人及其服务要点

据统计，全世界饭店客源中，此类型客人占53%，并有持续上升的趋势。因此，接待好他们，对饭店经营至关重要。此类客人喜欢选择熟悉的饭店或曾住过的客房，对饭店服务及设施要求较高，为他们服务时要特别细心，做到灵活服务、个性化服务。

3. 疗养、度假型客人及其服务要点

此类客人多选择度假型饭店，目的地一般只有一个，即休养地。因此他们对客房的要求较高，如24小时有热水、外景较好、室内冷暖适度、送餐、小酒吧、委托代办、托婴服务等。此类客人对饭店的建筑格局也有一定偏好，如喜欢园林式、别墅式建筑。另外，他们对客房的安全也很在意。此类客人居住时间较长，在服务时要多从客人的角度考虑，尽力满足客人多方面的个性需求。

4. 会议旅游型客人及其服务要点

此类客人人数多，用房多，活动有规律且时间集中，因此客房服务任务重，要求严格。客房部在服务时要注意服务人员的灵活调配及会议室、客房、公共场所的合理布置和利用等，并随时留意房间内信封、信纸、笔等文具用品的配备。

5. 竞赛、演出型客人及其服务要点

这类客人以参加当地比赛或演出为目的，一般以团队的形式出现。他们对客房服务的要求较高，且服务需求较集中，客房部要妥善安排。如一些体育代表团对休息和饮食要求高，在客房安排上要考虑安静，饮食搭配注意营养，必须24小时有热水供应。文艺演出团和体育代表团中的明星，很容易招来一大批的"追星族"，因此，为他们提供保密及安全上的服务尤为重要。

（三）按客人身份划分

1. 政府官员及其服务要点

政府代表团，由于身份较高，所以服务要求、接待标准高。他们较重视礼仪，且逗留时间短，日程安排紧，店外活动多，应格外引起重视。

2. 新闻记者及其服务要点

此类客人生活节奏快，因此对服务的效率有一定要求，在服务时要注意快捷。

3. 专家学者及其服务要点

此类客人多喜欢清净的客房及舒适、周到的服务，为他们服务要耐心、细致。

4. 体育、文艺工作人员及其服务要点

此类客人的生活习惯较为特殊，要求较集中，为他们服务要周到、快捷、个性化。

5. VIP（贵宾）及其服务要点

对于贵宾的接待规格要高于普通客人，但贵宾接待规格也有所不同，饭店往往对其进行分级并制定相应的接待标准。

（四）按客人国别划分

1. 外宾及其服务要点

在生活习惯方面，外宾对客房的卫生设施设备非常敏感，喜欢淋浴。大多数外宾夏天喜欢把室内温度调得很低，很多人一年四季食用冰块。在消费方面，他们习惯于享用饭店提供的洗衣服务、房内用膳服务、房内小酒吧服务等。

外宾接待工作对客房服务人员的语言有一定的要求，同时还要求服务人员尊重客人所在国的文化。

2. 内宾及其服务要点

内宾习惯于随叫随到的服务方式，希望楼层有值台服务员。此外，内宾喜欢在客房内会客，访客较多。为他们服务也要注意快捷、灵活，不过多打扰客人。

3. 我国港、澳、台地区客人及其服务要点

此类客人基本上属于商务型、探亲型和旅游型客人，接待中要注意有热情的态度、周到的服务。例如，向他们介绍当地的风土人情、购物场所等，给他们留下宾至如归的感觉。

（五）按客人逗留时间的长短划分

1. 长住客人及其服务要点

对长住客人的服务应注意以下两点。

（1）长住客人的房间要根据客人的要求适时进行清扫和整理。他们的东西比较多，清理时要多加注意。客人居住时间长，与服务员比较熟，但服务员说话时仍要有礼貌，注意分寸，不能与客人开玩笑，更不能接受客人的礼物。

（2）在清理房间时，对客人的物品要小心谨慎，时间尽量安排在客人非办公时。

2. 短期逗留客人及其服务要点

在接待短期逗留的客人时，要注意提供有针对性的服务，给客人留下深刻美好的印象，争取把他们发展为饭店的忠实顾客。

四、不同个性特点客人的服务方法

除了上述客人类型外,客人的个性特点也是各不相同的。针对客人的个性特点,有针对性地提供服务,才能更好地使客人满意。

1. 一般性客人服务要点

此类客人占绝大多数,他们懂人情讲礼貌,要求高质量、高效率的服务,按一般程序接待即可。

2. 开放型客人服务要点

此类客人表现为个性豪放,以欧美客人居多,服务时应尽量满足他们的要求。

3. 急躁型客人服务要点

此类客人性情急躁,要求服务动作迅速、服务效率高是他们的特点。为他们服务,谈话要单刀直入,简明扼要,弄清楚要求后很快完成。否则,容易使他们急躁冒火,产生不满。

4. 社交型客人服务要点

这类客人善于辞令,老于世故,服务时要注意自己的言谈举止,要礼貌大方,服务周到。

5. 排他型客人服务要点

这类客人不易和别人交往,个人观念很强,言语不多但有主见,容易和别人发生矛盾,以满足自己的需要为主要目的,服务时尽量按他们的要求完成接待任务。

除了上述例子以外,还有其他不同类型的客人,均应按照不同特点开展服务。

任务四 提供优质服务

案例导入

客房服务员的郁闷

一位住店的客人，外出以后回到饭店，一走出电梯，就有一位客房服务员背着双手，面带微笑，用亲切的话语向他问好。这位客人虽也很客气地回答了服务员的问候，却带着一种不满意的表情看了服务员一眼。这位服务员看出了客人的不满意，但他想不通，不知道自己面带微笑，亲切地向客人问好有什么不对。

思考 请你帮服务员分析一下：他什么地方做得不对？应怎样才能做得更好，让客人满意？

客房优质服务，就是饭店客房为满足客人需求所提供的各种服务，它是饭店服务水平的集中体现。

一、客房优质服务的内涵

什么是优质服务？目前业界尚未形成统一的定义。行家认为：规范服务＋超常服务＝优质服务。一般而言，客房的优质服务是指能够带给住店客人生理上和精神上的美好享受的服务，是客人对饭店客房所提供服务的期望值和满意度的"相对统一"，是规范化服务和个性化服务的结合。饭店客房一般会采用情感服务、特色服务或超常服务来形成自己的服务特色，努力满足客人的多样化需求，为客人提供优质服务。

衡量饭店客房服务质量的标准是顾客的感受。因此，客房的优质服务就具体表现为客人的"五感"，即：舒适感、方便感、亲切感、安全感、物有所值感/物超所值感。客房无论从硬件设施，还是从软件服务，以及两者的结合上均应体现这"五感"，这是衡量客房服务质量的标准，也是客房优质服务应达到的目标。

阅读材料

"假日"的标准，优质的"假日"

假日酒店以优质的管理和服务而闻名全球。假日公司编印了《假日旅馆标准手册》（以下简称《手册》），每家旅馆持有一本，每一本都有编号，严格保密。《手册》对假日旅馆的建造、室内设备和服务规程都做了详细的规定，任何规定非经总部批准不得更改。如假日旅馆的客房，必须有一个写字台、一张双人床、两把安乐椅，床头上有两只100瓦的灯，要有一台电视和一本《圣经》。《手册》甚至对香皂的重量和火柴的规格都有具体的要求。

二、客房优质服务的构成

客房优质服务主要从客房硬件质量和软件服务质量两个方面体现出来,是客房服务人员提供的各项服务适合和满足客人需要的程度。

(一)客房的设施设备及用品质量

此项包括各种客房设施设备质量,如床、床头灯、茶几、沙发、写字台、椅子、电话、电视机、电冰箱、浴缸、淋浴器、马桶和电源插座等的安全性、健康性、方便性。此外,还包括客房用品质量,如便笺、明信片、酒水单、圆珠笔、茶杯、口杯、拖鞋、擦鞋纸、洗衣单、洗衣袋、电热壶、浴衣、备用被、电话指南、旅游地图、卫生纸、面巾、浴巾等是否干净卫生、种类是否齐全、数量是否充足。

(二)客房的环境质量

此项包括客房温度、湿度、卫生情况等。客房温度主要由空调控制。通常人体对温度的舒适度是被称为"舒适带"的21℃~24℃。人体最舒适的湿度通常在40%~60%,过湿和过干都会使人感觉不舒服:如果湿度低于30%,人会感觉口干舌燥;如果湿度高于70%,人会感觉气闷难受。客房清洁卫生是客人对饭店客房的最基本要求,也是客人决定是否选择某家饭店时首先要考虑的因素。

此外,公共区域是饭店的门面,也是饭店档次的标志,其卫生好坏直接关系到饭店在公众心目中形象的好坏。因此,客房服务员应同时做好客房区域和公共区域的卫生清洁工作。

(三)客房员工的服务质量

此项包括员工的仪容仪表、礼貌礼节、服务态度、服务技能、服务项目、服务效率等。工作中,员工应非常重视自己的仪容仪表和仪态,以积极的态度对待工作,做到诚恳稳重、谦虚有礼,使客人感到受欢迎、受尊重。和客人交谈时,语言要清楚、准确,语调要亲切、柔和,讲究文明用语,注意语言艺术,正确使用问候用语、称呼用语以及应答用语,在举止上应恰当运用形体语言。

阅读材料

常用雅语

初次见面应说：幸会	老人年龄应称：高寿
看望别人应说：拜访	好久不见应说：久违
等候别人应说：恭候	客人来到应说：光临
请人勿送应说：留步	中途先走应说：失陪
对方来信应称：惠书	与人分别应说：告辞
麻烦别人应说：打扰	赠送作品请对方指正应用：雅正
请人帮忙应说：烦请	请人解答应说：请问
求给方便应说：借光	赞人见解应说：高见
托人办事应说：拜托	归还原物应说：奉还
请人指教应说：请教	求人原谅应说：包涵
请他人指点应说：赐教	欢迎顾客应说：光顾

三、提供优质的客房服务

根据"优质服务"的基本含义，提供优质的客房服务应遵循以下"四化"要求。

（一）服务设施规格化

服务设施是客房提供优质服务的物质基础。俗话说"巧妇难为无米之炊"，没有规格化的服务设施，提供优质服务就是一句空话。规格化的服务设施主要包括以下四个方面。

1．设施配备必须齐全

客房设施配备必须齐全。从服务设施规格化的要求来看，主要设施设备包括：床、床头柜、办公桌、沙发椅、小圆桌、沙发、地毯、空调、壁灯、台灯、落地灯、音响、壁柜、电视机等。

2．设施质量必须优良

客房上述设施和设备，就其数量而言，各客房基本相同；但就质量而言，则因客房等级规格不同而区别较大。设备质量优良的具体要求是：造型美观，质地优良，风格、样式、色彩统一配套，各种房间的同一种服务设施保持一致，不能给客人以东拼西凑的感觉，以此反映客房的等级规格。

阅读材料

迪拜帆船酒店的规格

阿拉伯塔酒店,又称迪拜帆船酒店,是全世界最豪华的酒店,又叫作"阿拉伯之星"。它是世界上第一家7星级酒店,开业于1999年12月,共有高级客房202间。房间特色鲜明独特,所有的202间房皆为两层楼的套房,最小面积的房间都有170平方米,而最大面积的皇家套房更有780平方米之大。窗户全部是落地玻璃窗,随时可以面对着一望无际的阿拉伯海。酒店豪华尊贵的服务宗旨就是务必让房客有阿拉伯油王的感觉。入住皇家套房,还能享受管家、厨师和服务员们"七对一"的服务。

(二)服务用品规范化

客房服务用品是直接供客人消耗的,同样是提供优质服务的物质基础。如果服务用品配备不全,质量低劣,就不能提供规范化的优质服务。客房服务用品规范化的具体要求如下。

(1)客用一次性消耗物品必须按规格配备,保证需要。

客房客用一次性消耗物品是每天需要补充的,这些物品的配备要根据间/天客房消耗定额,保证质量优良。

(2)客用多次性消耗物品必须符合配备标准,及时更新。

客房的床单、枕套、毛巾、浴巾等棉织品和烟灰缸、茶杯、玻璃杯等要根据客房的等级规格配备。

(三)服务态度优良化

服务态度是服务人员思想觉悟、服务意识和业务素质高低的集中表现,是优质服务的基本要求。客房服务态度优良化的重点是要做到主动、热情、礼貌、耐心、周到,具体如下。

1. 主动

主动就是服务于客人开口之前,是客房服务员服务意识强烈的集中表现。其具体要求为:主动迎送,帮提行李;主动与客人打招呼,语言亲切;主动介绍服务项目;主动为重要客人引路开门;主动叫电梯,迎送客人。

2. 热情

热情即在客房服务过程中态度诚恳、热情大方、面带微笑;在行为举止上要有乐于助人、帮助客人排忧解难的神情,恰当运用形体语言。

3. 礼貌

要有礼节、有修养,尊重客人心理。在仪容仪表上要着装整洁、精神饱满、仪态端庄;在语言上要清楚、准确,语调亲切、柔和;在行为上要有礼有节。

4．耐心

要不厌其烦，根据各种不同类型的客人的具体要求提供优质服务。工作繁忙时不急躁，对爱挑剔的客人不厌烦，对老弱病残客人的照顾细致周到，客人有意见时耐心听取，客人表扬时不骄傲自满。

5．周到

要把客房服务做得细致入微，周详具体。要了解不同客人的生活喜好，掌握客人生活起居规律，了解客人的特殊要求，有的放矢地采用各种不同的服务方法，提高服务质量，并且要求做到有始有终、表里如一。

（四）服务操作系列化

客房优质服务以客人来、住、走活动规律为主线。从服务操作系列化的要求来看，主要是贯彻执行"迎、问、勤、洁、静、灵、听、送"的八字工作法。

迎：礼貌大方，热情迎客。客人来到客房，主动迎接，既是对客人礼貌和敬意的表示，又是给客人留下良好第一印象的重要条件。热情迎客，一要举止大方、衣着整洁、精神饱满，二要态度和蔼、语言亲切、动作准确适当，三要区别不同对象。

问：热情好客，主动问好。客人住店过程中服务员要像对待自己的亲人一样关心爱护客人，体现主人翁的责任感。要主动向客人问好，关心他们的生活起居、身体状况、生活感受，主动询问他们的要求，满足他们的爱好。

勤：工作勤快，敏捷稳妥。勤是服务员事业心和责任感的重要体现。勤快稳妥，要做到手勤、眼勤、嘴勤、腿勤。手勤就是要及时准确地完成工作任务；眼勤就是要注意观察客人的需求反应，有针对性地为宾客提供随机性服务；嘴勤就是见了客人要主动打招呼，主动询问需求；腿勤就是要行动敏捷，不怕麻烦，提高服务效率。

洁：保持清洁，讲究卫生。在客房服务过程中，清洁卫生是客人的基本要求之一。每次整理客房、卫生间、会客室、书房后，都要做到严格消毒，消除消费痕迹，保证各种设备、用具和生活用品清洁、美观、舒适。

静：动作轻稳，保持肃静。客房是客人休息或办公的场所，保持安静也是优质服务的基本要求，服务人员在准备用品、打扫卫生时要做到敲门轻、说话轻、走路轻、操作轻，随时保持客房、楼道的安静气氛，以体现客房服务的文明程度。

灵：灵活机动，应变力强。服务过程中必须具有较强的应变能力，必须根据客人的心理特点、特殊爱好采用灵活多样的方法，如对动作迟缓、有残疾的客人应特别照顾，对性格开朗的客人说话可以随和一些，等等。

听："眼观六路，耳听八方"。服务人员要随时留心观察客人情况，征求客人意见，随时发现服务过程中的问题和不足之处。一经发现，就要及时改进和弥补。

送：送别客人，善始善终。客人离店既是客房服务的结束，又是下一轮服务工作的开始。为了保证服务工作取得良好的效果，给客人留下美好的回忆，同时也是为了争取回头客，就必须祝客人旅途愉快，欢迎客人再度光临。

上述"四化"要求，是客房优质服务的本质表现，需要客房部全体人员高度重视，才能达到让客人满意的效果。

 **知识链接**

客房部服务标准

序号	名称	标 准
1	散客入住	1分钟内
2	团队入住	10分钟内
3	处理投诉	20分钟，否则另给客人答复
4	中英文打字	90字以上/分钟
5	订票服务	1小时内
6	租车服务	30分钟内
7	行李服务	5分钟内
8	接听服务	3声之内
9	清理VD房（未清扫房）	30分钟内
10	查OK房（已清扫房）	3分钟内
11	检查VD房卫生	5分钟/间
12	开夜床服务	5~8分钟/间
13	租借物品	3分钟内送到房间
14	住客房维修	5分钟内赶到现场维修，20分钟内维修未完成通知前台换房
15	中式铺床	3分钟
16	会议服务	提前30分钟开启空调、灯光、茶水、香巾准备到位，每15分钟续一次茶
17	大堂地面推尘	每20~30分钟一次
18	大堂洗手间	每小时全面清理一次
19	客用电梯	每30分钟清理一次

任务五 客房服务质量控制

 **案例导入**

> **为什么要有服务意识？**
>
> 某饭店客房服务员刘鹏总结自己的服务工作时说:"客人花钱想要买到什么？单纯的吃饭睡觉？答案当然是否定的。客人想得到的是舒适的，方便的，安全的，体现身份、社交地位，备受尊崇的身心享受。再说，客人毕竟不是慈善家，他们的消费需要优质的服务来回报，而我们对客人服务也不是对客人施恩，而是客人给予我们提供服务的机会。"由此可见，良好的服务意识是客人非常关心的，也是员工应有的基本素质。

 思考　谈谈你对酒店服务意识内涵的理解。

一、明确客房服务质量标准

（一）服务操作标准

服务操作标准主要是指饭店为保证客房服务质量水平对服务工作提出的具体要求。服务操作标准不对服务效果做出明确的要求，只对服务工作本身提出具体要求。例如，客房床单一日一换、大堂地面每隔一小时推尘一次。

（二）服务程序标准

服务程序标准是指将服务环节根据时间顺序进行有序排列而形成具有逻辑顺序的服务步骤。如果服务环节中有一个步骤出现问题，就会使客房服务质量受到很大影响。确定客房服务程序标准是保证服务质量的重要举措。

（三）服务效率标准

服务效率标准指在对客服务中建立的时效标准，以保证客人得到快捷、有效的服务。例如，客房服务中心接到客人要求服务的电话 3 分钟内必须为客人提供服务等。

（四）服务设施用品标准

服务设施用品标准指饭店对客人直接使用的各种设施和用品的质量和数量做出严格的规定。设施和用品是饭店服务产品的硬件部分，其使用标准的制定直接影响到客房产品质量水平的一致性。

(五)服务状态标准

服务状态标准指饭店针对给客人所创造的环境状态、设施使用保养水平提出的标准。例如,客房设施应保持完好无损,所有电器可以正常使用。

(六)服务态度标准

服务态度标准指对服务员提供面对面的服务时所应表现出的态度和举止礼仪做出的规定,如服务员接待客人时应面带微笑。

(七)服务技能标准

服务技能标准指客房服务员所应具备的服务素质和应达到的服务等级水平,包括服务经验、服务知识、操作技能等,如一名客房清扫员应能在 30 分钟左右完成一间标准客房的清扫工作。

(八)服务语言标准

服务语言标准指饭店规定的待客服务中所必须使用的标准化语言。饭店在欢迎、欢送、问候、致谢、道歉等各种场合下要求员工使用标准语言,如"请""谢谢""您好""再见""对不起"等。使用标准化语言可以提高服务质量,确保服务语言的准确性。

(九)服务规格标准

服务规格标准指饭店对各类客人提供服务时所应达到的礼遇标准。例如,规定对入住若干次以上的常客提供服务时必须称呼客人姓名;对入住豪华套房的客人提供印有客人烫金姓名的信纸、信封。

二、强化员工培训

服务是无形产品,服务质量的高低直接取决于服务人员素质的高低,而培训是提高员工素质的有效手段,饭店应把培训工作列为重点工作来抓。

(一)服务态度培训

1. 服务意识培训

服务意识是饭店全体员工在与一切饭店利益相关的人或组织的交往中所体现的为其提供热情、周到、主动的服务的欲望和意识。服务意识是员工应该具备的基本素质之一,同时也是提高服务质量的根本保证。客房部要利用各种机会对员工进行服务意识培训。

2. 微笑服务培训

微笑服务是客房员工为客人提供真诚服务的具体体现,是服务工作所要求的基本礼貌礼节,是优质服务的基本要求。培训的要点是帮助员工树立良好的心态和正确的服务观念。

3.礼貌服务培训

礼貌服务培训的重点是：语言美、仪态美。

（二）接待服务技能培训

服务技能和操作规程是提高客房服务质量和工作效率的重要保障，客房部服务员必须熟练掌握。客房部可以通过强化训练、组织竞赛等多种手段来提高客房服务员的服务技能。

三、加强与饭店其他部门的合作与协调

要提高客房服务质量，还必须做好与饭店其他部门的合作与协调工作，特别是前厅部、工程部、餐饮部、保安部等部门。客房部与这些部门联系密切，客房部的对客服务工作必须得到上述部门的理解和支持才能顺利完成。客房部也必须理解和支持上述部门的工作，加强与这些部门的信息沟通。

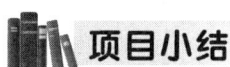
项目小结

客房服务是饭店服务的主体之一。客房服务就是指客房服务人员为满足客人提出的各种合理要求，向客人提供的各种服务。客房对客服务的主要特点是：体现出"家"的氛围，对客服务的表现形式具有"明暗兼有"的特点。

客房服务一般分为常规服务与个性化服务两种。针对不同的客人，应为他们提供符合其特点的服务。

客房的优质服务是指能够带给住店客人生理上和精神上美好享受的服务，主要由客房设施设备及用品质量、客房环境质量和客房员工的服务质量构成。提供优质的客房服务的基本要求是：服务设施规格化、服务用品规范化、服务态度优良化、服务操作系列化。

综合能力训练

基本训练

一、解释

客房服务　送餐服务　个性化服务　客房的优质服务

二、选择

1. 客房楼面接待服务包括的三大环节是（　　）。
   A. 迎客登记服务—楼层迎接服务—离店送客服务
   B. 迎客服务的准备—楼层迎接服务—入住规范服务
   C. 迎客服务的准备—到店的迎接服务—送客服务
   D. 迎客服务的准备—入住规范服务—离店送客服务

2. 饭店行业对客房遗留物品的保管期没有硬性规定，惯例为（　　）。
   A. 1个月　　　　B. 1~2个月　　　　C. 3个月　　　　D. 3~6个月

3. 客房温度一般控制在（　　）时最为舒适。
   A. 16℃~26℃　　B. 21℃~24℃　　C. 20℃~24℃　　D. 18℃~26℃

4. 对贵宾提供的服务内容主要包括（　　）。
   A. 准备周全　　B. 及时　　C. 细节服务　　D. 反复检查　　E. 针对性服务

5. 客房的优质服务具体表现为客人的感受，即（　　）。
   A. 舒适感　　B. 方便感　　C. 亲切感　　D. 安全感　　E. 物有所值感

三、思考

1. 客房服务的模式有哪些？各有哪些优缺点？
2. 客房常规服务项目有哪些？
3. 个性化服务的内涵是什么？
4. 提供优质的客房服务有哪些基本要求？

四、案例分析

不礼貌的超越

某饭店的客房区域，一对香港夫妇从房间出来，边说着话边向电梯厅走去。这是赵先生和他的太太，他们是饭店的长住客人。这时，一名客房服务员急匆匆地从客人后面走来，从赵先生夫妇的中间穿过，超越了客人，并且连一点示意也没有。赵先生看着超过自己的客房服务员皱起了眉头，叫住了前面的服务员，说："你这样做是不对的，这不像饭店的服务员。"服务员意识到了自己的问题，马上说："对不起，赵先生，我有点急事。"赵先生说："你有急事可以超过我，但你不能这么超越。"

在楼层巡视工作的客房主管看到了刚刚发生的一幕，就走了过来，向赵先生道歉。赵先生诚恳地说："其实我倒没关系，我只是觉得我们做服务的人，应当有一种好的精神面貌、良好的修养和宾客意识，处处体现出严谨和规范。"

问题：
1. 此案例中饭店客房服务人员违反了服务规定，应怎样在行走中超越客人？
2. 饭店管理方应怎样处理此案？

······ 技 能 训 练 ······

一、任务名称

对商务客人（残疾人、儿童等）的服务。

二、任务目标

1. 通过模拟情景教学，学生温习对不同类型客人进行服务的相关知识，掌握服务的程序、要点、技巧。

2. 学生通过设计情景剧，分组表演，锻炼创造能力、组织能力、表现力，增强对客房服务角色的体验。

3. 形成学习小组，通过对项目任务的设计、表演，充分了解对不同类型的住店客人的服务程序和技巧，增强对客服务的体验，产生客人至上的意识，提高学以致用的能力。

三、任务实施

1. 对所教班级进行分组，每组 4~6 人为宜。
2. 小组进行任务分配，设计情景剧，课余进行排练。
3. 各小组课堂表演，其他小组进行记录、点评、打分。
4. 各组表演结束后，各小组进行总结。
5. 教师进行点评、总结，启发学生，帮助学生进一步提高。
6. 随堂进行。

四、 成果考核

1. 各组提交情景剧本和总结。
2. 教师根据学生提交的作业、行为表现计分,并纳入平时成绩。

模块三　管理篇
MANAGEMENT ARTICLES

项目六 客房部用品与设备管理

学习目标

通过学习，你应该达到：

1. 描述客房部的用品和设备。
2. 会计算客房用品、设备的需求量。
3. 知道客房用品、设备管理与控制的方法。

任务一 客房部用品与设备的配置

案例导入

"非常满意"

盛夏的一天，罗总风尘仆仆地入住华文饭店。沐浴更衣后，罗总一身轻松。她随手打开房间内的小冰箱，发现里面正好摆放着自己喜欢的冰镇果汁饮料。她一边享受着饮品，一边环视整个客房。罗总是个经常光顾饭店的商务女性，对客房内的物品配备比较熟悉，每次入住饭店后，她总会仔细观察饭店为她的房间提供了什么用品。"床上用品、文具用品、家具、灯具、卫生用品、毛巾……"她的眼睛扫过房间内的所有物品。她发现这家饭店提供的客房用品样样齐备，而且品质非常好，于是，她欣然在"宾客征求意见卡"上写下了"非常满意"四个字。

思考 1. 饭店客房通常配备哪些用品？
2. 客房用品可以分为哪几类？

对客房部用品与设备进行科学管理，不但可以保证饭店客房部和相关部门经营业务的正常进行，而且可以提高客房用品与设备的使用率，延长客房设备的使用周期，为饭店开源节流，有效加强成本控制。

归属客房部管理的用品与设备种类非常多，一般情况下，这些用品与设备被划分为一次性消耗品和多次性消耗品，或者划分为循环使用物品和非循环使用物品，或者将用品和设备按其用途分为棉织品、员工制服、清洁设备、客房租借品、客房供应品、客备用品、清洁剂与小型清洁工具、洗衣房设备、家具、电器设备、卫生设备、安全装置等。

一、棉织品

由客房部管理的棉织品包括：客房床上用品、卫生间洗浴用品、餐饮部餐桌用品、其他棉织品（表6-1）。

表 6-1　棉织品

客房床上用品	床单、被套、床垫衬垫、床罩、被罩
卫生间洗浴用品	浴巾、手巾、面巾、地垫巾、专用毛巾
餐饮部餐桌用品	台布、餐巾、桌裙
其他棉织品	地毯、装潢布料、窗帘、抹布、拖布

二、员工制服

饭店员工制服的种类、数量及规格多种多样，这是因为每种岗位的制服都不一样，且每种岗位的制服又分为男款和女款两类，男、女款又各有大、中、小号。通常情况下，饭店各部门的员工制服都是由客房部来负责储存、发放和管理的。

三、清洁设备

清洁设备主要包括清洁客房及公共区域所需的主要机器与设备，以及洗衣房设备，洗衣房设备主要有洗衣机、干衣机、熨平机、折叠机、蒸汽柜、棉织品运载车辆、缝纫机、运输小车等。关于清洁设备的知识详见本书"项目三·任务一"的"四、客房清洁用具"。

四、客房租借品

这类物品一般不放在客房内，而是存放在客房服务中心，供客人临时需要而借用，此项服务不收费。客房部向宾客借出的物品通常有：熨斗、熨衣板、针线包、吹风机、闹钟、儿童床、床板、变压器、电热垫、冰袋、剃刀、卷发钳、手杖等。

五、客房供应品

客房供应品是客人可以带离饭店的东西，包括香皂、洗衣袋、礼品袋、鞋擦、文具、一次性拖鞋、擦鞋布、洗浴液、洗发液、牙具、淋浴帽、梳子、卫生卷纸、火柴、面巾纸、茶叶、针线包、圆珠笔、明信片等，也叫一次性消耗用品。

六、客房备用品

这类物品是放在客房或在客房内使用的,一般不允许客人带走,包括衣架、卫生间防滑垫、棉织品、茶水具、酒具、烟灰缸、服务夹等。

七、清洁剂与小型清洁工具

清洁剂包括多功能去污剂、消毒剂、杀菌剂、金属擦亮剂、家具上光剂等,小型清洁工具有扫帚、拖把、抹布、窗刷、簸箕、拖把绞干器、清洁提桶、橡皮手套、口罩、海绵等。

八、洗衣房设备

洗衣机。洗衣机的基本功能是洗净棉织品污迹和脱水,洗涤规格从25~1200磅型不等。饭店内的洗衣机有很多室,可以同时放置几批棉织品,或者是每个室承担一项洗涤任务。新型的洗衣机具有自动分发洗涤剂和其他溶液的功能。

干衣机。干衣机通过高温气体流经的旋转滚筒来除去洗涤物品的水分,所使用能源主要是燃气、电或蒸汽。为保证干衣机功能的正常发挥,一是要做好保养工作,二是最好保证洗衣房内干衣机的能力要大于洗衣机2倍左右。

蒸汽柜与蒸汽通道。蒸汽柜与蒸汽通道主要用于消除厚重棉织品的折皱,包括毯子、床罩、帷帘等。蒸汽柜仅是一只箱子,棉织品挂在内,蒸汽自然使折皱抹平。蒸汽通道实际上是加长了的蒸汽柜,其内所挂棉织品会自动移动地通过蒸汽管道,皱痕在移动过程中被除去。目前,这类设备使用成本较高,只有特大型饭店才会使用。

熨平机与熨烫机。熨平机是滚动式熨平棉织品,熨烫机是压平式熨平棉织品。

折叠机。折叠机是帮助员工折叠棉织品的设备。其优点是集烘干、熨烫、折叠于一身,并可以确定棉织品的折叠点,以及堆放棉织品。

车辆和运输设备。这些设备是指用于搬运棉织品的小车、吊顶轨道系统和运送管道。

九、家具

客房家具从功能上划分,有实用性家具和陈设性家具两大类,其中以实用性家具为主。客房使用的实用性家具主要有卧床、床头柜、写字台、软座椅、小圆桌、沙发、行李架、衣柜等。陈设性家具有画框、屏风、花架及其他装饰品。

十、电器设备

照明灯具。客房内的照明灯具主要有门灯、顶灯、地灯、台灯、吊灯、床头灯等,它们既是照明设备，又是房间的装饰品。

电视机。电视机是客房的高级设备，可以丰富客人的生活。

空调。空调是使房间一年四季都保持适当的温度和调换新鲜空气的设备。客房的墙面上都有空调旋钮或开关，风量分"强、中、弱、停"四挡。

音响。通常，饭店在床头柜内安装音响装置，供客人收听有关节目或欣赏音乐。床头柜上还装有电视机、地灯、床头灯的开关，以及传唤服务员的按钮等。

冰箱。为了保证饮料供应，有些客房内设有小酒吧，在冰箱内放置酒品饮料，客人可根据需要随意饮用。

电话。房间内一般设两部电话机，一部放在床头柜上，另一部装在卫生间。这样，客人就不会因在卫生间而影响接电话。

十一、卫生设备

卫生间的设备主要由洗脸台、浴缸、坐厕、毛巾架、镜子、灯具、垃圾桶等组成。洗脸台上一般装有面镜。浴缸边上有浴凳、浴帘，下面铺有胶皮防滑垫，有冷、热水龙头和淋浴喷头。饭店里一般有恒温器，能自动供热水，还有手纸架、毛巾架及通风设备等。

十二、安全装置

为了确保宾客的生命和财产安全，预防火灾和坏人肇事，客房内一般都装有烟雾感应器，门上装有窥镜和安全链，门后张贴安全指示图，标明客人现在的位置及安全通道的方向。楼道装保安电视，可以监视楼层过道的情况。客房及楼道还装备自动灭火器，一旦发生火灾，安全阀即自动熔化，水从灭火器内自动喷出。安全门上装有昼夜明亮的红灯照明指示灯。在面积较大的空间，还安装有防火墙。

阅读材料

五星级饭店客房用品与设备

一、房间的设备与用品

1. 床（配备床单、被套、床衬垫、枕套、枕芯、被芯）；
2. 床头柜；
3. 床头灯、夜灯、落地灯、台灯、走道灯；
4. 茶几；
5. 扶手椅或沙发；
6. 写字台；
7. 琴凳；

8．文具用品、服务指南、服务指南夹、住宿须知、旅游交通图、旅游景点介绍、饭店报刊；
9．行李架；
10．电视机；
11．小冰箱（配备酒水饮料、饮用器具、价目表）；
12．送餐菜单和饮料单；
13．免费茶叶、咖啡；
14．电话机；
15．衣柜（内放衣架、洗衣袋、礼品及擦鞋篮）；
16．凉水瓶、电水煲；
17．垃圾桶；
18．遮光窗帘；
19．房间装饰品（有绿色植物）；
20．中央空调；
21．互联网接入口及使用说明；
22．国际标准型3线插座器；
23．烟感报警器、门窥镜、门铃、防盗装置、安全指示图；
24．高级地毯或优质木地板。

二、卫生间设备与用品

1．浴缸（淋浴厢），配备冷、热水开关装置，淋浴喷头，浴帘；
2．梳妆台；
3．梳妆镜；
4．面盆；
5．抽水马桶；
6．排风扇；
7．照明设备；
8．110/220V电源插座、电话副机；
9．吹风机；
10．毛巾架；
11．毛巾：每床位配备方巾、面巾、浴巾各一条，地巾按房间数计一条（大床两条）；
12．盥洗用品（每个床配洗发液、沐浴液各一瓶，洗浴香皂、洗面香皂各一块，牙具、梳子、浴帽各一个）；
13．卫生卷纸一卷，盒装纸一盒，女宾清洁袋一个。

任务二 客房部可循环使用物品管理

案例导入

张先生一家的遗憾

母亲节就要到了,平常总是忙碌的张先生决定好好陪一陪母亲,以尽自己的孝心。张先生在某饭店预订了酒宴,邀请了所有的亲戚朋友来为老太太助兴。筵席开始,这一大家人推杯换盏,十分高兴。在这兴头上,晚辈们都想给老太太献歌祝福,特别是张先生,想给母亲献上一首老人家最喜欢的京剧曲目,刚拿起话筒,卡拉OK传出刺耳的尖叫声,再过一会,机器不再出声了。服务员赶快请来音响负责人,一检查,卡拉OK坏了,需要1个小时才能修好。虽然服务员满怀歉意,但遗憾还是堆满了张先生一家老小的脸庞!

思考
1. 该饭店设备管理存在哪些问题?
2. 饭店设备管理有何意义?

对客房部可循环使用物品的管理主要针对多次性的消耗品,包括棉织品、员工制服、清洁设备、客房租借品、家具、电器、安全装置等。

一、棉织品管理

棉织品是客房部最重要的可循环使用的物品,是客房部仅次于劳务开支的营业成本项目。适量的棉织品配置、有效的棉织品使用控制,是管理好棉织品、减少开支、增加收益的关键。

(一)确定棉织品的需求量

客房部棉织品管理的一个重要目的是保证棉织品的存量能够满足客房部平稳运营的需求,即棉织品既不会因为准备不足而导致短缺,也不会因多余造成闲置。

棉织品短缺会造成以下问题:
(1)使可出租的房间数量减少;
(2)使客人感到不快。

棉织品闲置也会造成以下问题:
(1)使用效率低;
(2)占用资金;
(3)造成浪费。

针对以上问题，确定恰当的棉织品配置数量是加强棉织品管理的首要环节。确定恰当的棉织品配置数量就是确定维持饭店客房部在一定时期内正常经营所需的最基本的棉织品备用量。在国内，通常使用"消耗定额"这个指标来控制棉织品及其他多次性消耗品的库存量。在国外，标准量数量[①]是确定棉织品库存水平的常用管理指标。

1. 棉织品的消耗定额管理

客房部棉织品的消耗定额管理就是指为保证客房经营活动正常进行，以饭店一定时期内必须消耗的棉织品数量标准为基础，将客房棉织品消耗数量定额落实到每个楼层，进行计划管理。这种管理方法的关键是要预先计算出棉织品的年度消耗定额。

确定棉织品的年度消耗定额，需要考虑饭店的档次、规模及该用品的年度损耗率。以一个标准间为例，其年度棉织品消耗定额计算公式如下：

$$A = B \times x \times f \times r$$

式中：A 表示棉织品的年度消耗定额；B 为每间客房每天的配备额；x 为饭店客房总数；f 为预测的年平均出租率；r 为用品的损耗率。

例：

某饭店有标准间400间，每个标准间配备3套（每套4张）床单。预计客房平均出租率为75%。在床单的更新周期内，床单的年度损耗率为35%，求其年度消耗定额。

根据上述公式计算得：

床单的年度消耗定额 $= B \times x \times f \times r = 3$（套）$\times 400$（间）$\times 75\% \times 35\% = 315$（套）。

或者：

床单的年度消耗定额 $= B \times x \times f \times r = 3 \times 4$（张）$\times 400$（间）$\times 75\% \times 35\% = 1\,260$（张）。

2. 棉织品标准量数量控制

标准量数量是指满足典型客房部运营所需要的物品标准库存品水平。客房棉织品的一个标准量数量是指满足客房部所有房间一次配置所需要的棉织品总量，也称为一个饭店配置（house setup）。

要做到明确饭店客房部棉织品的标准量数量，需要仔细考虑棉织品的洗涤周期、洗涤方式（外包洗涤还是店内洗涤）、更换频率、应急准备等因素。

根据经验，大中型饭店客房部每年至少应保持5个标准量的棉织品配置数量，采用外包洗涤服务的饭店每年应确定6个标准量的棉织品配置数量。

[①] Margaret M. Kappa, Aleta Nitschke, Patricia B. Schappert 著，潘之东主译：《饭店客房管理》，中国旅游出版社2002年版。

拓展训练

标准量数量计算练习

某饭店客房部使用店内洗衣服务方式,现需要为200张床各配备两张床单。

计算:

1. 为200张床配置的一个标准量床单是多少?
2. 客房内200张床使用的一个标准量床单是多少?
3. 储藏室200张床使用的一个标准量床单是多少?
4. 洗衣房200张床使用的一个标准量床单是多少?
5. 为200张床更换用的一个标准量床单是多少?
6. 紧急情况为200张床备用的一个标准量床单是多少?
7. 该饭店客房部为200张床应配置的床单确定为几个标准量?

解题:

1. 200张床*2张床单/每床=400张床单/标准量
2. 客房内一个标准量:1×400张床单=400张床单
3. 储藏室一个标准量:1×400张床单=400张床单
4. 洗衣房一个标准量:1×400张床单=400张床单
5. 更换用一个标准量:1×400张床单=400张床单
6. 紧急情况备用一个标准量:1×400张床单=400张床单
7. 客房床单标准量数量=(5×400张床单)/(400张床单/标准量)=5个标准量

或:

(400张床单+400张床单+400张床单+400张床单+400张床单)/(400张床单/标准量)=5个标准量

(二) 棉织品的使用控制

棉织品的使用管理主要是规范脏棉织品的收取,干净棉织品的储藏、发放方法以及洗涤过程中的监督与控制。

1. 脏棉织品的收取

脏棉织品的收取形式有以下三种。

(1) 在客房部,设有脏棉织品输送管道,或在各楼层设有投掷窗口(也称为"布巾喉"),由客房服务员将脏棉织品从各楼层的投掷窗口投入输送管道,直接流入洗衣部的输送管房间,棉织品组或布巾室派专人对待洗棉织品进行分类和清点并送交水洗组清洗。

(2) 由棉织品收送员通过专用电梯到各楼层收取脏棉织品。

(3) 清扫房间工作结束后,由客房服务员将撤下的脏棉织品送到洗衣房或棉织品室,换取同等数量和种类的干净棉织品。

2. 棉织品的洗涤控制

棉织品的质量控制与棉织品的洗涤管理有着直接关系。如果洗衣部对洗涤的温度、水质、洗涤设备、洗涤剂及配置量管理不严，就会造成棉织品重复洗涤、视觉效果不佳、破损率增加等现象，从而缩短棉织品的使用寿命，增加成本。

为减少洗涤过程中对棉织品的磨损，洗涤前应对棉织品的样品进行洗涤试验，掌握其褪色、缩水、熨烫、抗拉伸等质量标准。有的样品需要经过多次洗涤才能掌握其质量标准。将确认合格的样品封存存档，待批量购置后检查其质量的一致性。

3. 干净棉织品的储藏

为客房部配备的棉织品总是在客房部与洗衣房之间不停地流动。为了保证棉织品的平整和安全，客房部会制定相应的管理程序。

（1）洗净的棉织品在使用前应至少在储藏室放置24小时，这样有利于延长棉织品的使用寿命，并使棉织品定型、平整，分类上架。

（2）储藏室保持干燥、通风、透气，存物架光滑平整，不会勾拉棉织品纤维；储藏室空间够用，不使棉织品挤压。

（3）新棉织品投入使用前必须先经过洗涤，在存物架上搁置一段时间，使其散热透气后再使用。

（4）储存棉织品时，不能和客房的化学物品或食品存放在一起。储存间要保持清洁，相关工作人员应不断巡视，进行安全检查。

（5）主储藏室、洗衣房附近的分发室、楼层棉织品壁橱是放置棉织品的主要位置。

（6）储藏室要上锁，并建立规范的钥匙管理制度，对主储藏室内未曾用过的新棉织品采取专项管理措施。

4. 干净棉织品的发放

在一个规范的大型饭店中，客房部棉织品由楼层分发。各楼层棉织品壁橱中始终维持楼层棉织品必要的配备量或足够的标准量数量。楼层的一个标准量是指某一楼层棉织品壁橱管辖的所有客房一次配备各类棉织品所需的棉织品数量。客房部管理者根据总台的开房率报告（房状表），确定各楼层壁橱的棉织品分发需求量，同时根据总台的房况报告，制定补足楼层棉织品的申领单（向洗衣房、各储藏室申领）。

干净棉织品的发放形式主要有以下三种。

（1）将棉织品直接发放到各楼层服务间。

这种发放形式适用于饭店各楼层设有足够面积的服务间，有独立存放棉织品的区域和货架。这种发放形式不仅可以方便楼层服务员工作，降低其劳动强度，而且可以减少棉织品的污染，有效保证了棉织品的清洁标准。

（2）洗衣房将洗干净的棉织品送到饭店棉织品室储存，由各楼层服务员在下班前推工作小车到棉织品室，备齐第二天所需的棉织品和用品。

这种发放形式的优点是：能有效统一棉织品的发放时间，减少棉织品的流通环节，易于控制棉织品；按每位服务员的工作量补充棉织品，细化了棉织品的管理形式，提高了棉织品的盘点效率和准确性。但这种形式增加了服务员的劳动量，特别是在客房出租旺季可能会发生多次领取棉织品的现象。

（3）楼层服务员下班前推工作小车直接到洗衣房领取第二天所需的棉织品。该种形式常用于不设棉织品室的饭店。

5. 棉织品盘点

每月月末，客房部要对在用和储藏的所有棉织品的实物存量进行清点。通过清点，管理者就掌握了在用棉织品和认定丢弃、损坏、遗失或需要更新的棉织品的正确数量。这项控制对做好开支预算、确保客房部正常运转非常重要。

对棉织品进行盘点，由财务部成本核算员、客房部楼层服务员、兼职财产管理员、棉织品管理员、洗衣房主管、客房部楼层主管等共同参加，对棉织品的实际数量，包括使用中的、储存的、洗涤的、报废的、丢失的、修补的、借出的等进行全面的人工清点，并将清点的数字以表格的形式记录存档。对在盘点中发现的问题，如丢失、报废、周转等进行专项分析，及时解决。

盘点实物时，不要遗漏任何可能存放棉织品的位置。棉织品通常放置的位置包括：

（1）棉织品主储藏室；
（2）客房；
（3）楼层棉织品壁橱；
（4）客房服务员工作小车；
（5）装脏的棉织品的箱子或梯运滑道；
（6）洗衣房；
（7）流动棉织品卡车或小车。

清点时，一人清点并报数，一人记录，一人核查，以确保清点无误（表6-2）。

表6-2 棉织品盘点清单示例

物品存放位置 物品种类	壁橱	小车	储藏室	客房	洗衣房	……
枕套						
特大号床单						
大号床单						
浴室地垫						
浴巾						
手巾						
洗面巾						
……						

6. 棉织品更新与补充

客房部经理应对盘点结果进行统计分析，正确判断棉织品的使用现状和进行报废决策，如将破损大床单改为单人床单、儿童床单、围裙和其他物品，将报废的床单用作擦尘抹布，将台布改为口布、垫布、厨师帽或领巾等。有的饭店为了降低棉织品的使用成本，节约储存空间，将报废的棉织品以合理的价格出售或捐献给其他机构。客房部经理还将会同洗衣部经理、棉织品管理员了解棉织品洗涤管理中的问题，必要时与棉织品供应商进行沟通，在此基础上制订棉织品的补充计划。

整体订购棉织品是在饭店开业前或棉织品需要全部更换时进行。一般情况下，客房部每年补充一次棉织品，补充的时间根据棉织品的需求状况及所需采购时间而定。

二、员工制服管理

员工制服管理是一项繁杂的工作任务。在多数情况下，客房部负责整个饭店员工制服的储藏、发放和管理。

（一）确定员工制服的需求量

加强员工制服管理的目的，一是保证饭店在职员工制服用量，二是延长员工制服的使用寿命。

与确定棉织品的需求量一样，可以采用标准量数量的方法来确定饭店员工制服的需求量。一般地，按照日洗日换原则，至少需要配备3个标准量的员工制服（一套穿在身上，一套存储藏室，一套在洗衣房洗涤）。考虑到新员工对工作制服的需求、撕毁、弄脏等情况，还要增加1至2个标准量的员工制服。

（二）储存与保管

所有的员工制服由员工制服储藏室保存并加以管理。员工制服在储藏室的管理要求如下。

（1）足够的空间。

（2）按员工制服类别放置。

（3）建立管理程序。

（4）建立用脏员工制服换取干净员工制服制度。

（5）为避免制服丢失或混穿，制服房一般为每位员工编制一个制服号码，用不掉色的笔直接标记在制服上或缝制在制服某一固定位置上。员工更换制服时，只需报出自己的号码即可。

（6）制服房应严格按部门、式样、号码顺序等将干净的制服整齐地挂在架上。制服间应留有一定的间隙，以免出现折皱。

（7）制服需要折叠的，应统一码放，标明使用部门。

（8）待修补的制服应单独摆放，并详细填写修补单。

（三）员工制服使用控制

（1）新员工到岗时，要持人力资源部发给的"制服申领单"，到制服房领取制服。人力资源部在新员工上岗培训时应详细讲解饭店制服的管理规定。有时，受饭店人员流动快、制服订购周期长等因素的限制，新员工上岗时不可能立即穿上新制服，这就需要制服房进行适当调整，合理搭配，保证及时满足员工上岗的需要。

（2）员工离职时，制服房应按规定收回离职员工制服。

（3）按各部门及员工编号详细分类记录制服使用情况。

（4）建立员工制服控制卡，记录每位员工领取制服的名称、件数、型号、部门，并让员工本人签字。按照部门或人力资源部分配的员工编号顺序，对卡式档案进行分类管理，或将其放入员工人事档案（表6-3）。

表6-3 员工制服使用控制卡示例

姓名：	日期：
岗位：	部门：
员工制服编号：	员工编号：
我承诺我对本制服负有全责，且在我变动工作岗位或脱离公司时，将归还全部员工制服。我同意公司有权在我丢失这些衣物或因非正常使用导致员工制服受损而需作修补时，由此造成的损失费由我个人赔付。同时，我明白任何时候不得将员工制服携带出饭店	
员工签名：	
客房部经理签名：	

（四）建立员工制服三级管理责任制

1. 员工个人使用员工制服的管理职责

（1）对员工制服保管、保养、管理负全责。

（2）离职时应交还员工制服。

2. 发放和收取员工制服的员工管理职责

负责发放和收取员工制服，并作登记、汇报。

3. 客房部经理的职责

（1）对保证全部员工制服处于良好保养状态负有全责。

（2）确认员工制服是否丢弃。

（3）保存对丢弃员工制服的记录。

（五）建立固定的制服盘点制度

员工制服至少每个季度清点一次，清点方法与棉织品相同。清点时，要考虑到员工制服可能放置的所有位置。员工制服清点需要在饭店所有部门的协助下进行。

客房部管理者可使用员工制服库存控制表获取各个类别与规格的饭店员工制服的正确统计数字（表6-4）。

表6-4　员工制服库存控制表

员工制服	单价	数量	规格
行李员短上衣			
行李员马甲			
行李员长裤			
行李员领结			
行李员帽子			
停车场服务员上衣			
停车场服务员长裤			
停车场服务员衬衣			
停车场服务员领结			
……			

三、客房租借品管理

（一）客房租借品的种类

客房部负责向宾客提供各种常用物品，此项服务不收费。客房部向宾客借出的物品通常有：熨斗、熨衣板、针线包、吹风机、闹钟、儿童床、床板、变压器、电热垫、冰袋、卷发钳、手杖等。

饭店借给宾客的物品种类取决于饭店的服务水平及典型客人的需求。借用物品的库存量取决于饭店的规模及预期的客户需求量大小，即饭店的类别、开房率水平等因素都会影响借出物品的种类和数量。

（二）客房租借品库存控制

1. 编制本部门全部客房租借品清单

清单上登记有每项物品的名称、制造商、供应商或售货商、购买日期、货价、保修及存放地点、存量等信息（表6-5）。

表 6-5　客房租借品清单示例

序号	物品名称	购买日期	制造商	供应商/售货商	单价	保修期	储藏位置	数量

2. 根据饭店宾客租借品政策，制定宾客借用物品管理程序

定期检查各项宾客租借品，保证物品处于正常状态并且可以安全地使用，使用客房租借品登记表控制借出物品，或者让宾客签单借用物品，或者要求客人借用物品时交押金，以及通过电话跟踪借出物品等（表6-6）。

表 6-6　客房租借品登记表示例

日期	房号	入住时间	退房时间	要求借用物品	接到电话		递送		取回	
					时间	谁	时间	谁	时间	谁

 阅读材料

客房租借品服务规范

1. 提出借用物品要求
（1）客人提出借用物品要求时，服务员应询问客人借用的物品的种类、借用期限和归还日期。
（2）检查客人借用的物品是否可借出，对无法借出的应向客人解释说明。
2. 借出物品
（1）若物品可以借出，服务员填写借用物品清单并请客人签字后，将物品交给客人。若客人要求送到房间，则通知行李员携物品和借用物品清单送到客人房间，请客人在清单上签名确认。
（2）借出物品后，通知楼层服务员，请其在客人归还时暂代保管；对于已退房但仍未归还物品的，由客房服务员协助在房内查找。
（3）交班时，填写交班记录，交代清楚情况，请同事在归还时间内跟办归还工作。

3．收回借用物品

（1）若客人到退房当天仍未归还，服务员应致电前厅收银处，请其在客人退房时通知。

（2）客人归还物品时，检查是否损坏，出现损坏马上请领班处理赔偿事宜。

（3）物品归还后，将借条当面撕毁或还给客人，并立即把"退房留言"取消。

四、设备管理

客房部管理的设备包括清洁设备、卫生设备、电器设备、家具、安全装置等。客房部对机器与设备的管理内容主要是：做好设备的选择与购买、制定设备的使用与保养制度、控制好设备的储存与保管。

（一）客房设备管理的要求

（1）适时(right time)。在要用的时候，能够及时供应，保证服务的延续性和及时性。

（2）适质(right quality)。提供使用的客房设备用品的品质要符合标准，能够满足客人的需要。

（3）适量(right quantity)。计划采购的数量要适当控制，确定合适的采购数量和采购次数，在确保适时性的同时，做到不囤积、不短缺。

（4）适价(right price)。以最合理的价格取得所需的客房设备用品。

（二）设备的选择与购买

选择客房设备，是为了选购技术上先进、经济上合理、适合饭店档次的最优设备，这有利于提高工作效率和服务质量，满足宾客需求。每个饭店要根据自身的特点，确定客房设备的选择标准，这是进行客房设备管理的基础，一般可从以下几点考虑。

（1）适应性。适应性是指客房设备要适应客人需要，适应饭店等级，与客房的格调一致，造型美观，款式新颖。

（2）方便性。方便性是指客房设备的使用方便灵活，简单易操作，同时易于维修保养、工作效率高。

（3）节能性。节能性是指能源利用的性能。随着水、电能源的日益紧张，人们的节能意识也逐渐加强。饭店用电、用水量都比较大，节水、节电成了大家比较关心的问题。在选择设备时，应该选择节能设备。

（4）安全性。安全是饭店客人的基本要求。在选择客房设备时要考虑其是否具有安全可靠的特性和装有防止事故发生的各种装置，商家有售后服务也是确保设备安全的重要条件。

（5）成套性。成套性是指各种设备的配套，以保持家具的一致性和外观的协调性。

（6）可发展性。为了配合新时代商务客人对饭店服务的需要，饭店在选购设备时要综合考虑其设备的经济性和可发展性。

以上是选择客房设备要考虑的主要因素，对于这些因素要统筹兼顾，全面权衡利弊。

(三) 客房设备管理措施

1. 核定需要量

客房部设备需要量主要由各设备使用部门根据经营状况和自身的特点提出计划，由客房部与各相关主管部门进行综合平衡后确定。

2. 做好设备的分类、编号及登记，建立设备档案卡

为了避免各类设备之间互相混淆，便于统一管理，客房部要对每一件设备进行分类、编号和登记。凡来库房领取物品都要登记，每个使用单位一本账，以便控制设备的使用情况。

将设备分类、编号后，需要建立设备档案卡，记下设备的名称、型号、规格、编号、数量、供货商、购买日期、价格、预计使用寿命、保修信息、存放位置、当地服务联系方式，以及各种设备的附件和库房内保管的备件(皮带、吸管等)。建档后，客房部还可根据具体情况对其进行补充或修改（表 6-7）。

表 6-7　设备档案卡示例

序号	名称	型号	制造商	供应商	购买日期	单价	预计使用寿命	保修信息	本地维修	所需备件/附件	数量	存放位置

3. 分级归口管理

客房设备实行分级归口管理，即将设备物品管理与部门、班组的岗位职责结合起来，在确保服务质量和合理限度的情况下，还可考虑实行"增收节支有奖、浪费受罚"的奖惩措施。所谓分级，就是根据饭店内部管理体制，实行设备主管部门、使用部门、班组三级管理，每一级都有专人负责设备管理。所谓归口，就是将某类设备归其使用部门管理，如客房的电器设备归楼层班组管理。几个部门、多个班组共同使用的某类设备归到一个部门或班组,以它为主负责面上的管理,而由使用的各个部门、各个班组负责点上的使用保管、维护保养。分级归口管理有利于调动员工管理设备的积极性,有利于建立和完善责任制,切实把各类设备管理好。

分级归口管理实施的关键是:一是要设备账卡清楚,各级各口管理的设备用品数量、品种、价值要清楚和有案可查;二是要完善岗位责任制、维修保养制度和安全技术操作制度等规章制度;三是与经济利益挂钩。

4. 客房设备的日常保管和使用控制

客房设备分级归口以后,班组和部门要设立设备管理员,并在客房部的领导下,与服务员一起共同负责本班组或部门设备的日常管理和使用。班组管理员一般可由班组长兼任。在设备的使用过程中,既要明确班组、个人使用设备的权利,更要明确他们用好、管理好各种设备的责任。责任定得越明确,对设备的使用和管理越有利,也就越能更好地发挥设备的作用。

5. 建立完善的设备使用培训制度和保养维修制度

为保证清洁设备的正常运行和延长机器的使用寿命,要经常培训员工,使其了解各种清洁设备的正确使用方法,并严格按程序操作,同时注重对清洁设备的日常保养和定期保养。客房清洁设备的更新往往根据其质量、使用和保养情况来定。

6. 实物盘点

盘点时,应对照设备档案卡逐个清点核实,所有的附件及备件也应点数并做记录,最后还应试用一下所有的机器,以确保其工作正常。

阅读材料

饭店万能工

1. 饭店万能工的含义

"万能工"是指打破传统单一工种分工,集室内装修、水电、管道、机械修理技能于一身的新工种。饭店万能工是美国假日饭店集团创建的,是针对饭店的客房及其他公共区域的设施设备进行有计划维修管理而设立的一个科学、高效和专业化的特殊工种,其目的是保证饭店各区域的设施设备以一个良好的工作状态运行,有效降低空房率,延长饭店硬件更新改造的周期,最终使饭店的管理运行成本大幅度降低,让饭店的经营效益实现最大化。

在饭店,一般由工程部负责对万能工进行招聘、选拔、录用、培训和评估。客房部对万能工的服务质量负有督导责任。

饭店万能工负责客房的全面维修和保养工作,工作范围涉及电、钳、管、木、油、空调等多项领域。饭店万能工要求技术全面,熟悉客房设备,有较丰富的客房设备维修保养经验,能独立、全面地完成客房的维修保养工作。

2. 饭店万能工的岗位职责

（1）听从部门经理的工作安排。

（2）负责对饭店营业场所的设施设备进行有计划的循环维修保养，以及不超过4小时工时的单项维修工作，保证工作质量，并按时完成任务。

（3）努力学习和钻研业务技术，较全面地掌握电、管道、空调、铜、木、漆工和地毯、沙发等工种的维修技术。

（4）循环维修保养工作量的标准是每天每人四间房，并认真做好各项维修记录和工作周报。

（5）树立服务思想，自觉做好维修保养的收尾工作，人走场地清，不污染和损伤地面、墙面及其他部位。

3. 饭店万能工的主要工作内容

（1）与客人沟通，了解客人对客房设备维修保养的想法。

（2）熟练使用各类维修工具及设备。

（3）更换电源按钮、插头、各类容器等，保证宾客使用时的安全。

（4）维修或更换门锁。

（5）修补壁纸和天花板。

（6）修理和油漆门窗。

（7）维修、更换固定的装饰物及电器设备，如床头灯、窗帘及其滑轮等。

（8）维修家具设备，如沙发、座椅、办公桌、行李架等。

（9）维修、更换淋浴喷头、浴巾架、浴帘滑轮、浴池水龙头等。

（10）修补地毯等。

4. 饭店万能工的工作标准

（1）按照既定的计划完成检修，不搞突击性的检修。

（2）工具车停放在客房门口，在公共区域检修时停置在不影响客人活动的地方。

（3）检修客房时，应请服务人员敲门，并在检修过程中始终打开房门。

（4）工作中不得使用供客人使用的设施。

（5）检修期间采取有效手段（铺垫废布草），保障饭店设施的完好。

（6）工作量超过3小时的任务或不属于自己工作范围的问题，要采用报修单经工程部主管以上人员签字，下派至各专业班组。

（7）现场作业完成，须及时清理现场，并通知客房服务员检查验收房间，以便作进一步清洁。

（8）每间每项工作完成，认真填写巡查项目记录。

（9）客人提出的各种维修要求，应视为紧急维修，优先处理，并要求服务人员补开报修单。

（10）为客人提供开锁或保险箱服务时，必须通知值班经理和保卫人员到现场；对客人提出的高档或技术含量强的维修对象，可以引导客人到社会上维修。

（11）万能工的公用工具由工程部保管或协调；个人工具在工程部办理登记手续，由员工个人保管，若遇丢失或非正常使用损坏，员工个人负责购买赔偿（正常报损按相关标准进行）。

（12）备品备件等维修消耗材料在办理领取手续（按工程部相关标准进行）后到仓库领取。

任务三 客房部非循环使用物品管理

案例导入

> **饭店"六小件"**
>
> 饭店"六小件"是指一次性牙刷、一次性牙膏、一次性香皂、一次性浴液、一次性拖鞋、一次性梳子。"六小件"全部是一次性消耗用品,不便回收利用,浪费较大。2011年1月1日,经国家质检总局、国家标准化管理委员会批准,《旅游饭店星级的划分与评定》标准取消了"六小件"作为饭店客用品的硬性要求,但饭店取消"六小件"后遭到大量客人的投诉。尽管如此,国家旅游局颁发的《绿色旅游饭店》仍旧要求客房要尽量减少使用"六小件"等一次性消耗品。

思考 1.饭店提供"六小件"有什么意义?
2.为了减少"六小件"的浪费,饭店可以采取哪些管理办法?

客房部管理的非循环使用物品主要包括客房供应品、客房备用品、清洁剂与小型清洁工具。在这里,非循环使用物品并非都是一次性消耗品,除客房供应品外,客房备用品、清洁剂与小型清洁工具可以重复使用,但这些物品价值较低,而且比较容易损坏、丢失,或者被消耗掉(表6-8)。

表6-8 客房部非循环使用物品

客房供用品	香皂、洗衣袋、礼品袋、鞋擦、文具、一次性拖鞋、擦鞋布、洗浴液、洗发液、牙具、淋浴帽、梳子、卫生卷纸、火柴、面巾纸、茶叶、针线包、圆珠笔、明信片……
客房备用品	衣架、卫生间防滑垫、棉织品、茶水具、酒具、烟灰缸、服务指南……
清洁剂与小型清洁工具	清洁剂有多功能去污剂、消毒剂、杀菌剂、金属擦亮剂、家具上光剂等,小型清洁工具有扫帚、拖把、抹布、窗刷、簸箕、拖把绞干器、清洁提桶、橡皮手套、眼罩、海绵……

客房部非循环使用物品价值虽然较低,但品种多,用量大,不易控制,容易造成浪费。因此,应将这些物品消耗数量定额落实到每个楼层,进行计划管理,用好客房用品,达到增收节支的目的。

一、制定非循环使用物品的消耗定额

非循环使用物品的消耗定额确定了饭店一定时期内为完成客房接待任务所必须消耗的非循环使用物品数量，并逐月分解和落实到每个楼层，来加强计划管理，达到增收节支的目的。

非循环使用物品消耗定额的制定方法，是以标准间配备为基础，确定每天的需要量，然后根据预测的年平均出租率来制定年度消耗定额，其计算公式如下：

$$A = B \times x \times f \times 365$$

式中：A 为单项客用品的年度消耗定额；B 为一个标准间每天的配备数量；x 为客房数；f 为预测的年平均出租率，365 为一年内的天数。

例：某饭店有客房 300 间，年平均出租率为 80％，梳子、圆珠笔的每个标准间每天配备额分别为 2 把、1 支。求该饭店梳子、圆珠笔的年度消耗定额。

解：

牙膏的年度消耗定额 $= B \times x \times f \times 365 = 2（把）\times 300（间）\times 80\% \times 365 = 17.52（万把）$；

圆珠笔的年度消耗定额 $= B \times x \times f \times 365 = 1（支）\times 300（间）\times 80\% \times 365 = 8.76（万支）$。

确定消耗定额标准后，就要按定额进行供应，满足需要。同时，对各楼层消耗不足和超额消费的物品可以进行内部调剂，尽量控制物品消耗总量不突破计划指标。

二、非循环使用物品的管理控制

客房部对非循环使用物品的日常控制，一般采取三级控制的方法。

（一）领班管理

1. 通过工作表控制员工对非循环使用物品的领用量

楼层领班通过服务员的客房清洁报告控制每个服务员领用的非循环使用物品，分析和比较各服务员每房每客的平均耗用量。服务员按规定数量和品种为客房配备和添补用品，并在服务员工作表上做好登记。领班凭服务员工作表对服务员领用客用品情况进行核实，防止服务员偷懒或克扣客人用品，将客用品据为己有。

2. 通过领班的检查与督导加强控制

领班通过现场指挥和督导，减少客用品的浪费和损坏。如，领班要求服务员在引领客人进房时，必须按服务规程介绍房间设备用品的性能和使用方法，避免不必要的损坏。领班还应督导和检查服务员清扫房间的工作流程，杜绝员工的野蛮操作。例如，少数员工可能在清洁整理房间中图省事，将一些客人未使用过的消耗品当垃圾一扫而光，或者乱扯乱扔客房用品等，领班如果发现此类情况应及时对其加强爱护客房用品的教育，尽量减少浪费和人为的破坏，必要时应给予一定的经济处罚。

(二)中心库房对客房用品的控制

设立客房部中心库房的饭店,可由中心库房的物品领发员或客房服务中心对客房楼层的非循环使用物品消耗总量进行控制。他们还负责统计各楼层每日、每周和每月的客房用品使用损耗量,结合客房出租率及上月情况,制作每月客房用品消耗分析对照表。

(三)客房部的管理

客房部对非循环使用物品的管理制度由楼层主管或客房部经理负责制定,其目的是用制度管人、管物,如员工上班不能带包到工作岗位、上下班必须走员工通道等。同时,可努力为员工创造不需要使用客房用品的必要条件,如在工作间、更衣室及员工浴室配备员工用的挂衣架、手纸、香皂等,以免员工拿用客房用品。

此外,还要防止客人的偷盗行为。这就要求饭店实行访客登记制度,少设置出口通道,尽可能在各种非循环使用物品上标上饭店标志,管理好工作车等。

阅读材料

客房部非循环使用物品最佳库存量确定方法

一、确定非循环使用物品最佳库存量应考虑的因素

1. 用品消耗率。
2. 饭店处理购买需求及下订单所需时间。
3. 供货商送货所需时间。
4. 储物空间。
5. 物品保质期。
6. 客房出租率。
7. 用品使用率。
8. 饭店资金状况。

二、确定非循环使用物品的最佳库存量

非循环使用物品最佳库存量可视为该项物品的特定标准量数量。

一项非循环使用物品(如清洁剂)的标准量数量是介于最小储备量与最大储备量之间的一个数字。

最小储备量是指订货到交货间隔期间所需使用掉的物品数量与该项物品安全储备量之和。

安全储备量是指在各种情况下客房部为平稳运行必须保有的购置物品的数量,这些情况包括紧急事件、物品损坏、送货意外延迟等。

最大储备量是指始终备存的物品件数。

三、非循环使用物品的最佳库存量计算

某饭店高峰期间客房平均出租量为 200 间,且每天每间客房用掉 1 块肥皂(该肥皂以 1 箱为最小订货单位,每箱 1 000 块)。该客房部经理经过调查发现:第一,现在使用的这种肥皂的存放期限短(5 天以内);第二,饭店处理订货到交货时间是 5 天;第三,5 天的供应量完全可以应付紧急事件、物品损坏、送货意外延迟等情况下的肥皂需求。根据这些信息,客房部经理确定每月订购一次肥皂,即每隔 30 天订货 1 次。

请计算:
1. 肥皂的最小储备量。
2. 肥皂的最大储备量。
3. 肥皂的最佳库存量。

计算:

肥皂的最小储备量:

(1) 订货到交货间隔期间所需使用掉的物品数量:1块×200间/天×5天=1 000块(1箱)。

(2) 安全库存数量:1块×200间/天×5天=1 000块(1箱)。

(3) 肥皂的最小储备量=订货到交货间隔期间所需使用掉的物品数量+安全库存数量= 1箱+1箱=2箱。

肥皂的最大储备量:

肥皂的最大储备量=两次订货间隔的时间/1箱肥皂可使用的天数+最小库存数量

(1) 1箱肥皂可使用的天数=1 000块/(200块/天)=5天。

(2) 肥皂的最大储备量=30天/5天+2箱=8箱。

肥皂的最佳库存量:

肥皂的最佳库存量就是最小储备量和最大储备量之间的任一数值,即该肥皂的最佳库存量可以是3箱、4箱、5箱、6箱、7箱。

 阅读材料

客房部低值易耗品发放管理规定

1. 仓库按住房率补充物品数量。
2. 每星期发一次物品,物品到各楼层均由领班负责,每两星期按要货单认真做一次盘点。
3. 各楼层物品急需时,主管负责调整,再列出所需物品的数量,派人到仓库统一领取,否则仓库不予发放。
4. 客人需要牙具,由办公室人员通知员工领取,仓库管理人员只有将此类物品送到办公室的责任,没有随意发放的权力,违者罚款。
5. 客房正常补充的物品,如有丢失或损坏,请领班写条领取,否则一概不发。
6. VIP用品,每日由主管负责,写出区域用量,专人凭条领取和退还,个人不能随意到仓库领取。
7. 严格执行以旧换新制度,如无旧物,请主管签字重新配给。
8. 公厕所需清洁剂和其他物品,每月由领班及以上人员开条统一换取。
9. 每月写书面成本分析报告交给经理,作为部门成本分析的参考资料。

项目小结

客房部管理的用品与设备种类非常多，包括棉织品、员工制服、清洁设备、客房供应品、客房备用品、客房租借品、清洁剂与小型清洁工具、家具、卫生设备、电器设备、安全装置等。这些物品与设备可划分为循环使用物品和非循环使用物品。对客房部用品与设备进行管理的目的，一方面是保证饭店客房部和相关部门经营业务的正常进行，另一方面可以提高客房用品与设备的使用率，延长客房设备的使用周期，为饭店开源节流。

对客房用品与设备的管理，首先，要确定用品与设备的最佳库存量或需求量，以避免因储存过多而浪费，同时还要保证饭店正常经营的需要；其次，要对用品和设备的储存、发放、使用、保养、盘点等环节进行控制。

综合能力训练

······基本训练······

一、解释

棉织品消耗定额管理　　标准量　　客房租借品　　客房备用品　　客房供应品

二、选择

1. 客房用品按照供应形式划分可分为（　　　）。
   A. 客房供应品　　B. 客房租借品　　C. 客房备用品　　D. 一次性消耗品

2. 清洁设备的管理控制方法是（　　　）。
   A. 建立和使用档案卡　　　　B. 制定保养维护制度
   C. 制定收发程序　　　　　　D. 保证库房安全

3. 下列用品属于循环使用物品的是（　　　）。
   A. 信封信纸　　B. 香皂　　C. 床单　　D. 洗地机

4. 下列属于非循环使用物品的是（　　　）。
   A. 吸尘器　　B. 洗地毯机　　C. 多功能清洁剂　　D. 扫地机

5. 客房设备主要包括（　　）。
A. 卫生设备　　　B. 电器　　　　　C. 大型清洁工具　　　D. 安全装置

6. 客房使用的棉织品包括（　　）。
A. 床单　　　　　B. 桌裙　　　　　C. 枕套　　　　　　　D. 毛巾

7. 一般来说，客房部非循环使用物品的管理大致包括（　　）。
A. 确定非循环使用物品的消耗定额　　　B. 楼层领班对服务员的控制
C. 建立非循环使用物品的领班责任制　　D. 客房部经理对非循环使用物品的控制

三、思考

1. 简答客房部的用品与设备配备。
2. 简述客房部棉织品种类。
3. 简答客房部的清洁设备种类。
4. 简要阐述客房部循环使用物品的管理办法。

四、案例分析

硬件不足软件能补上吗？

2008年大暑天，某饭店客房部七楼领班小杨值夜班。第二天清晨，她偶然打开热水龙头时发现没有热水。她连忙走到值班室，向工程部挂电话，希望来人抢修，因为她知道外国人大多有起床洗澡的习惯。20分钟后，她又给工程部去了电话，获悉热水系统的某个主要部件损坏了，饭店内没有备件，要到九点商店开门才有望配到。挂上电话，小杨把七楼值夜班的几名服务员召集到一起，告诉他们为每个房间供应热水。不一会儿，值班室便忙开了，灌水的、烧水的、送水的。七点半，每个房间平均有三瓶热水，值班室里还准备了十多瓶热水专供早上洗澡的客人用。但是，小杨与服务员的努力却挡不住客人的抱怨。

问题：
1. 试分析说明该宾馆出现设备问题的原因。
2. 你认为宾馆应如何保证设施设备的完好和正常运转？

• • • • • 技 能 训 练 • • • • •

一、任务名称

建立客房用品档案卡。

二、任务目标

1. 明白客房用品与设备管理方法。
2. 会制作客房用品档案卡。

三、任务实施

1. 以所在学校客房实训室或实训基地存放的物品为对象，选择其中某类物品，为其制作一份档案卡。
2. 对所教班级进行分组，6~8人为宜。
3. 小组成员分工合作。
（1）根据教材相关知识，研讨制定一份科学的"客房用品档案卡"表格。
（2）小组成员分头行动，查找、清点客房用品。
（3）将要建档的客房用品信息填写在"客房用品档案卡"上，要求：一人报信息，一人填写，其他人督查、核对。
4. 教师适时指导。
5. 时间：2学时。

四、成果考核

1. 每个小组提交填写完成的"客房用品档案卡"一份，每项物品至少有5个身份信息。
2. 教师根据学生表现及"客房用品档案卡"计分，并纳入平时成绩。

项目七 客房部安全管理

学习目标

通过学习，你应该达到：

1. 理解客房部安全管理的含义。
2. 清楚客房安全设施设备的主要配置。
3. 描述防火、防盗安全问题及其防范措施。
4. 熟悉客房部员工安全保护方面的内容。

任务一 客房部安全管理概述

案例导入

客房安全管理无小事

快到吃午饭的时间了，负责客房清扫工作的服务员小张将工作车推到工作间准备去吃午饭。当她收完车从工作间走出来经过629房间的门口时，看到房间的门虚掩着，一只行李箱就放在房间内的行李架上。小张心想：可能是客人在房间内吸烟，需要换空气而将房门敞开，于是没有管就去吃饭了……

结果629房间住客投诉他行李箱内的贵重物品被盗了。

思考 1．请问小张这样做对吗？如果不对，她应该怎样做呢？
2．从这个案例中你能得到什么启示？

当客人入住饭店时，他们的要求不仅是客房的洁净、舒适和服务员热情周到的服务，更重要的是客房的安全。饭店管理者应充分认识到安全是各种服务活动的基础，因为只有在安全的环境内，各种服务活动才能得以正常开展。

一、客房部安全的含义

安全是指没有危险、不受威胁、不出事故。所谓客房部安全，是指客人、客房部员工在客房范围内，人身、财产和正当权益不受侵害，也不存在可能导致受侵害的因素，客房部的物资、声誉得到保障。客房部安全是一个全方位的概念，它不仅包括饭店客人的安全，还包括饭店员工的安全及客房的安全。具体来说，主要有以下三层含义。

1. 客人安全

根据国际饭店业的惯例，旅客一经住宿登记，饭店就要正式对旅客的安全承担责任。首先，需要保护客人的人身安全和财产安全，这是客房部安全的首要工作；其次，要保证客人的心理安全，即客人入住后对饭店提供的环境、设施和服务等方面的信任感；最后是保障客人的合法权益，客人入住客房后，该客房就应成为客人的私人领地，饭店必须以客人为中心，向其提供安全可靠、无干扰的服务，为客人保守秘密和隐私。

2. 员工安全

客房部安全不仅仅指客人安全，同时还包括员工的生命、财产安全和员工的职业安全。饭店应为员工提供一个健康的工作环境，制定安全操作程序，定期为员工进行体检。

3. 客房安全

客房安全指饭店以及客房楼层本身的安全，主要指客房区域应处于没有危险的状态并对潜在危险因素进行排除，如饭店对偷盗、火灾及其他紧急情况能采取必要和相应的防范措施。

二、客房部安全管理的特点

客房部的安全管理是整个饭店安全管理的重要组成部分，具有和其他公共区域不同的特点。因为客房一经出租，便成为客人的私人场所，没有住客的允许，任何人不得入内。因此，客房部安全管理的难度很高。具体来说，客房部安全管理的特点如下。

1. 难度大，技巧性强

为了保障客房部的安全，饭店制定了一系列的管理规章制度，如访客登记制度、防火安全制度等，所有这些规章制度必须得到客人的理解和配合才能顺利实施。要想在工作中既严格执行安全管理制度，又不引起客人反感，是具有相当难度的。比如，饭店的访客登记制度规定，访客到夜晚规定时间仍未离开客房的，服务员应劝其离开或登记住宿。有些客人则认为这是多此一举，甚至对此非常反感。遇到这种情况，服务员要讲究服务技巧和语言艺术，既不能伤害客人的自尊，又要保障客人的安全。

2. 管理细致入微

客人在住店期间，客房是其停留时间最长的地方，客房设施设备的质量、摆放情况、牢固程度以及浴室的防滑措施、电器的安全性能等，都可能影响客人的安全。服务员在日常的工作中应注意细心观察，及时发现安全问题并汇报。管理人员也应加强巡视，以确保客人安全。同时管理者也要考虑到客人初到陌生环境时会产生不安全感，为此需要训练服务员随时恰当地表现出对客人的关心，认真负责，坚守岗位，使客人有"宾至如归"之感。

3. 服务性强

客房部的安全管理要求服务员在工作中消除安全隐患，保证客人人身、财物和正当权益不受侵害，这些都要通过服务员严格执行服务规程，时刻做好安全防护工作，并适时、恰当地提醒客人加强安全防范意识来实现。服务员执行规定时要始终保持较强的服务意识，对客人做到热心、耐心和关心。

4. 加强协作，密切配合

客房部安全管理不仅仅是客房部员工的工作，还需要饭店各相关部门的密切配合。比如安保部、工程部等部门，对客房安全起着至关重要的作用。另外，前厅部、餐饮部、采供部等部门的工作程序和内容也会对客房部的安全产生影响，因此，各相关部门应密切配合，加强协作，共同做好安全工作。

任务二 客房部安全管理保障体系

案例导入

谨防安全管理漏洞

一天傍晚，某饭店客房实习服务员小姚在清扫2205房间时，发现隔壁2206房间门口正站着一位双手抱着大西瓜的男子。这位男子见到小姚后向她示意，让她帮助拿插在自己裤子后袋里的钥匙。小姚见男子裤袋后似有钥匙状物品，觉得伸手去拿不方便，于是在未确认对方身份的情况下，用自己的工作钥匙打开了房门，并礼貌地请该男子进屋，结果导致2206房间的客人物品被盗。

思考 1. 这个案例中什么环节出了差错？如果你是服务员小姚，你该怎么做？
2. 如何避免这类事情的发生？

一、客房部安全管理制度

在客房部管理工作中，安全问题始终是管理者最为关心的问题之一。让客人能有一个安全的住宿环境也一直是客房管理的重要任务，因此，客房管理者必须不断地建立和完善相应的安全制度，以保障客人、员工和饭店的安全。

（一）入住验证制度

客人需持本人有效的身份证件，如身份证、护照、通行证等，方能在饭店前厅登记入住。前厅服务人员依据相应制度办理入住登记并验证，同时填写"房卡"作为客人入住本店的身份证明。楼层客房服务人员则通过核对"房卡"，为住店客人提供引领进房、开门等服务。因此，严格的入住验证工作是搞好客房安全工作的第一关。

（二）交接班制度

交接班制度可以及时提醒员工注意工作中存在的各种安全隐患，起到信息沟通和消除安全隐患的重要作用。饭店各岗位都应有专用的交接班记录本，当班人员应认真填好各项内容，并签上自己的姓名。交班时，以书面内容为准，必要时应解释清楚事情的经过，使服务具有连续性，防止出现脱节现象。接班员工应仔细查看交班内容，不清楚的问题或有疑问时应及时提出并了解清楚，最后签上自己的姓名，在工作中应认真完成上一班次交接下来的工作内容。

（三）来访实名登记制度

为维持饭店的治安秩序，保障客人的人身和财物安全，国家安全部门规定访客必须进行来访登记。设有楼层服务台的饭店一般由值台服务员负责进行来访登记，不设楼层服务台的饭店则通常在总服务台进行来访登记工作。为保证住客的安全，饭店通常规定员工不得随意将客人的住店情况，如房号、外出情况等告知访客，更不能随意为访客打开住客房门。

（四）钥匙管理制度

为保证客房安全，严格的钥匙控制措施是必不可少的。客房钥匙丢失、随意发放、私自复制或被偷盗等都会带来各种安全问题。每天上班时，根据工作需要，客房主管、领班及服务员会领用客房钥匙，此时客房部办公室人员应记录钥匙发放及使用情况，认真填写领用人、发放人、发放及归还时间等信息，并由领用人签字确认。此外，还应要求客房服务员在工作记录表上记录进入与退出每个房间的具体时间。客房服务员领取钥匙后应将客房钥匙随身携带，不能随意丢放在工作车上或插在正在打扫的客房门锁上。客房服务员在楼面工作时，如遇自称忘记带钥匙的客人要求代为打开房间时，应请他们去服务台领取钥匙，绝不能随意为其打开房门。

阅读材料

> **饭店"一卡通"**
>
> 饭店"一卡通"管理系统是将饭店管理系统与智能卡电子门禁系统结合起来，组成一个有机的整体，利用智能卡保密性强、数据储量大的特点，将入住开房、递交押金、娱乐消费、结账收银、员工食堂的功能集成到一张智能卡上，使宾客持卡在饭店内真正"畅通无阻"。有了"一卡通"，宾客在各消费点无须时时支付现金，大大提高了各消费点及总台结账的效率，同时还可根据卡上的信息准确判断客人是否为贵宾以及客人应有的打折幅度，无须客人出示其他消费卡，使饭店处处显示出现代化气息。

（五）楼层巡查制度

楼层巡查制度一般规定员工的巡查时间、频率、内容等，通常要求楼层服务员每隔2小时左右巡视检查楼层一次，主要检查楼层是否有闲杂人员，门、窗是否已上锁及有无损坏，是否有火警隐患，消防器材是否处于正常状态，是否有设施设备损坏情况，房内是否有异常声响等情况。在巡视检查楼层的过程中，服务人员要特别留意客房内是否有异常声响，如遇在楼层逗留的闲杂人员，要劝其离开楼层，遇到设施设备损坏时立即报修，如有烟火隐患及通道卫生问题应立即进行处理。

（六）客房检查制度

为保障客人和饭店的财物安全，客人结账离店时，客房服务员要进房检查，内容包括房间设施设备以及各种物品是否有遗失或损坏、客房小酒吧的酒水和食品是否被饮用、房内是否有客人的遗留物品、房内是否有烟火隐患等情况。客房服务员查房后应及时将有关的检查结果通知前厅收款处，同时记录客人退房时间、查房时间，并签上自己的姓名。特殊情况必须向管理人员汇报。

（七）治安事件处理制度

治安事件处理制度通常规定，当员工在遇到行凶、抢劫、团伙斗殴事件，发现爆炸物和可疑物品，发生爆炸及其他的一些突发性治安事件时，应立刻通知饭店安全部门和管理者，协助控制有关人员的进入，封锁现场，提供处理治安事件的线索，并详细记录案发地点、时间、过程等。

（八）火警、火灾处理制度

火警、火灾处理制度详细规定了发现火警、火灾时的紧急情况行动计划，具体规定了员工妥善处理所面临的各种紧急情况的方法。员工一旦发现火警，应立即报告饭店的消防中心，并向上级管理者汇报，同时根据火情控制现场，保证通信信息的准确性和畅通无阻。在危急时，还要按规定疏散客人，组织客人逃生。

（九）遗留物品处理制度

遗留物品处理制度规定，凡在饭店范围内拾获的遗留物品必须及时上交，并统一存放。上交时，要登记好拾获者、日期、时间、地点、物品名称等。遗失物品者领取遗留物品时须凭有效证件或合法授权，签名后方可领取。这一制度除了确保饭店客人遗留的各种财物得到保全以外，还对树立良好的饭店形象起到了非常重要的作用。

（十）贵重物品保管制度

贵重物品的保管一般由前厅收款处负责。为使客人更具安全感，许多饭店在客房内设有小型保险箱，一般放置在壁橱内等比较隐蔽的地方。客房员工在向客人介绍客房设施设备等服务时可以提醒客人使用，以保障自身财物的安全。

（十一）其他安全制度

其他安全制度包括对涉及安全问题的一切情况的及时了解、记录和汇报的制度，员工留宿制度等。

二、客房部安全设施的配置

为确保住店客人的生命与财产安全，饭店在设计、建设初期就必须在客房内和饭店的公共区域配备各类安全设施。安全设施由一系列机械、仪表、工具等组合而成。这些设施主要包括以下几项。

（一）电视监控系统

电视监控系统是饭店安全管理中经常使用的设备，是由摄像机、控制器、监视器和录像机组成的闭路电视系统。配备电视监控系统后，可以通过安装在各个角落的摄像头，将现场的动态汇总到监控中心的屏幕上。如发生意外情况，监控中心可立即通知有关人员前往解决，这样既减轻了保安人员的负担，又大大提高了饭店处理问题的效率。同时，通过摄像机还可及时发现不法分子和可疑分子，以便迅速采取防范措施，确保饭店及客人的安全。对于已经建立了客房服务中心的饭店，电视监控是必备的安全设施，一般设置在前厅大堂、楼层过道、客用电梯、消防楼梯通道、公共区域和客用停车场。

（二）安全报警系统

安全报警系统是由饭店在一些关键部位安装的各种类型的报警器联结而成的安全网络系统，其目的在于防盗、防火等。安全报警系统主要设置在饭店财务部、收银处、贵重物品寄存处、仓库、商场等区域。常用的报警器如下。

1. 微波报警器

微波报警器是根据波的反射原理设计制造的。微波发射器向前发出一束微波信号，微波信号遇到障碍物就会被反射回来，然后由接收器接收。由于活动目标所反射的微波信号频率不一样，微波报警器就会发出报警声。所以，微波报警器适用于发现动态的目标，对固定目标作用不大。

2. 红外线报警器

红外线报警器由收、发和控制装置组成。发射装置发出一束红外线，当有物体穿越光束时，红外线被挡住，接收器接收不到红外线，控制装置就会发出报警信号。这种报警器受气候影响不大，控制距离长，比较适应于室外的直线墙、开阔地等。

3. 超声波报警器

超声波报警器由发射装置向控制区域发出超声波，只要入侵者进入控制区域，就会立即被发现。超声波报警器受气候和外界干扰大，适用于密封性较好的仓库和比较安静的客房。

4. 声控报警器

声控报警器由一个特别敏感的话筒和放大器组成。话筒能接收微弱的声音信号，放大器将这一声音信号放大后送入扬声器，使值班人员能清楚地听到现场活动的声音。声控报警器适用于室内，具有话筒探头小、便于隐蔽和价格低廉等特点，与其他报警器配套使用效果更好。

5. 其他报警器

开关报警器以开和关的形式报警；微动式报警器一般适用于保险柜、贵重物品存放处等；金属条断裂式报警器除适用于门窗外，也适用于玻璃，玻璃易碎，金属条断裂时将发出报警声。

（三）消防监控系统

现代饭店一般为高层建筑，具有建筑费用高、装饰豪华、各种物品储备较多、住客密集的特点，一旦发生火灾，将危及住店客人的生命安全，危及饭店财产和员工安全，给饭店造成巨大的损失。可以说，火灾是饭店的"头号杀手"。有关调查表明：地球上几乎每34小时就有一起饭店失火事件发生，每年由于饭店失火而造成的损失高达1.5亿美元。然而，饭店一旦发生火灾，仅依靠饭店外的消火栓和消防部门的救火车是不能迅速扑灭大火的。为了防患于未然，饭店必须建立自己的消防监控系统。它一般包括火灾报警系统、自动灭火系统、人工灭火系统、防火设施系统等，而报警器、灭火器、防火门、消防泵、增压风机等设备是饭店消防工作中常用的设备。

（四）通信联络系统

通信联络系统以安全监控中心为指挥枢纽，即通过电话、传呼机、对讲机等器材形成通信系统。它使得饭店的安全工作人员具有快速反应能力，对保障饭店的安全起到了十分重要的作用。

（五）客房安保设施

1. 门锁

客房门锁是保障住客安全最基本也是最重要的设施，对保护住客人身及财物安全具有重要作用。坚固、安全的门锁以及严格的钥匙控制是住客安全的重要保障。饭店客房门锁一般分为两类：机械锁和电子锁。

2. 窥视镜

在饭店客房门上安装窥视镜的目的是使住店客人在打开房门前就知道来访者是谁，它是一种保障客人人身安全的预防措施。窥视镜为广角镜头，便于住客观察房间外部的情况。

3. 保险箱

许多现代饭店为保障住客的财产安全，在客房配备不可移动的小型保险箱，供客人存放小件贵重财物，保险箱的密码一般为6位数。

4. 可封闭的窗户

饭店客房的窗户是安全防范的重点，因为它是不法歹徒最容易选择的进出客房的通道。饭店一切易于攀越的窗户都应装有栅栏、铁条、锁或其他限制出入的设施，不用的窗户应永久封闭。因此，饭店新建时应把窗户设计的安全要素放在首位。

5. 安全呼叫器

安全呼叫器一般安装在床头柜和卫生间靠近浴缸处，供客人发生意外时紧急呼救使用。

6. 消防装置

许多客房的天花板上设有烟感报警器和温感喷淋器，供报警和自动灭火之用。

三、卫生安全系统

卫生安全系统是指为保障住店客人的健康安全而提供的安全卫生体系，包括以下两项。

（一）公共卫生安全工作

公共卫生是指饭店公众共有共享的活动区域的卫生，可分为前台和后台的公共卫生。饭店的公共卫生安全管理工作主要应该采取以下措施。

1. 整洁卫生

饭店的公共场所必须保证整洁，做到无垃圾、无污迹、无异味。为此，饭店必须制定公共卫生清洁工作制度和公共卫生计划，实行定岗划片、分工负责、落实到人。

2. 通风消毒

保证饭店中央空调系统安全送风，确保向饭店各个场所输送新风，及时清洗布草，严格按照规范的饭店卫生清洁程序进行设备、用具的消毒操作。

（二）客房卫生安全工作

客房卫生安全工作主要包括：科学正确地使用卫生消毒器材、器具和溶液等对客房居住环境进行安全消毒，杜绝因客房消毒不严而造成传染性疾病的传播。

任务三 客房部防火与防盗

案例导入

913房的报警声

一天晚上，杭州某饭店保安员小郝正在保安室值班，突然，烟感报警器发出尖锐急促的报警声，同时，913房的警示孔上不断闪现红色信号。这异常的声音和闪光立即引起了小郝的注意。"不好，913房出事了！"他立刻从座椅上跳起来，冲出房门，直奔913房。

到了913房门口，只见门口挂着"请勿打扰"的牌子，小郝便按了一下电铃，里面没有回音，接连按几下，仍然没有动静，小郝便用力敲起门来，一面大声叫道："913房客人请快开门。"里面还是死一般的寂静。小郝当机立断，叫来楼层服务员小范，让她用备用钥匙打开房门。小郝和小范闯进客房，只见缕缕浓烟直冲烟感报警器装置。原来是垃圾筒里的废纸冒出烟雾，废纸上火星点点，但尚未燃烧起来，两人急忙到卫生间弄来两杯冷水将筒里废纸的火星浇灭。"好险啊！"小郝和小范轻轻地舒了口气。

此时，他们才发现客人正躺在床上呼呼大睡。小郝上前推推他，客人仍然睡得死沉沉的，同时一股浓烈的酒气扑鼻而来。他们明白原来客人是喝醉了，小郝便用力反复推他，一边还大声叫喊："先生，请醒醒！"客人终于醒来，一副醉眼蒙眬的样子。小范去泡了杯茶，递给客人，客人喝了几口，酒意渐渐消散。小郝向客人说明得到烟感器报警赶来抢救的过程，并请他说说事情经过。

原来这位客人晚饭喝醉了，一个人跌跌撞撞回到客房，坐在靠椅上抽了一支烟，随手把烟头往垃圾筒里一扔，就蒙头睡大觉了，以后的事情他全然不知。小郝态度严肃而语气平缓地对客人说："先生，维护所有客人的生命和财产安全，是饭店的责任，也是每位客人的责任。您喝酒应有节制，不要喝醉，喝醉了对身体也没好处。醉后抽烟，乱扔烟头，易造成火灾，后果不堪设想。刚才您差点酿成一场事故……"客人羞愧得低头认错，表示今后一定吸取教训。

思考 1. 饭店保安小郝和服务员小范的做法是否恰当？为什么？
2. 应如何避免类似情况的发生？

一、火灾预防及处理

火灾是饭店安全最严重的威胁，其发生率虽然很低，但后果极其严重，一旦发生，将给饭店带来经济和声誉上的双重损失。客房部所辖区域大多处于饭店的中高层，人员多，客人对所居住的环境不熟悉，万一发生火灾，扑救和疏散人员都比较困难。因此，饭店应制定出一套完整的预防措施及处理程序，防患于未然。

（一）客房火灾发生的原因

1. 吸烟不慎引起火灾

吸烟不慎引起火灾在饭店火灾中居首位，起火部位多为客房。吸烟不慎引起的火灾主要有以下五种情况。

（1）乱扔烟头、火柴棍，引起地毯、沙发、衣服、废纸篓、垃圾起火。

（2）躺在沙发、床上吸烟，特别是酒后卧床吸烟，火星散落，引燃其他物品引起火灾。

（3）客人将未熄灭的烟头放在沙发扶手上，因事后遗忘致使其掉落在沙发上引起沙发起火。

（4）在禁止吸烟的地方违章吸烟；在有可燃气体或蒸汽的场所违章点火吸烟，发生爆炸起火。

（5）客房服务员在打扫卫生时将未熄灭的烟头倒进垃圾袋或吸入吸尘器。

阅读材料

酒店火灾原因统计

由国际饭店安全协会主办的《世界饭店安全》杂志对近年来世界各地饭店火灾的原因及部位进行了统计分析。饭店火灾原因统计：吸烟占40.7%、电器着火占22.8%、纵火占0.8%、厨房烹饪占19.2%、机械故障占6.2%、其他占10.3%。饭店火灾部位统计：客房占37.6%、楼层走道占31.2%、厨房占17.2%、其他服务场所占8.1%、电机房占5.2%、仓库占0.7%。

2. 电器引起火灾

在饭店火灾中，由电器引起的火灾仅次于吸烟。

（1）长住客人违反饭店规定，私自无限度地增加电器设备，使客房供电线超负荷运转，造成电源短路，引发火灾。

（2）客房电器设备自身故障，引起火灾。

（3）客房电器设备连续工作时间过长，导致短路或元件过热，引起火灾。

（4）客房内灯具的灯罩和灯泡贴在一起，引起灯罩燃烧，引起火灾。

（5）客人在灯罩上烘烤衣物，引起火灾。

3. 其他原因

（1）宾客将易燃易爆物品带进客房，引起火灾。

（2）员工不按安全操作规程作业，如客房内明火作业，使用化学涂料、油漆等未采取防火措施而造成火灾。

（3）防火安全系统不健全：饭店对火灾危害认识不足、存在侥幸心理、疏忽大意等；

饭店消防设施数量不足或者设备老化，导致火灾发生后，不能及时有效地扑救，使得火势蔓延，给饭店和客人造成损失。

根据GB4968-1985划分标准，火灾分为A、B、C、D四类（表7-1）。

表7-1 火灾分类表

类别	特征
A类火灾	固体物质火灾。这种物质往往具有有机物性质，一般在燃烧时能产生灼热的余烬，如木材、棉、毛、麻、纸张火灾等
B类火灾	液体火灾和可熔化的固体火灾，如汽油、煤油、原油、甲醇、乙醇、沥青、石蜡火灾等
C类火灾	气体火灾，如煤气、天然气、甲烷、乙烷、丙烷、氢气等火灾
D类火灾	金属火灾，如钾、钠、钛、铝镁合金火灾等

（二）火灾事故处理

火灾事故的处理分为：事故前的预防、事故发生的处理、事故发生后的处理。

1. 火灾事故前的预防

（1）配备完善的消防设备和器材。客房及客房区域应按照国家的规定，配备符合标准的消防设备和器材。

① 报警装置。

a.手动报警器。手动报警器一般安装在每层楼的入口处或楼层服务台附近的墙面上。当有人发现附近有火灾时，可以立即打开玻璃压盖或打碎玻璃使触点弹出，造成报警。另外，还有一种手压报警器，只要按下这种报警器的按钮，即可报警。

b.温感报警器。当火灾的温度上升到热感器的运作温度时，热感器的弹片便自动脱落造成回路，引起报警。

c.烟感报警器。每个客房都有一个烟感报警器，客房走廊两侧房门边上都有一个烟感显示灯，如果房间起火，或者有大量烟雾时，便通过烟感器发出报警信号给消防控制中心。同时，显示灯也会自动闪亮，发出信号，以便使有关人员在走廊即可看出哪一间房间发生火警。

② 灭火器材。

a.喷淋装置。客房内都装设有防火自动喷淋头，如果室内起火，室内温度达到淋头受热极限温度值时淋头便会自动爆裂，水就会喷射出来，总控制室显示板上显示喷洒区域并同时报警。喷淋灭火系统主要用于A类火灾，洒水面积一般为$10m^2$左右。

b.消火栓和消防水带。客房走廊必须配备一定数量的消火栓和消防水带，它们和消防水塔相连接，当火情发生时，可以及时打开消火栓，借助消防水带的高压水来扑灭火灾，但一般不能扑救B类、C类火灾。消火栓内的消防水带连接起来可长达25m，灭火功能强大，能迅速扑灭初期火灾，应善加利用。

c.便携式灭火器。便携式灭火器常用的有二氧化碳灭火器、干粉灭火器及泡沫灭火器等。二氧化碳灭火器主要用于扑救电气火灾，着火范围不大的油类物质，电石、精密仪器设备、重要文件等的火灾，但不适用于金属钾、钠等物品导致的火灾；手提式干粉灭火器可用于扑灭大多数类型的火灾，如易燃液体、金属、电、纸类、纺织品火灾等；泡沫灭火器主要用来扑灭油类、可燃液体和可燃固体的初起火灾，但是不宜扑灭可溶性液体（如酒精等）的火灾，不可用于电走火的火灾扑救。

　　d. 手提灭火器。手提灭火器有一定的使用年限，一般为3年，期满即需要更换。在3年的使用期内，还应定期检查压力表上的指针是否在正常位置，以随时保持在可使用状态。

 知识链接

便携式灭火器使用常识

类别	适用对象	使用方法	喷射时间与距离
二氧化碳灭火器	电器起火，着火范围不大的油类物质，电石、精密仪器、设备、重要文件。不适用于金属钾、钠等物品	1.拔去保险销； 2.将鸭嘴压下； 3.将喷射喇叭对着火源的外部，由外向内喷射； 4.另一类是逆时针旋转顶部的手轮	1.喷射时间不定； 2.有效射程为3米
干粉灭火器	大多数类型的火灾，易燃液体、金属起火，电走火，纸类、纺织品起火。不适用于配电设备和精密仪器设备的起火	1.拔去保险销； 2.挤压提把； 3.将干粉对着货源的外部，由外向内喷射	1.喷射时间为14~16秒； 2.射程为4.5米
泡沫灭火器	易燃液体起火。切勿用于扑救电起火	1.将灭火器颠倒握牢； 2.使泡沫从外向内射向火源	1.喷射时间为60~170秒； 2.射程为8~13.5米

　　③ 配套防火设施设备。

　　a. 防火门。防火门是高层饭店防火分隔和安全疏散设计中不可缺少的建筑构件，在火灾发生时，用来关闭和分隔着火区域，防止火灾的蔓延，它是疏散通道真正起到作用的基本保证之一。

　　b. 安全疏散设施。安全疏散设施主要有安全出口、疏散楼梯、疏散通道、疏散门、应急照明灯、安全指示牌等。设置安全疏散设施是为了在火灾发生时快速撤离人员，减少伤亡。安全通道出口处不准堆放任何物品，不准关闭、上锁，应保证通道畅通，确保电梯口、走廊、过道等公共场所有足够的照明亮度，安全出口 24 小时都必须有照明指示灯，楼道内应有安全防火灯及疏散指示标志。

（2）其他火灾预防措施。

① 客房内配置的地毯、家具、床罩、墙面、窗帘、房门等物品，都应选择具有阻燃性能的材料制作。

② 醒目的对客提示。在床头柜醒目位置摆放"请勿在床上吸烟"的中英文提示，在房门后张贴逃生疏散图。

③ 客房服务员进入客房服务时，应注意检查房内电器、电线和插头，防止发生短路和超负荷用电现象；提醒客人不得在客房内使用电炉、电暖气等电器；若发现客人私自添加电器，要及时阻止；要将未熄灭的烟头及时熄灭；对醉酒客人，服务员应多加注意，防止火灾发生；要随时检查，及时处理火灾隐患。

④ 饭店服务人员应配合保安部定期检查防火、灭火设备及用具，提出维修保养及更换的要求，训练员工掌握操作知识和技能。

⑤ 制订发生火警时的紧急疏散计划，包括如何引导客人疏散、保护重要财产等。

⑥ 明确客房各岗位员工在防火、灭火中的职责和任务，确保饭店员工严格遵守饭店规定的消防制度和操作规程。

2. 火灾事故发生的处理

发生火灾时，饭店员工应沉着冷静地按平时防火训练的规定要求迅速行动，确保宾客的人身、财产和饭店的财产安全。

（1）发现火情时的处理。

① 立即使用最近的报警装置，发出警报。

② 及时发现火源，用专用电话通知总机，讲清着火地点和燃烧物质。

③ 使用附近合适的消防器材控制火势，并尽力将其扑灭。

④ 关闭所有电器开关。

⑤ 关闭通风、排风设备。

⑥ 如果火势已不能控制，则应立即离开火场。离开时应沿路关闭所有门窗。在安全区域内等候消防人员到场，并为他们提供必要的帮助。

（2）听到报警信号时的处理。

① 客房服务人员首先要能辨别火警信号和疏散指令信号。如有的饭店规定一停一响的警铃声为火警信号，持续不断的警铃声为疏散信号。

② 客房员工听到火警信号，应立即查实是否在本区域。

③ 无特殊任务的客房员工照常工作，保持镇静和警惕，随时待命，同时做好客人的安抚工作。

④ 除指定人员外，任何工作人员在任何情况下都不得与总机房联系，保证酒店全部电话线畅通无阻，仅供发布紧急指示用。

（3）听到疏散信号时的处理。

疏散信号表明饭店某处已发生火灾，要求客人和全体饭店员工立即通过紧急出口撤离到指定地点。该信号只能由在火场的消防部门指挥员发出，具体按以下步骤进行。

① 迅速打开紧急出口（安全门）、安全梯，有组织、有计划、有步骤地疏散客人。

② 客房部员工应敲击和打开每一间客房的房门，检查房内是否有客人，通知客人疏散，并在检查过的房间门上做记号，确保不遗漏一位客人。

③ 帮助客人通过紧急出口撤离，特别要注意照顾伤残客人撤离。同时，应告知客人千万不能使用电梯（一般应将事先准备好的"请勿乘电梯"的牌子放在电梯门前，或将电梯关闭）。客人离开房间后，应立即将房门关好，以阻止火势蔓延。

④ 各楼梯口都要有人把守，以便为宾客引路和避免大量宾客涌向一个出口，造成挤死挤伤事故。

⑤ 待人员撤离到指定的地点后，客房部员工应与前厅部员工一起查点客人人数，确保每一个客人都安全撤离。客房部经理应根据考勤查点员工人数，核实员工安全撤离的情况。如果发现人员下落不明或还没有撤离，应立即告知消防人员，以便迅速采取措施进行营救。

3. 火灾事故发生后的处理

事故发生后，饭店应立即会同相关部门成立事故处理小组，全权协调和处理各种问题，主要涉及以下几个问题。

① 与保险公司协调赔偿事宜。火灾发生前，饭店应根据自身的需要及时向相关保险公司进行投保，事故发生后应立即通知所投保的保险公司，并积极与保险公司协调对饭店的赔偿事宜。

② 处理伤亡事宜。对在事故中受伤的人员应及时将其送至医院进行医治；对死亡人员应尽快查明其身份，并通知家属。

③ 受伤人员的医治。对在事故中受伤的人员，饭店应积极主动地提供各种医治条件，对受伤人员及时做好安抚和慰问工作，任何逃避或消极的态度都不利于问题的处理。

④ 伤亡人员的赔偿和善后工作。事故发生后，一方面要主动医治受伤人员，另一方面还要与伤亡人员的家属协调赔偿和善后工作。

二、盗窃事故的处理

防盗是客房安全的一项重要工作。失窃的发生或多或少影响客人在饭店内的活动，直接或间接影响饭店的声誉。发生在客房的偷盗事件主要与外来人员、住客及员工有关。为保障客人、饭店和员工的财物不受损失，客房部门须严格执行饭店安全规定，积极采取各项防范措施，预防各种盗窃事件的发生。

（一）盗窃事故的预防

1. 客房区域安全设施的配置

为有效防止失窃事件的发生，除通过培训增强客房员工的安全意识外，还必须配备必要的防盗设施，如闭路电视监控系统、各种报警器及电子门锁系统、防盗链、门窥镜、反锁装置、小型保险箱等客房安全装置。

2. 防止员工偷盗行为

员工在日常的工作及服务过程中直接接触客房各类设备与物品,这些物品可供个人家庭使用或再次出售,这很容易诱使饭店个别素质不高的员工产生偷盗行为。因此,客房管理者必须加强对员工的管理。

(1)聘用员工时,严格进行人事审查,进店后经常进行教育并制定严格的奖惩措施,对有诚实表现的员工进行各种形式的奖励及鼓励。反之,对有不诚实行为的员工视情节轻重进行处理,甚至开除。

(2)对员工进行客房财物安全培训。客房管理者应对员工进行反偷盗方面的知识培训,使员工具有正确处理客人报失问题的能力,同时使员工了解饭店财物安全的重要规章制度,如寻找失物的程序、更衣柜的使用规定以及严禁将私人物品带进工作区域等的规定。

(3)制定并实施严格的工作钥匙管理制度。发生在库房内的偷盗事件大多与客房钥匙管理不善有关,其中包括员工工作钥匙。所以要制定严格的钥匙管理制度,具体包括以下几项。

① 领发、归还、交接钥匙都必须登记签名。

② 上班期间,钥匙应随身携带,不得乱放,谨防遗失。

③ 不得将钥匙借给他人使用。

④ 不得将工作钥匙携带出饭店。

⑤ 工程部、前厅部或餐饮部等其他部门的员工因工作需要进入客房,客房员工应仔细核对有关凭证后再开门,如是客房部员工,客房员工要待该员工完成任务后方可离开。

⑥ 员工违反饭店有关客房钥匙使用的规定或遗失钥匙,要承担过失责任。

⑦ 磁卡钥匙的制作及密码应由饭店高层管理人员专人负责管理和控制,随时查看制作钥匙的情况,还应根据不同的管理层次逐级规定制作人员的权限,如楼层服务员卡由客房主管制作,客人的住客卡由前台接待员制作。另外,每一位磁卡钥匙制作者都应有独立的密码进入工作系统,以确保安全。

3. 防止客人偷盗行为

由于饭店设备的高档性、实用性,住店客人也会产生偷盗行为。虽然客人的素质一般较高,但受喜爱物品诱惑也不乏情不自禁者。住宿场所配备的客用物品(如浴巾、浴衣、办公用品、日用品等)一般都由专门厂家生产,档次、质量、式样都较好,客房内的装饰物及摆放物(如工艺品、字画、古玩等)也比较昂贵和优美,这些物品具有较高的使用价值、观赏价值和纪念意义,容易成为住店客人盗取的对象和目标。客房部应制定科学、具体的"客人须知",明确告诉客人其应尽的义务和注意事项。此外,也可以采取以下措施进行规范。

① 在饭店用品上印上或打上饭店的标志或其他特殊标志,使客人打消偷盗的念头。

② 制作一些有饭店标志的精美的纪念品，如手工艺品等，给客人留作纪念。
③ 做好日常的检查工作，严格管理制度，打消不良客人的企图。

4. 防止外来人员的偷盗行为

饭店及住店客人由于业务往来需要，总有一些外来公务人员进入饭店，这些人员包括访客、外来送货人员、修理人员、业务洽谈人员等，人员情况比较复杂，因此要加强对楼层走道及其他公共场所的控制，以防外来不良分子窜入作案。

规定外来人员只能使用员工出入口，并经安全值班人员弄清楚情况后才能放行进入。这些人员在完成任务后，也必须经员工出入口离开，保安人员应注意他们携带出店的物品。楼层内的设置、用具、物品等需带出店外修理的，必须具有饭店经理的签名，经安全值班人员登记后，才能放行。

饭店的客人因业务需要经常接待各类访客，而访客中也常混有不良分子。他们在进入客人房间后，很可能趁客人不备而顺手牵羊，带走客人的贵重物品或客房内的高档装饰品及摆设物。他们也可能未经客人同意，私自使用客房内的付费服务项目，如打长途电话甚至国际长途等。此外，楼层应尽量避免将有价值的物品放置在公共场所的显眼位置，并应对安放在公共场所的各种设施设备和物品进行登记和有效管理。

（二）客人报失的处理

客人在财物被盗后可直接向公安机关报案，也可向饭店报失，反映财物丢失情况。报案由公安部门受理，报失则由饭店处理。无论是报失还是报案，饭店服务和管理人员都应积极协助，及时向有关部门和上级部门反映情况，把属于客房部范围内的工作做好。具体程序和方法如下。

（1）接到客人在房间内有财物损失的投诉时，应立即通知以下人员：值班经理、保安科、房务部。

（2）封锁现场，保留各项证物，会同相关人员立即到客人房门口，切忌在不了解情况下拥入客人房内。若的确需要进房，也不得乱踩、乱摸。

（3）向客人了解失窃物品的价值，并遵循客人的意见选择是否报警。

（4）从保安部调出监控系统的录像带，以了解出入此客房的人，便于进一步清查。

（5）过滤失窃前曾逗留或到过失窃现场的人员，假如没有，则请客人帮忙再找一遍。

（6）遗失物确定无法找到，而客人坚持报警处理时，立即通知警卫室人员代为报警。

（7）待警方到达现场后，让警卫室人员协助客人及警方做事件的调查。

（8）将事情发生的原因、经过、结果记录于值班经理交代本上。

（9）对于此类盗窃事件，除相关人员外，一律不得公开宣布。

任务四 客房部员工安全保护

 案例导入

> **不可忽视员工安全操作程序**
>
> 几年前,某饭店曾发生一起这样的安全事故:一位客房服务员在客房走廊进行地毯吸尘,随着吸尘器的移动,吸尘器的电源线已经到头了,必须走回去拔下再找一个插座。这位员工认为这样麻烦,平时都是远远地一拽电线,插头就拔下了。可这天不幸的事情发生了,当他一拽电线的时候,突然手里的电线断了,他只觉得身体一麻就失去了知觉,后来紧急送到医院,虽保住了性命,可右臂由于被电击永远失去了知觉,只好截肢。

 思考 1. 这起安全事故发生的原因是什么?
2. 饭店方面应该如何减少此类事故的发生?

劳动安全保护是指保护劳动者在劳动过程中的生命安全和身体健康,也就是依靠科学管理和技术进步,采取有组织的技术措施,消除劳动过程中危及人身安全和健康的不良条件和行动,防止伤亡事故和职业病,保障劳动者在劳动过程中的安全和健康。客房员工劳动安全保护工作是客房安全工作的重要组成部分,对于饭店来说,保障在工作岗位上的员工的安全是法律上的责任,也是道义上的义务;从员工的角度看,员工如同宾客一样,都有人类共同的对人身安全的强烈需求,没有安全感的员工就不可能为客人提供满意的服务。

一、制定安全操作规程

客房部应根据不同岗位的工作要求、服务对象、服务程序,结合岗位工作环境和设施设备的使用情况,制定出安全工作标准。事实证明,80%的事故都是由于服务员不遵守操作规程造成的,因此,客房部员工应熟知安全知识和安全操作规程,掌握安全设施和器材的使用方法,消除各种不符合安全要求的行为和习惯,以防止工伤事故的发生。

以下为客房部员工安全工作须知。

(1)工作时,应特别留意是否有危险工作情况,如公共走廊或楼梯照明不良或清洁设备损坏等,如有应尽快通知工程维修人员修理,以免发生危险。

(2)如工作区域湿滑或有油污,应立即抹干抹净,以防客人或其他员工滑倒。

（3）在公共地方放置的工作车、吸尘器以及洗地毯机等，应靠边停放，电线要整理好，不要妨碍客人和员工行走。

（4）所有玻璃或镜子，如发现有破裂必须立即报告，及时更换。暂时不能更换的，要用强力胶纸贴上，以防坠下。

（5）不要裸手拾起破碎的玻璃、剃须刀片等尖锐器皿，应戴上手套或用扫帚清理。

（6）移动较重的物品，应使用手推车，并用双手推行，以保证安全。举笨重物品时，应先下蹲，平直上身，然后将物品举起。

（7）须取高处物品时，应使用梯架。在公共区域登梯操作，必须有人扶梯。另外，高空作业一定要系安全带。

（8）清扫客房时，须敞开房门进行；关房门时，要握着门把，而不要扶着门的边缘拉门。

（9）在公共区域的大块玻璃的显眼处应贴上有色字体或标记，以防客人或员工不慎撞伤。

（10）不要用潮湿的手或抹布触摸电源开关或灯泡等带电物体。

（11）勿在电源附近放置纸张、布件等易燃物品。

（12）在潮湿地面作业时请使用防滑垫，并放置警示牌。

（13）卫生间内及露天花园的地板及楼梯梯级等处不宜打蜡，以防滑倒。

（14）家具或地毯如有尖钉，须马上拔去，以防刺伤客人或员工。地板有洞或崩裂，要尽快修理。

（15）使用清洁剂及清洁用品时，要了解其化学属性，戴上塑胶手套，勿溅到眼睛里或皮肤上。

（16）员工制服不宜过长，以免被绊倒，发现鞋底过于平滑时要及时更换。

（17）保持各种设备和用具完整无损，有损坏的不可再用，应立即报修，更不可私自修理，以免发生危险。

（18）放置清洁剂、杀虫剂的仓库要与放食物、棉织品的仓库分开，并要进行明显的标注。

二、员工的安全意识及技术培训

饭店培训部及客房部在组织员工岗位培训时，应将培养员工的安全意识和行为习惯列入培训内容。通过案例探讨、模拟演练、知识传授、视频演示等多种培训方式，帮助员工树立安全至上意识、安全操作规范意识、安全责任意识，并使服务人员掌握必要的安全知识及技能。特别是对紧急事件、突发事件，要举一反三，通过培训提高员工的识别能力及敏锐的反应能力。

三、工作场所及设备的安全检查

对客房的各工作区域及员工使用的设施设备，要制定严格的定期检查及维修制度。

发现各种安全隐患及时报告，消除危害。例如，发现玻璃或镜子崩裂，必须马上向上级报告，立即更换，不能立即更换的，必须要用强力胶纸贴上，以防坠下；地板不平整、湿滑的，楼梯残破、缺边的，电源线裸露未清理的，都应设置警示，尽快处理；过道灯具损坏、灯光暗淡等，会影响过往安全或给夜间工作的女员工带来心理上的不安全感，应及时更换；清洁设备不可带病使用；工程设备部门要严格按照设备使用的安全标准进行检查和维修，确保员工的使用安全。

四、改善工作条件

饭店工作条件的好坏，不仅影响员工的工作热情和工作效率，而且关系到员工的身心健康。所以，改善工作条件既可以有效预防职业疾病，也可以提高员工的工作效率，防止安全事故的发生。管理者对工作条件的改善应从以下几个方面进行。

（一）改善劳动环境

如果一名员工长期在嘈杂、阴暗、潮湿、高温等环境下工作，将会导致一些职业病的发生。目前，许多饭店的洗衣房等场地的劳动环境应得到足够的重视，尤其是在夏季，高温是影响员工健康的一个重要因素，管理者应设法改善，尽量提供一个有益于员工健康的工作环境。

（二）提供高效设备

为提高工作效率，管理者应尽量多地使用机器设备。例如，大面积地面的湿洗完全可用单擦机甚至全自动洗地机去洗，如果用拖把不仅效率低，而且操作者容易疲劳。减轻容器的单位重量，例如选择4加仑容量的小桶比选择55加仑的大桶对员工而言更为安全。

（三）科学设计制服

员工制服是员工在岗期间必须穿着的服装，在设计时应充分考虑操作的方便和安全。如客房员工的制服不适宜过长或有太多装饰，对一些需要搬运和弯腰操作的岗位人员，如清扫员来说，裤装比裙装更合适。

（四）配备劳保用品

首先，管理者应尽量选择一些比较安全的用品，以保障员工安全。其次，当使用一些可能会对员工健康造成影响的用品时，必须配备相应的劳保用品，并督促员工正确使用。如使用清洁剂时，要求员工必须戴上橡胶手套方可操作，以免化学剂腐蚀皮肤。

五、合理安排人力和工作时间，保障员工健康

饭店必须合理组织劳动，科学安排人员的工作时间，尽量避免加班加点，保证员

工有足够的休息时间。同时，还要注意组织各种文体活动，实现劳逸结合，以增强员工的体质。如做计划卫生时要求对客房床下进行彻底吸尘，长期一人操作，很容易造成腰部受伤，而由两人配合着进行则要方便、省力得多。管理者在安排这类工作时应充分考虑这方面的因素。合理安排人力还包括安排合适的人去做。例如，搬运较重物品等工作可由专人去做。许多饭店的客房部均有专人负责搬运重物以及打杂等工作，这类工作一般应安排男服务员完成，尽量避免让女服务员去做。

六、建立员工健康档案

管理者应为员工建立健康档案，注意对员工进行定期健康检查，了解员工的健康状况，还应特别注意保护和保障女员工的健康。女员工由于生理特点，比男员工更容易疲劳和患病，所以为了保护女员工的健康，应视具体情况实施必要的特殊政策。只有健康的员工才能提供高效率的工作，因此，管理者对员工的健康问题应给予一定的重视，以便保证部门各项工作的顺利进行。

项目小结

　　饭店客房部安全工作的好坏，直接关系到客人的满意程度及对饭店的印象，是饭店最为关注的管理内容。饭店如果离开了安全保障，客人及员工的生命财产安全及饭店的财产安全将直接受到威胁，因此，安全的住宿及工作环境是饭店管理最为重要的内容。本项目着重介绍了客房部安全管理的含义及特点，火灾、失窃安全事故的防范与处理措施，客房员工的劳动安全保护知识。客房部安全是指客人及工作中的员工在客房范围内，人身、财产和正当权益不受侵害，也不存在可能导致侵害的因素。客房部安全包括三个方面的含义：客人安全、员工安全和客房安全。具体如下：从客房安全制度和客房安全设施设备的配置方面为客房的安全提供保障；对于火灾和失窃安全事故，要进行事前的积极预防和事发后的妥善处理；对于客房部员工的安全保护则从制定安全操作规程、培训员工、改善工作条件等方面进行。

综合能力训练

······ 基 本 训 练 ······

一、解释

客房安全　公共卫生　劳动安全保护

二、选择

1. 报警器不包括（　　）。
   A. 烟感报警器　　B. 热感报警器　　C. 手动报警器　　D. 消防栓

2. 客房服务员在清扫房间时，为了防止钥匙丢失，应将钥匙（　　）。
   A. 放在房间内　　　　　　　　　B. 放在工作车中最拐角处
   C. 随身携带　　　　　　　　　　D. 插在门锁上

3. 如有不明身份的人来电话询问某客人的房号，服务员应（　　）。
   A. 迅速将该客人的房号告诉对方　　B. 告知该客人现在不在房间
   C. 请总机将电话接至该客人的房间　　D. 问清对方的身份

4. 客人未向公安局报案，而是向饭店反映丢失情况为（　　）。
   A. 报案　　　　B. 报警　　　　C. 报失　　　　D. 报告

5. 饭店的消防监控系统一般由（　　）组成。
   A. 火灾报警系统　　B. 灭火系统　　C. 窥镜　　D. 防火设施
   E. 摄像头

6. 客房失窃的原因主要有（　　）。
   A. 管理人员盗窃　　B. 员工内盗　　C. 宾客盗窃　　D. 外来人员盗窃
   E. 以上都包括

三、思考

1. 引发火灾的原因有哪些？
2. 发现火灾时，应如何处理？
3. 客人报失时，应如何处理？

四、案例分析

危险的电炉

一天下午，客房清扫员满师傅清扫完一间客房后，推着工作车准备清扫下一间客房。

满师傅在推车经过616房间的时候，隐约闻到了一股煳味，四周看看，没发现有什么异常。往前走走，煳味没了。再回到616房间门口，还是有煳味。满师傅判断，煳味就是从616房间传出来的。满师傅不敢掉以轻心，马上将这一情况向领班做了汇报。

领班随即通知了保卫部。很快，客房领班和保卫部的人员一起来到616房间查看。

客房领班敲了敲门，房间里面的客人把门打开，一股煳味伴随着蒸煮食物的味道从房间里飘了出来。

客人看到领班身后跟着一位穿着制服的保卫人员，似乎想起了什么，马上返回身，将什么东西往床底下推了推。保卫人员走近一看，是一个电炉子，下面还垫着一本书，放在地毯上，这时垫在电炉子下面的书已经被烤煳了。再一看，电炉子的电源插头还没有拔掉。真是太危险了！如果晚发现一会儿，还不知道会发生什么事呢。

保卫人员向客人讲明了饭店关于在客房内使用电器的相关规定，并将客人的电炉子带回保卫部进行暂扣处理。

问题：
1. 请问满师傅的做法对吗？
2. 饭店应该从哪几个方面减少这类事情的发生？

技 能 训 练

一、任务名称

火灾现场紧急疏散。

二、任务目标

1. 通过模拟演练，让学生掌握饭店火灾事故的应对方法。
2. 锻炼学生的应变能力。
3. 培养学生的团队合作精神。

三、任务实施

1. 对所教班级进行分组，学生可自由组合，每6~8人为一组，并选定组长。
2. 教师课前准备好相应的道具，如玩具型电话、纸盒做的报警器、灭火器、电器等。
3. 选择一处楼道为训练场所，并准备好"请勿乘电梯"的牌子、代表重要文件的纸盒等工具。
4. 分组进行模拟演练。
5. 其他组学生观摩，教师适时指导。

四、成果考核

1. 学生互评。
2. 教师点评总结。

项目八 客房部人力资源管理

学习目标

通过学习,你应该达到:

1. 知道客房部员工的招聘程序。
2. 清楚客房部员工的招聘途径。
3. 掌握员工培训的方法。
4. 掌握激励员工的方式。

任务一 员工招聘

案例导入

潘总该选择谁?

国内一家知名连锁饭店集团公司总部设在北京,成员遍及广州、上海、武汉等地,在总经理潘总的领导下,公司每年的营业额以25%以上的速度递增。

就在前几天出了一件让他非常棘手的事,市场部经理卞亚由于个人原因辞职。现在,公司急需任命一位市场部经理来代替卞亚。但是潘总和公司其他部门的几位负责人讨论了几天,也没有达成一致的意见。

潘总认为现任市场部副经理韩少不错,可以接替卞亚的职位,但这个想法却遭到其他人的强烈反对。人事部经理刘杰最先说道:"韩少有很强的分析能力,对环境变化能很快适应,但很少听取别人的意见,如果由他当市场部经理,下面会怨声载道。而且,他只有高中文化程度,下面的人多数都是大学毕业生,让一个没有什么学历的人来担任经理他们会服气吗?"

销售部负责人也插言:"韩少干得的确不错,但是过分的热心和乐观令人感到有点不安,这有可能导致他无法进行正确而实际的市场调查和研究工作。"

潘总又想到了市场部另一位副经理肖凌。肖凌做事不张扬,为人非常随和,最擅于团结下属,手下人会很好地跟他结合在一起,办起事来也很有韧劲,在工作上肖凌的表现也很不错,但有时心太软,比如说,在他手下,有几位表现很差的销售员,按理说应该辞掉,可肖凌却不忍心这样做。

这两天,有人又透露给潘总一个消息:"竞争对手某饭店集团的市场部经理李汶最近与老板闹翻了,正要辞职不干。我们何不趁此机会把她挖过来呢?她的能力我们都清楚,绝对没有问题。"

潘总听后,觉得这也是一个办法,但考虑后,又觉得不太妥当。李汶虽然是一位难得的人才,但她能否很快熟悉本公司的业务，理顺各种关系，有效地开展工作呢？外来的和尚不一定就会念经。再说，这样做很可能会挫伤本公司市场部人员的积极性。

思考
1. 如果你是潘总，你会选择谁呢？
2. 如果选择外部的李汶，又有哪些利弊呢？

筹备开业的饭店，在组织机构确定以后，下一步工作就是员工招聘。正在运营中的饭店也会因为员工的流动和内部人员的调整、业务量的增加等招聘员工。

一、员工招聘准备

招聘是指组织为了发展的需要，根据人力资源规划和工作分析的要求，寻找、吸引那些有能力又有兴趣到本组织任职的人，并从中选出适宜人员予以录用的过程。

员工的招聘工作做得好坏直接关系到能否建立一支高素质的员工队伍。

饭店客房部的员工招聘工作由人事部和客房部共同负责。人事部承担筛选应聘人等基础工作，客房部则负责最后的面试，并决定是否录用。客房部经理通常直接负责客房部的员工招聘工作，以提高这项工作的效率，保证所招聘人员的素质。客房部工作与饭店其他业务部门的工作有较大的区别，其选用员工的标准亦不同于其他部门。员工选用标准是否科学与合理，直接关系到客房部的工作能否有效开展。

（一）设计工作岗位

根据客房部的组织机构形式，设计符合客房部实情的具体岗位，是确定客房部员工选用标准的第一步。在设计工作岗位的过程中，应本着"因岗设人，人有其岗"的原则，结合当前饭店业员工的素质状况、饭店的分工情况，在充分考虑员工的满足感的基础上来设计岗位，切不可"因人设岗"。

（二）编写岗位责任书

岗位责任书的编写是在客房部工作岗位设计的基础上进行的。岗位责任书的内容一般应包括：该岗位属于哪一个部门、受谁的领导、领导谁、该岗位的工作范围、该岗位具体应履行的职责、任职条件等。岗位责任书一经完成，就应汇总成为活页型手册，以便随时取下和更换。一经聘用，员工就应拥有一份自己所从事职务的岗位责任书。同时，客房部经理和人力资源部经理应各有一份客房部的全部岗位的责任书。

知识链接

楼层主管岗位责任书

所属部门：客房部
直接上级：客房部经理
直接下级：楼层领班

一、岗位职责
1. 负责所管楼层的人员调配和工作安排。
2. 对下属员工进行培训和考核。
3. 检查督导下属员工的工作，确保工作效率和质量。
4. 解决员工工作中遇到的疑难问题。
5. 处理客人的投诉。
6. 负责楼层物资的管理与控制。
7. 负责楼层与相关部门的沟通和协调。
8. 负责楼层的安全。
9. 完成上级安排的其他工作。

二、任职条件
1. 具有中专及以上学历或同等文化程度。
2. 有较强的外语会话能力。
3. 精通客房清洁保养和对客服务工作。
4. 具有很强的质量意识，能严格把好质量关。
5. 具有较强的培训能力，能承担一般的培训工作。
6. 乐观开朗，善于处理人际关系。
7. 工作认真细致，能吃苦耐劳。
8. 身体健康，形象气质好。

（三）确定客房部员工选用的标准

客房部岗位、工种较多，工作特点有别于饭店其他部门，对员工也提出了有别于其他部门的特殊要求。因此，除了不同岗位的具体要求外，客房部的员工应达到以下标准。

1. 了解并乐于从事未来的工作

为了挑选到适合于客房部需要的员工，并保证这个队伍的相对稳定，在选聘员工时，首先要了解员工是否热爱本职工作，这是其能否做好客房工作的根本。其次，要把客房部各岗位职责、工作范围、工作内容、直接上级等内容用书面形式记录下来，让应聘者仔细阅读。再次，让招聘对象如实地了解其未来的任职环境及工作要求，千万不要言过其实，使求职者对将要任职的岗位认识不足，给以后的工作带来不利影响。

2. 客房部员工必须勤快、责任心强、自律性强

客房部许多岗位通常是一个人为一个工作单位，有些卫生工作做过同没做过没多大区别。员工必须有很强的自觉性，不管有没有领导在场都必须按照饭店的工作程序及标准保质保量地工作。在楼层面对客人随意放置的钱物，能够按饭店要求去处置，因此员工的品质尤为重要。

3. 身体素质好，动手能力强

客房部许多岗位的工作，没有强壮的体质和很强的动手能力是无法完成的。例如，一位客房服务员每天的客房清扫定额通常为：豪华饭店 10~12 套，一般饭店 14~16 套，经济饭店 18 套以上。因此，客房部的工作对员工的体力、动手能力和反应能力的要求都很高。

4. 性格沉稳，乐于同人合作

客房部绝大部分员工在楼层工作，楼层必须保持安静，以便为客人提供适合休息的环境，这就要求员工具有沉稳、甘于默默奉献、乐于助人的性格。

二、员工招聘的步骤

员工招聘过程是发现求职者并根据本部门的工作需要对其进行筛选、聘用的过程。从出现岗位空缺到发布招聘启事，再到筛选聘用，大概需要经过以下几个步骤。

（一）分析岗位空缺

分析岗位空缺是进行员工招聘的第一步，招聘者必须清楚饭店该部门岗位空缺情况，或者是否有新设置的工作岗位，进而组织招聘活动。在分析岗位空缺时，一般由主管、经理或该部门的负责人确定是否需要对该岗位进行招聘。同时需考虑到饭店企业的季节性问题，以免出现在旺季时员工不足，而在淡季时人满为患的现象。

（二）制订招聘计划

在确定饭店存在用人需求的情况下，根据饭店的具体情况，制订相应的招聘计划，包括招聘条件和要求、招聘方式、招聘渠道、招聘方法、成本预算等。招聘计划事关招聘工作能否顺利进行，因此准备充分和周详的招聘计划将有助于饭店招聘到合适的人才。

（三）实施招聘工作

相应的准备工作做好之后，就该进入实质性的员工招聘阶段了。不同的饭店会采取不同的招聘方式和渠道，其中涉及的具体步骤、招聘的成本、对应聘者的了解程度等各个方面都存在差异。

三、员工招聘的途径

由于饭店工作的季节性比较强，员工流动性也比较大，因此可能会经常需要招聘员工。饭店客房部员工通常采取以下一些渠道进行招聘。

（一）内部招聘

内部招聘主要有内部提升和内部轮岗（调用）两种形式。这种方式具有招聘费用低廉、手续简便易行、情况熟悉等优点。内部招聘是企业员工招聘较为常用的一种方式。

1. 内部提升

内部提升主要是指部门管理岗位中出现空缺，从部门内部或企业内部提升符合条件的员工担任该职位的一种招聘方式。一方面，内部员工更加熟悉本部门的工作程序和流程，能较快地适应岗位需要；另一方面，内部提升还能激励员工的工作积极性，让基层员工看到努力工作后的回报，这将有利于饭店内部凝聚力的形成。此外，采用内部提升可以实现管理的连贯性和延续性，节省成本，较易形成稳定的企业文化。这对于饭店建立强有力的凝聚力和激励员工创造业绩起到了不可低估的作用，也使一些贡献大、表现优秀的员工获得了更大的施展才能的舞台。

2. 内部轮岗

内部轮岗是对员工原来的岗位进行变动，使其担任新的空缺岗位职务的一种形式。这种形式的调用可能会给员工带来新鲜感，提高其工作的积极性和主动性。但如果这种形式的招聘方式使用过频，将不利于员工掌握其工作技能，也可能致使其不能充分发挥特长。

（二）外部招聘

在许多情况下，内部招聘往往满足不了单位对人员的需求，尤其是在饭店创业初期、快速发展时期，或者扩大业务范围时期，这时就需要通过外部招聘来解决这个问题。外部招聘主要有以下几种方式。

1. 广告招聘

广告招聘是一种被广泛使用的外部招聘方法。饭店通过当地、全国性或国际性的报纸杂志、广播电视等各种媒体刊登招聘广告，或在互联网上发布信息，面向社会公开招聘员工，这是外部招聘常用的一种方法。但在利用广告进行招聘时，要注意广告内容设计、媒体的覆盖面、受众、广告的投入等因素。

2. 校园招聘

目前，越来越多的企业倾向于从相关的大中专院校直接招聘所需人员，这主要是因为大中专毕业生基本素质好，可塑性强，有较高的工作热情。

3. 职业介绍机构

通过专门的劳务、人才市场及各种职业介绍所，面向社会招聘所需员工，是目前饭店招聘员工的主要途径之一。饭店可利用各种人才交流会直接与求职者见面，从而减少了中间环节，见效快，对双方都有利。这些机构扮演着双重角色，既为企业、单位选人，同时也为求职者选工作单位，因此，在这里几乎可以找到所有需要的人员。

4. 熟人举荐

熟人举荐一般是由本组织员工或关系单位主管推荐组织外部人选来填补职位空缺的外部招聘方法。当组织内出现某一职位的空缺时，本组织员工或关系单位主管根据该空缺职位的要求，推荐自己认为符合条件的熟人作为候选人。由于是针对该空缺职位的具体要求进行推荐，所推荐人一般都能具备该职位的能力要求，这样就能够避免在用其他外部方法时出现完全不符合招聘条件的应聘者前来应聘，而给招聘人员带来额外的工作量。因为是熟人推荐，双方在事先已有进一步的了解，可以省时、省力、节省费用，但这样做往往容易在员工中形成小团体，甚至会让一些不良习气在员工中相互影响。

四、招聘面试

招聘信息发布以后，必然会有一些求职者前来应聘。负责招聘的人员对前来应聘的人员要热情接待，并通过简单的交流与观察做出筛选。对于明显不合要求的，可礼貌地表明意见，这样对双方都有一定的好处。对于饭店来说，可减少后期的工作量，节约时间和精力；对于应聘者来说，如果让其过五关斩六将最终还是落选，会令其更加失望和痛苦。对于那些符合要求的应聘者，招聘人员可让其填写求职申请表，并将面试或测验的时间、地点以及准备事项告知他们。之后，将参加面试或测验的应聘人员名单及其申请表整理好，转交客房部负责人。

招聘人员虽然可以通过申请表了解应聘者的基本情况，但仅仅根据申请表的内容来判断应聘者是否符合要求，并做出录用与否的决定，显然不够慎重。为了对应聘者进行更加全面深入的了解，面试通常是必不可少的步骤和方法。

（一）面试的准备工作

客房部的招聘面试工作量较大，平时应做好充分的准备工作。准备物品包括：应聘表格、纸张和笔、笔试试卷、欢迎招牌、报刊、企业内部刊物、饮用水、水杯、座椅等。此外，还要对接待工作进行分工，忌打无准备之"仗"。

（二）面试的开始阶段

主持面试者要以友好的问候作为开场白，尽量为应聘者创造轻松愉快的气氛，这样有利于观察应聘者的内外表现，以求全面客观地了解应聘者。此时应特别注意接待细节，如首先伸出手来与应聘者握手，这将在一定程度上消除应聘者的紧张心理；如果接待人员再为其递上一杯水，就更能折射出饭店的文化内涵。

（三）正式面试阶段

在正式面试阶段，招聘者以向应聘者提问的方式来获得信息。面试时招聘者的提问分两类，一类是疑点提问，另一类是 STAR（详见下面第 2 点）提问。

1. 疑点提问

疑点提问即针对简历表上的疑点，事先列出面试问题。对此，面试前客房部经理一定要认真细致地阅读应聘者的求职简历，努力找出求职者的疑点。提问疑点的目的是设法搞清事情真相，如为什么离职、为什么频繁跳槽、其知识和技能的真实水平如何、价值观是否为饭店所提倡，等等。

2. STAR 提问

这是面试提问的重点。STAR 是 Situation（情形）、Task（任务）、Action（行动）、Result（结果）四个英文的首字母组合，即所提的问题如果涵盖以上四个方面，就是个好问题。例如：为了完成工作，上司赋予了哪些工作任务，紧接着提问为了完成这些任务采取了哪些行动，最后询问结果如何。再例如：在过去一年里，你所遇到的最难打交道的客户是什么样的？具体的困难是什么？你对他说的原话是什么？你做了些什么来克服困难？

要采用灵活的提问和多样化的形式进行信息交流，进一步观察和了解应聘者。通过察言观色，密切注意应聘者的行为与反应，考察其态度、个性特征和动机是否符合客房部的工作需要。

（四）结束面试阶段

在面试结束之前，确定问完了所有预备的问题后，应该给应聘者一个机会，询问应聘者是否有问题要问，是否要加以补充或修正错误之处。不管录用还是不录用，均应在友好的气氛中结束面试。

（五）面试后的工作

（1）整理面试记录。

（2）进行总结分析，对应聘者做出具体的评价，评价意见和结论不能简单笼统，通常越具体越好。

（3）核对有关资料。

（4）做出结论或决定，即应聘者是否合格、能否录用等。

（5）尽快将决定告知应聘者。如果决定不录用，告知对方时要注意方法，不能伤害他们的自尊心。特别需要注意的是，有时有的应聘者不能被录用，并非他们不适合饭店的工作，只是饭店暂时没有适合他们的岗位。尽早、尽快地将录用决定告知被录用的应聘者，可以防止饭店流失理想的人才。

（6）整理并保存所有应聘者的求职申请表。即使是未被录用的人，他们的申请表也有保存的价值，因为饭店可以用这些申请表建立人才信息库。

（7）测验、考试或调查核实。如果面试所掌握的情况还不足以证明应聘者是否合格、能否录用，或对应聘者的某些情况尚有疑问，饭店还可对应聘者进行测验、考试或对某些情况进行专门的调查核实。测验和考试的内容主要是有关知识和技能等,测验和考试的方法主要有笔试、操作考核等。调查核实的方式方法多种多样,如面访、电话、推荐信及其他书面证明材料等,其中面访最可靠,电话核实最省时,推荐信及其他书面材料往往最不可信。

阅读材料

美国西南航空公司的面试

美国西南航空公司在早年航空业蓬勃发展的时候,给全世界创造了几十种类型的职位,包括飞行员、飞机维修师、研发人员、空中小姐、空中少爷以及地勤人员。西南航空是一个非常有名的公司,因此世界各地的应聘信像雪片似的寄往航空公司。那么,西南航空是怎么处理这些应聘信的呢?

公司首先筛掉了基本技能不符合要求的人,剩下的凡跟职位有点相关的人,他们都要进行初次面试。

面试的过程是这样的:

首先,他们把参加面试的应聘者每20人分为一组,让他们都坐在会议室里,然后让每个人排着队到前面来演讲三分钟,主要讲述你叫什么名字,应聘什么职位,为什么应聘这个职位,只讲三分钟,时间一到就换人。这样,20个人的面试,一个小时就结束了。

很多人都认为这次面试是在看演讲者的口头表达能力、逻辑思维能力、仪表仪态方面的基本表现,同时通过一个人的演讲可以观察出他对自己是不是有期望,如果有,那对他自身的发展很有利,也就能和公司达成一致的目标。

其实,西南航空公司的主考官看的是当别人在上面演讲的时候,其他应聘者正在干什么。因为西南航空公司强调的是客户服务意识,所以那些来回溜达、接电话、看报纸、写自己的东西、跟别人交头接耳、轻蔑之色溢于言表的人在初次面试时就被淘汰了。

那么,什么样的人能够成功地进入第二轮面试呢?是那些注重倾听别人讲话,懂得尊重他人的人。

其实,在面试中,主考官有时候是"醉翁之意不在酒",其"意"候选人并不知道。面试中很有名的一个做法叫声东击西,就是表面上好像看的是这个方面,实际上看的是另外一个方面,这个案例就是典型的声东击西。候选人在这儿讲三分钟,而主考官根本不看演讲者,他看的是底下坐着的人,看他们正在干什么。

西南航空公司有一段很有名的话:

"我们的成本优势可以被超过,我们的飞机和航线也可以被模仿,但是我们为能为客户服务感到骄傲,这是没有人能够模仿得出来的。通过有效的招聘,我们为公司节省了费用,并且达到了生产率和顾客服务质量的更高水平。"

正是由于这种客户服务意识,在当时市场特别低迷的情况下,西南航空公司的运营成本是每英里7美分,是全行业里最低的。而且在1994年的时候,它获得了美国运输部颁发的奖章,以表彰它飞行的准时、行李处理的及时和最少的客户投诉。它取得这些业绩是因为它招对了人!

（六）选用人员的注意事项

为选拔合适的员工，在面试客房部求职者时应注意以下几点。

（1）简历并不能代表本人。

（2）工作经历比学历更重要。

（3）不要忽视求职者的个性特征。

（4）让应聘者更多地了解饭店客房部的工作特点。

（5）给应聘者更多的表现机会。

（6）慎重做决定。

（7）面试时，管理者要注意自身的形象。

 **任务二　员工培训**

 案例导入

饭店培训无小事

某饭店是一家五星级饭店，经营业绩在当地一直名列前茅，可提到培训计划的制订与实施，培训部经理小王却并不感觉轻松。

上次，小王花了几个通宵加班加点写了十几张纸的年度培训计划，内容很周详，受到了老总的表扬。但一年下来，计划中的内容最多只实现了60%，主要原因是饭店经营状况好，经常与培训计划冲突，时间上无法保证，相关部门也不配合。在下半年，客房部服务经常出现差错，导致客人投诉，问题恰恰出在员工缺乏有效的培训上。这下，小王、相关部门经理，连同老总都成了"救火队员"，整天忙于处理这些突发事件，小王也不知道到底怎样才能扭转这种被动的局面。

思考
1.请谈谈饭店培训工作的重要性。
2.该饭店应如何处理好经营与培训的关系？

一、培训的意义与原则

（一）培训的意义

要想让员工的工作达到既定的规格与水准，严格的培训是一种必需而有效的手段。培训的意义主要表现在以下几个方面。

1. 能够提高员工的综合素质

培训是员工获得发展的重要途径。员工通过培训，可以提高思想政治素质、文化素质、业务素质，增强服务意识，获得专业知识，掌握服务技能和技巧，提高服务水平，从而使个人素质得到全面的提高。

2. 能够提高工作效率和质量，减少出错概率

培训是指培训者将有关理论知识和经长期工作实践证明的好方法和经验传播给培训对象。培训对象学会并掌握这些方面的经验，并在工作中加以运用，不仅可以节省时间和体力，还能减少失误和差错，保证工作质量，从而达到事半功倍的效果。

饭店员工，尤其是新员工，在工作中经常出错。如果没有人告诉员工该怎么做、服务质量标准是什么、遇到一些特殊情况应该怎样处理，将会导致员工工作错误百出，客人投诉不断增加。因此,加强对新员工的培训尤为重要。

3. 能够降低营业费用

通过培训,员工能够掌握正确的工作方法、操作规程,正确使用劳动工具,正确配备客房用品,正确保养各种设备,延长其使用寿命。这样就可以减少或避免因意识不强、方法不当、经验不足而造成的人力、物力损失,有效地降低消耗,减少物品的浪费,降低物件的磨损,从而降低营业费用和成本支出。

4. 能够提供安全保障

培训可以使员工养成良好的职业习惯,增强员工的安全防范意识,提高预防和处理安全事故的能力,从而降低工作中安全事故的发生概率。

5. 能够加强沟通,改善人际关系

内容丰富、形式多样的培训对交流思想、沟通信息、改善环境、活跃气氛、消除隔阂、加强合作等都是十分有益的。管理者可以通过培训,加强与员工之间的沟通和了解,增强集体的凝聚力,从而促进管理水平的提高和服务质量的改善。

6. 能够提高员工的自信心,增强员工的安全感

员工经过培训,具备了适应和胜任工作的能力,并能在工作中有所作为,自然就会提高自尊心和自信心,增强自己的职业安全感,从而安心工作。

7. 能够为员工晋升创造条件

培训可以使员工的业务水平和综合素质不断提高,使员工不仅能胜任本职工作,还可以承担更大的责任,具备获得晋升的条件。

8. 能够减少管理人员的工作量

如果员工素质低下,工作中不断出错,管理人员将被迫"四处灭火"。通过培训,员工的素质得以提高,可以使客房部的工作有条不紊地进行,从而大大减少管理人员的工作量,也可以使管理者的管理工作变得轻松和畅快。

9. 是饭店标准化、规范化管理的需要

一家饭店能否提供标准化、规范化服务的关键在于员工素质的高低。提高饭店各级人员素质是保证饭店提供标准化、规范化服务与管理的需要。

(二)培训的原则

1. 长期性

饭店员工的流动性比较大,加上饭店是在不断发展的,客人对饭店的要求也越来越高,科学技术在饭店中的应用也日益广泛,因此,对员工的培训不是一朝一夕的事,必须长期坚持。

2. 系统性

培训工作的系统性表现在以下几个方面。

（1）培训组织的系统性。

对员工的培训，不仅是人事培训部的事，也是各个部门的重要工作。系统性思想就是根据饭店的管理目标，把饭店的统一培训和部门自行培训结合起来，形成一个相互联系、相互促进的培训网络。部门培训与饭店人事培训部培训的内容和侧重点有所不同，客房部应该加强与饭店培训部的沟通、合作与协调。

（2）培训的全员性、全方位性、全过程性。

① 全员培训。客房部的全体员工，无论是领导还是职工、无论是新员工还是老员工都必须接受培训。只有进行全员培训，才能统一认识、统一行动、统一标准。只重视新员工的培训而轻视老员工的培训，会使老员工无法及时学习新设备的使用方法，不能及时领会饭店新的管理要求等；只重视基层员工的培训而忽视中高层管理者的培训，容易造成经理对业务不熟悉，出现"外行管内行"的混乱局面。

② 全方位培训。培训的主要目的是提高员工的综合素质，而素质包括很多方面，如知识、技能、态度、习惯等。如果培训只重视其中的某个方面，如重技能轻知识、重动手轻开口、重表面轻实质等，就很难提高员工的综合素质，员工也很难成为优秀的员工。

③ 全过程培训。培训是一项长期性的工作，而并非一段时间或某一阶段的突出性任务。社会在进步，行业在发展，人也会变化，如果没有系统性的培训，员工就会落后，管理就难以奏效。因此，必须始终把培训当作一项战略性工作，高度重视，坚持不懈，将培训贯穿于经营管理的全过程。

（3）培训内容的系统性。

客房部每次的培训活动应该是饭店及部门长、中、短期整体培训计划的一个组成部分，培训的内容应该与前一次及下次培训的内容相互衔接，避免培训工作的盲目性、随意性，以及培训内容上的相互冲突和不必要的重复。因此，客房部管理人员应该建立培训档案，做好培训记录。

3. 层次性

虽然客房部所有员工都必须参加培训，但由于岗位不同、级别不同、工作内容和要求不同，培训工作应分层次进行。比如，分别进行服务员培训、督导人员培训、经理培训等，以便取得良好的培训效果。

4. 时效性

培训工作是提高员工素质和服务质量的重要保障，饭店为此需要投入可观的人力、物力和财力，因此，培训工作不能走形式，必须注重培训效果。客房部管理者必须认真组织，严格训练，严格考核。考核不合格的员工不允许上岗，不达要求决不放行。培训内容要针对部门服务和管理中存在的问题、薄弱环节加以确定，达到"缺什么补什么"的目的。

5. 科学性

客房部在制定培训目标、确定培训内容、选择培训方式、安排培训时间等各方面工作时，都要尊重科学，讲求合理，而不能随心所欲，盲目行事。要按照制定的岗位责任书的内容，利用科学的方法和手段进行培训，不能图省事，采取"师傅带徒弟"的简单、陈旧的方式。

二、培训的内容与类型

（一）培训的内容

（1）饭店及部门的规章制度；
（2）服务意识；
（3）职业道德；
（4）仪表仪容与礼貌礼节；
（5）服务程序、规范与技能技巧；
（6）客房销售艺术；
（7）英语；
（8）安全知识；
（9）管理人员的管理技能。

（二）培训的类型

1. 入职教育

入职教育的对象是刚招聘的新员工，这项工作通常由饭店的人事培训部负责。在一些规模较大的饭店里，几乎每天都有新员工入职。为了便于统一对新员工进行入职教育，饭店通常规定每星期一为新员工入职日，各部门招聘的新员工都在这一天来饭店报到，人事培训部统一进行入职教育。入职教育的主要内容包括：举行欢迎仪式，学习饭店的员工手册，熟悉饭店的环境，了解饭店的情况，办理有关手续，解答疑问。

新员工的入职教育是一项非常重要的工作，各饭店的人事培训部门都应有一套完整的培训方案。入职教育结束后，新员工即可到聘用部门去接受上岗前的培训。

2. 岗前培训

岗前培训是对新员工的入职指导和岗位工作所需要的操作程序、服务规范以及基本的服务技能技巧的训练。客房部必须贯彻"先培训，后上岗"的原则。新员工在上岗前必须接受专门的业务培训，培训结束后，还必须接受严格的考核，考核合格后才能正式上岗。新员工的岗前培训是饭店培养和造就合格员工的最佳时机。客房服务的岗前培训内容主要有：本部门的组织机构及岗位职责、规章制度、安全守则、礼貌礼节、仪表仪容及个人卫生要求、沟通技巧、客房常识、清洁器具的使用和保养、清洁剂的使用方法和注意事项、客房清洁保养的程序和规范、对客服务程序和规范、各类表单的使用等。

知识链接

某宾馆饭店客房部新员工培训内容

岗位	培训内容
楼层服务员	1. 部门概况介绍 （分配课时：1天） （1）部门组织机构； （2）客房工作纪律； （3）客房消防安全知识； （4）电话接听规范； （5）各类表单填写与操作； （6）工作概况； （7）内部成员介绍； （8）部门参观与设施介绍
	2. 服务知识 （分配课时：1天） （1）敲门规范； （2）中式铺床操作规范； （3）进房操作规格及注意事项； （4）VIP、散客、会议客人、访客接待； （5）洗衣服务规范； （6）留言服务规范； （7）小整理服务、夜床服务规范
	3. 操作规程 （分配课时：10天） （1）整理房间（各类房型）； （2）工作车整理保养； （3）对客服务
	4. 综合考试 （分配课时：1天） （1）走客房整理； （2）铺床； （3）敲门进房； （4）补备客用消耗品； （5）输送布草等

3. 在职培训

在职培训是指针对工作中发现的问题随时进行培训，可以在不影响日常工作的情况下穿插进行。在职培训可以对员工个别指导或训示，也可利用各种机会对一定范围内的员工进行提示，其目的在于逐步培养并强化员工良好的工作习惯，提高其工作水准，使部门的工作趋向规范化和协调化。客房部的日常训练是一项长期的、无休止的工作，班前班后的会议、部门例会和工作检查等都应与此联系起来。

对在职员工进行培训是客房部及整个饭店培训工作的重点，也是客房部及整个饭店日常工作的重要内容。那些认为培训只是为了就业、只是为了可以上岗的思想是非常错误的。员工的在职培训主要有以下几种形式。

（1）日常培训。日常培训是指在日常工作中对员工进行的培训。这种培训不需要专门安排和特别准备，也不会影响正常工作，通常是管理人员对其下属进行临时的个别指导和训示，或者是对某些员工进行适当的提示或帮助。日常培训方便实用、针对性强，各级管理人员要善于在日常工作中发现机会，合理安排培训。

（2）专题培训。专题培训是对员工就某个专项课题进行的培训。随着工作要求的逐步提高，有必要对员工进行有计划的单项训练，以扩大员工的知识面，进一步提高员工的专业素质。专题培训的方式和内容可以是灵活多样的，例如可采取业务竞赛、专题讲座、开展系列课程等方式进行。

① 业务竞赛。业务竞赛可以是知识性的，也可以是操作性的。业务竞赛是激发员工自觉学习、训练和交流的好方法。

② 专题讲座。可根据工作需要，围绕一个主题，由本部门员工或聘请其他专业人员来讲授或示范，如接听电话的技巧、处理客人投诉的方法、督导人员的管理技巧等。

③ 开展系列课程。例如，通过举办初、中、高级英语学习班来满足不同员工学习英语的需求，提高员工的英语水平。

（3）交互培训。交互培训是在员工做好本职工作的前提下，安排员工学习其他岗位的业务知识和操作技能。这种培训可以在部门内部进行，也可以跨部门安排。交互培训可以使员工一专多能，既能丰富员工的工作内容，又有利于部门内部或部门之间的人力调配。

（4）下岗培训。对于一些不称职的在职员工，如果尚未达到需要解除劳动合同的地步，可以让他们暂时下岗，接受培训，直至经严格考核合格后方能上岗。对于经两次下岗培训后考核仍达不到要求的员工，则应考虑将其调离原岗位。

（5）脱产进修。对于一些工作专业性较强或准备提拔晋升的人员，以及由于其他某种原因而必须接受培训的人员，饭店或部门可以让他们脱产，参加一些专门的培训班或到专业院校进修学习。虽然这种培训费用较高，甚至对目前的工作有一定的影响，但从长远利益考虑，对个人和单位双方都是有益的。

4. 管理培训

管理培训又称为晋升培训或发展培训。晋升培训是一种针对有潜力的服务员和管理人员在晋升高一级的管理职位之前所设计的培训项目，以便使其能够有机会了解其他部门或岗位的工作内容、性质、特点，掌握必要的管理技能、技巧，以适应未来管理工作的需要。因此，管理培训实际上是员工在晋升前的"热身运动"，其主要目的是培养管理人员和业务骨干。管理培训可以使员工能够担任更高层次的职务或承担更重大的责任，发挥更大的作用。这种培训的内容和方式等需根据培训对象的基础及发展的目标与具体情况来确定和安排，通常要有一套系统的方案，包括培训的内容、要求、时间安排、指导老师、培训方式、考试方法等。

目前，很多饭店存在的共同问题是忽视对这部分人员就职前的培训，往往是一经任命立即就职。尽管这些人员可能是经过长期考察的，有基础也有潜力，但提拔晋升并非简单的职务变更，其最根本的是工作环境、工作内容、责任范围以及工作性质的变化。

如果被提拔晋升的人没有经过相应的发展培训,就任新职后往往需要一个较长的适应过程,而在此期间,他们会遇到很多新的问题和困难,甚至会遭受一些挫折,从而影响信心、影响威信,以至于难以有效地开展工作。

三、培训的方法

要想让员工的工作达到既定的规格和水准,严格的培训是一种必需而有效的手段。实践证明:适当的培训方法不仅能够激发受训者的兴趣,而且能够使培训工作起到事半功倍的效果。因此,培训方法的选择是客房部培训工作的一个重要问题。常见的培训方法如下。

(一)讲授法

讲授法是指培训者通过讲授的方式对受训者进行培训的方法。此方法的优点是:培训时间集中,讲课不受干扰,传授知识较系统。但是,由于这种方法属于单向沟通,其支配者是培训者,如果学员不主动参与培训,则会影响培训的效果。一般地,以知识性为主体的培训常采用这种方式。

(二)讨论法

讨论法是指通过对某一专题的讨论,使受训者得到启发,并从中受益的培训方法。其基本形式是,由培训者提出问题,让受训者对其进行讨论,最后由培训者进行引导和归纳。这种方法强调受训者的参与,对激发受训者的兴趣有较大帮助。采用这种方法要求培训者事先要对讨论的议题进行充分的准备,同时还要求培训者有较强的组织能力,这样才能收到较好的效果。讨论法较适宜于培训或研讨具有一定难度的问题。

(三)案例研讨法

案例研讨法是指通过对受训者工作中发生的案例或工作中可能发生的情况进行集体的研讨和分析,以此来提高受训者解决问题的能力的培训方法。运用这种方法的关键是,选择好适合受训者的案例,一般应采用具有典型性、普遍性、实用性特征的案例。若案例法与演示法和模拟训练法配合使用,效果会更好。

(四)操作演示法

操作演示法是指培训者通过操作示范的方式传授相关知识的培训方法。技能性的培训常采用此方法。操作演示法常采用以下方式:先由培训者进行示范操作,再由受训者进行训练,然后由培训者对其操作情况进行总结和点评,接着受训者再进行训练,最终使受训者达到操作要求。

(五)模拟培训法

模拟培训法是指通过模拟不同的职位和服务情景来提高受训者解决问题的能力的培训方法。这种方法在客房部培训中应用较为广泛,如可以通过模拟客人投诉的场景来训练受训者解决问题的能力，通过模拟客人入住的情景来训练员工的操作技能等。

四、培训计划的制订

（一）发现培训需求

通过分析工作中带有普遍性的问题，根据饭店或部门制定的工作目标与现状之间的差距，来确定是否需要培训、何时实施培训和怎样进行培训。在下列情况下，通常需要培训。

（1）饭店开业时。
（2）新的设备投入使用时或新的工作程序和管理制度将要实施时。
（3）当员工从事一项新工作时（无论是新员工还是老员工改变工作）。
（4）当管理者想帮助员工在事业上获得发展时。
（5）工作效率降低时。
（6）工作不断出现差错时。
（7）各岗位之间经常产生摩擦时。
（8）顾客投诉较多，或员工工作不符合饭店的质量和数量要求时。
（9）饭店或部门制定的工作目标与现状之间有较大的差距时。

（二）制订培训计划

确定培训需求以后，就要制订培训计划。在制订培训计划之前，需考虑以下几个方面。

客房管理者在制订部门培训计划之前，应该做充分的准备工作，具体如下。

（1）分析近半年来客人的满意指数。
（2）仔细阅读近期客人意见书。
（3）参考员工评估表，并与饭店要求达到的工作目标相比较。
（4）认真研究部门的经营计划和目标。
（5）与员工面谈了解培训需求，也可以用问卷的形式进行。
（6）与总经理面谈，听取其对培训工作的指示。

在进行充分的准备之后，就可以着手制订计划了。一个完整的培训计划应该包括以下内容。

1. 培训目标

培训目标是指使受训者达到应该达到的要求。培训目标要着眼于提高员工的实际工作能力。目标不能是笼统的，应该有具体、明确的要求，规定经过培训必须学会做哪些工作和达到什么要求。

2. 培训时间

培训时间应尽量安排在饭店接待的淡季，以不影响或少影响工作为原则。在培训计划中，应明确说明培训的开始日期、结束日期及每日培训的准确时间，以便部门或班组据此安排好工作。

3. 培训地点

培训地点可以在店外，也可以在店内，可以在培训教室，也可以在受训者的实际工作岗位，但一定要在不受人或物干扰的场所。

4. 培训内容

培训内容应根据前台及客房部实际的工作需要、饭店的要求和员工的自身特点及能力确定。

5. 对受训者的要求

培训计划中应说明对受训者在受训期间的要求，以确保培训工作取得良好的效果。

6. 培训者

根据培训的对象、培训的内容等实际情况，培训者可以由本部门的优秀员工担任，也可聘请店外专业人士担任。

7. 培训方式

（1）部门（饭店）内部培训或委托培训。
（2）"请进来"或"送出去"培训。
（3）岗位培训或脱产培训。
（4）课堂讲授或操作示范。

8. 培训所需要的设备、器材

根据培训的内容，培训工作可能需要幻灯机、录像机、电视机、计算机等电器设备和白板、笔等教学器材以及书、笔记本等学习资料。这些均需在培训计划中一一列明，以便做好培训的准备工作。

五、如何增强培训效果

培训计划的实施关键是要增强培训效果。培训工作能够取得成效，取决于饭店领导及有关方面和人员的大力支持，取决于培训组织者的精心策划，取决于培训者的业务水平和培训艺术，同时也取决于受训者的合作。要使培训工作卓有成效，必须做到以下几点。

（一）管理人员应正确认识培训的重要意义

要搞好培训，部门管理人员、饭店领导及接受培训的员工等相关人员必须对培训的重要性有充分的认识，这是做好培训工作的思想基础。

(二)部门及饭店领导重视培训,并给予大力支持

部门及饭店领导不但要认识到培训的重要性,而且必须在人、财、物、时间等方面给予大力支持,这是培训工作得以顺利进行的前提条件和物质保障。在很多情况下,培训需要部门及饭店领导亲自抓。

(三)做好培训的组织和管理工作

培训的组织和管理者要切实负起责任,认真制订培训计划,选择不受干扰的地点、最佳的培训时间,挑选高素质的、合格的培训者,确定恰当的培训方式和能够满足实际需要的培训内容,这是使培训取得实效的有力保证。

(四)运用培训的艺术

要使培训取得良好的效果,培训者必须具有较高的专业素质和培训技能。除了认真准备和讲授以外,还要讲究培训的艺术性。

(1)频繁而短暂的授课要比偶尔的、长时间的授课效果好。
(2)所选用的学习材料的数量和类型都要适合于受训者的需要和水平。
(3)尽量使用有助于教学的教具。
(4)尽量增加实践课程,鼓励员工自己动手。
(5)注意培养员工的学习兴趣。
(6)增强员工的信心。
(7)掌握授课的技巧。

(五)做好培训的考核和评估

培训结束后,应通过笔试、口试或实际操作测试等方式对员工进行考核,以确定是否达到了培训目标,同时征求参加培训的员工的意见,收集他们对培训的看法,并从培训的内容、方式、组织管理和培训效果等方面进行评估,总结经验和教训。

(六)做好培训的激励工作

为了增强培训效果,还应做好培训的激励工作。

1. 做好培训的考勤工作

对于出勤情况好、听课认真的员工予以表扬,而对于迟到、早退,甚至无故不参加培训者予以批评或惩罚。

2. 将培训同使用相结合

根据每个员工的具体条件、个人愿望和工作需要,实行定向培养、定向使用,并把培训成绩作为使用的依据之一。

3. 将培训同晋升相结合

对于积极参加培训且培训成绩优异的员工,在晋升时,予以优先考虑。

任务三 员工激励

 **案例导入**

小张在激励中成长

某饭店新上任的客房部经理发现了一个奇怪的现象,每位领班都不乐意接受服务员小张,经了解,大家对她的评价是:比较懒惰,工作不积极努力。这时,客房部经理并没有轻信大家的话,而是劝服一位领班接受小张,而后注意启发她。

不久,饭店接待一个十分重要的全国性的会议团队,在客人入住的第二天早上,客房部经理便收到了全饭店第一封表扬信,表扬的不是别人,正是小张!原来,入住当晚10点左右,一位客人匆匆忙忙地拿着一件外套找到楼层值班服务员小张,希望她能帮着把衣服送到洗衣房清洗,并再三强调这是明天参加会议要穿的衣服。可是那个时间,饭店的洗衣房早就下班了,而外面的洗衣店也不可能营业了,但小张还是毫不犹豫地答应了。随即,小张便亲自把衣服洗干净,并很快交给了客人,告诉客人可以把衣服挂到通风处,明天应该不会影响参加会议,客人很是感动,于是写下了这封表扬信。客房部经理在晨会上对小张给予了充分的肯定与鼓励,从那以后,小张成了整个饭店最勤劳、最努力工作的员工,并多次受到了表扬与奖励。

 思考　1. 为什么小张后来成了饭店最勤快、最努力的员工?
　　　　　2. 从这个案例中你可以得到什么启示?

所谓激励,就是通过科学的方法激发人的内在潜力,开发人的能力,调动人的积极性和创造性,使每个人都能切实地感到人有所长、力有所为、劳有所得、功有所奖、过有所罚。激励的过程就是促使员工努力工作的过程。

一、激励的重要性

美国假日集团的创始人凯蒙·威尔逊先生曾经说过:没有满意的员工,就没有满意的顾客;没有令员工满意的工作环境,就没有令顾客满意的享受环境。如何才能令员工满意,为客人创造满意的环境呢?要靠激励。美国哈佛大学的詹姆士教授曾经指出,绝大多数的员工在完成企业派给他的工作时,一般只需付出自己能力的20%~30%即能达到企业要求;如果受到有效的激励,他则会付出全部能力的80%~90%。可见,激励对完善员工工作表现和激发其潜在的工作能力具有很大的作用。作为一名管理者,要使下级员工积极努力地完成各项工作,必须运用有效的激励方式,促使员工经常处于热情积极的状态,发挥较高的效能。

二、激励的方式

（一）需要激励

需要激励就是通过满足员工的需要来激励员工，实现饭店和部门的目标。人的需要是各不相同的，同一个人在不同的时期也会有不同的需求。根据美国心理学家马斯洛的需求层次理论，可以将人的需求划分成五个层次：生理需求、安全需求、社交需求、自尊需求和自我实现的需求。这一理论告诉我们，人的需求是多层次的，当一种需求得到满足之后，就会产生更高一层次的需求。为此，客房部管理者要根据员工不同的需要，选择适当的激励因素对其进行激励。

（二）人际关系激励

良好的人际关系会创造出令人愉快的工作环境，激发员工的工作积极性。著名管理学家乔治·埃尔顿·梅奥通过著名的霍桑实验提出了人际关系理论，有力地驳斥了"人是经济人、依靠金钱激励"的观点。与员工建立良好的人际关系是管理者，尤其是基层管理者应当掌握的一种激励方式，在实际管理工作中要灵活运用。

（三）目标激励

目标激励是将个人的利益与部门的利益结合起来，激发员工的工作积极性，给员工设立明确的目标，运用一定的激励手段，促使员工实现目标。例如，饭店客房部日用消耗品的流失是每一家饭店都曾遇到过的问题。有这样一家饭店采取了一种方法：将客房日用消耗品每天的消耗金额规定为50元/间，如果消耗量控制在这个数额以内，就给予员工一定的奖励；反之，则视情况由员工本人负担。这种激励方法的使用有效地控制了客房日用消耗品的流失，增强了员工的责任感。

（四）榜样激励

榜样激励是一种竞争激励，既可以使榜样者本人得到他人的承认，获得荣誉感、成就感等精神上的满足，表现出较高的工作积极性，同时还能为其他员工树立一个学习和追赶的目标，激发员工的工作热情。据调查，饭店中70%的员工，尤其是年轻人对荣誉有强烈的欲望。在运用榜样激励时，要注意榜样的楷模性，虚假的榜样不仅起不到激励的作用，还可能适得其反。

（五）发展激励

自我价值的实现是人们最高的心理需要，也是激发员工工作积极性最有效的方法。客房部的经理、主管要与饭店人事部积极配合，尽可能为员工创造更多的发展机会，如安排员工参加学习、培训，给员工创造独立工作的机会，根据员工的工作业绩向饭店推荐、为其创造晋升的机会等，这在一定程度上可以更好地起到激励作用。但是要做到任人唯贤，而不要任人唯亲。

阅读材料

负面激励要慎用

激励并不全是鼓励，它也包括许多负面激励措施，如淘汰激励、罚款、降职和开除激励。

淘汰激励是一种惩罚性控制手段。按照激励中的强化理论，激励可采用处罚方式，即利用带有强制性、威胁性的控制技术，如批评、降级、罚款、降薪、淘汰等来创造一种令人不快或带有压力的条件，以否定某些不符合要求的行为。

现代管理理论和实践都指出，在员工激励中，正面的激励远大于负面的激励。越是素质较高的人员，淘汰激励对其产生的负面作用就越大。如果用双因素理论来说明这一问题可能更易让人理解。淘汰激励一般采用单一考核指标，给员工造成工作不安定感，很难让员工有总结经验教训的机会，同时还会使员工与上级主管之间关系紧张，同事间关系复杂，员工很难有一个长期工作的打算。

三、基层管理者的激励技巧

主管领班是客房部的基层管理者，是员工的直接领导。有效地激励员工更好地完成工作是基层管理者必须具备的能力，在实际工作中除了要学会运用前面介绍的激励方法外，还应掌握一定的激励技巧。

（一）真诚迎接新员工

创造一个愉快、和谐的环境有利于增加新员工积极工作的信心与干劲，如向新员工介绍客房情况、邀请新同事共进午餐等。

（二）通过培训激励员工

主管领班承担着培训员工的任务，在培训过程中，不仅要教会他们服务技术，更要告诉员工你对他们充满信心，愿意花费时间与金钱来帮助他们。

（三）注重与员工的接触与交流

与自己的上司交谈对每一个员工来说都是一件愉快的事情，因此，主管领班应多接触员工，与他们进行交流，征求他们对自己工作的意见。同时，还应设法在工作中发现和创造乐趣，增进相互间的感情交流，如定期举行娱乐活动等。

（四）善于表扬员工、尊重员工

口头表扬虽然简单，但非常有效。当看到员工在工作中做出积极努力时，应给予真诚的赞扬。尊重员工就是使员工拥有自尊，感受到自己是有价值的。因此，主管领班要向员工显示出关心他们，想知道他们的感受和想法。每天与他们交谈，称呼他们的名字，认真听他们讲话，重视他们的意见，这样会使管理工作更富有成效。

四、激励的注意事项

管理者要想真正把激励做好,除了以上提到的一些做法和要求外,还必须注意以下几点。

(一)要尊重、理解和关心员工

对员工在工作上要求严格,但在生活上要关心和尊重。只有员工真正感受到被尊重,他们才会以主人翁的精神积极工作。

(二)激励要有广泛性

激励的目的是调动全体员工的积极性,而不是调动少数人或个别人的积极性。因此,激励的范围要大,让更多的人获得价值较低的奖励,要比让少数人获得价值颇高的奖励更为重要。对员工来说,获奖越难,激励就越倾向于极少数人,结果会使大多数人的士气低落。

(三)精神奖励重于物质奖励

对于大多数员工来说,其价值取向是精神奖励比物质奖励更重要、更有意义。

(四)充分利用自身条件,尽量不用现金奖励

饭店完全有条件在不用现金时也能对员工进行奖励,且能做到物质奖励与精神奖励相结合,如让获奖的员工带上自己的亲人(限人数)在饭店免费享受一次晚餐等。这种做法能够达到一举多得的效果。

(五)讲究公开、公平、公正

受到表扬和奖励的人,必须是按照标准公开确定的,不能有领导的个人主观成分,须得到大家的认可。另外,要做到标准公开、做法公正。

(六)提倡集体之间的竞争

竞争虽然能够激发员工的积极性和进取心,但如果做法不当、控制不好,也很容易影响人际关系。通常,竞争要侧重于班组之间的竞争,而不宜搞员工个人之间的竞争。如果搞个人竞争,那么每个人都会把自己的合作伙伴当作竞争对手,因而产生不必要的矛盾,从而破坏团队精神。

(七)批评和表扬要注意分寸

无论对员工进行批评还是表扬,都应注意分寸、讲究方法。一般情况下,批评不宜公开,还要避免训斥,否则容易伤害员工的自尊心,甚至可能激化矛盾。表扬也要适度,过度或过多地表扬,容易给被表扬的人造成太大的压力,也会使其失去群众基础。

项目小结

人力资源是饭店最基本、最重要、最宝贵的资源。客房部管理水平的高低、服务质量的优劣，在很大程度上取决于客房部员工的整体素质，而员工的整体素质又在很大程度上取决于员工的招聘、员工的培训和员工的激励。本项目首先从客房部员工的用人标准、招聘程序和面试等方面来阐述客房部员工的招聘；其次介绍了客房部员工培训的意义、原则、内容和方法等；最后对如何激励员工，包括激励员工的方式和技巧等做了阐述。

综合能力训练

······基 本 训 练······

一、解释

招聘　岗前培训　模拟培训法　激励

二、选择

1. 饭店员工培训的重点和关键内容是（　　）。
A. 职业道德培训　　　B. 操作技能培训　　　C. 文化知识培训　　D. 管理能力培训

2. 入职教育由（　　）负责。
A. 客房部经理　　　B. 饭店人事培训部门　C. 楼层主管　　　　D. 总经理

3. 将个人的利益与部门的利益结合起来，激发员工的工作积极性，这属于（　　）。
A. 人际关系激励　　B. 目标激励　　　　　C. 榜样激励　　　　D. 发展激励

4. 培训具有（　　）。
A. 短期性　　　　　B. 系统性　　　　　　C. 时效性　　　　　D. 科学性
E. 层次性

5. 内部提升的优点在于（　　）。
A. 可选人员多　　　　B. 节省成本　　　　C. 较易形成稳定的企业文化
D. 有利于形成饭店内部员工团队凝聚力　　E. 工作程序简单

三、思考

1. 客房部员工的招聘途径有哪些？
2. 客房部员工的培训方法有哪些？
3. 简述基层管理者的激励技巧有几种类型。

四、案例分析

巧用实习生

春节之前的一月，宁波的饭店早已进入淡季，各大饭店纷纷利用这个时机对员工进行业务培训。恰在此时，市中心一连几家大公司开张，饭店业的一些青年员工跳槽去了那儿。

某饭店人事部办公室里，饭店傅总经理和人事部经理正在研究新人事安排。

"如果在淡季登报招聘，一则广告开支较大；二则饭店正在全力以赴抓培训，提高员工的综合素质，无法抽调人员搞招聘和面试工作；第三，也是最重要的一点，淡季招进新员工没有多少使用机会，这笔支出不值得。"人事部经理把自己的想法告诉了傅总。

傅总同意人事部经理的意见，决定不在淡季大规模招聘。但实际情况是饭店各部门确实人力短缺，汇总下来最少也有10人左右，这个缺口如果不能弥补，饭店很难正常运转。

"最理想的办法是要一些学校的实习生来，"傅总谈了自己的想法，"宁波市有几所旅游职校，以前他们曾来找过我，希望帮他们安排几名实习生。如果我们能补充上10多名实习生，一来实习生不需要发工资，只要给些生活补贴；二来可以解决饭店缺乏人力的情况；三来可以搞好同职校的关系。"

这个办法很快便被接受了。人事部经理当天下午便与附近一所职校联系，学校正好有一个30人的班刚学完理论课和操作实践课，假期中如果让他们回家，他们将会把在校学过的知识和技能忘得一干二净。

次日，30名学生在班主任的带领下来到饭店，一开始由饭店傅总介绍店史和概况，人事部经理介绍饭店员工手册、主要规章制度和饭店组织机构。第二天，30名学生被分配到各个部门，并指定专门员工充当其师傅，开始了为期70天的实习生活。

问题：
1. 饭店的这一做法是否明智？为什么？
2. 饭店应该如何使这批实习生尽快进入角色？

····· 技 能 训 练 ·····

一、任务名称

模拟客房服务员的招聘。

二、任务目标

1. 让学生了解客房部员工招聘的方法。
2. 让学生掌握招聘客房服务员的过程。

三、任务实施

1. 教师视场地和学生情况进行分组,并指定组长。
2. 教师在课前准备好相应道具,如招聘时的报名表、学历证书、身份证等,利用教室的桌椅来布置招聘现场。
3. 每组学生根据不同情况来模拟客房服务员的招聘过程。
4. 其他组学生观摩,教师适时指导。

四、成果考核

1. 学生互评。
2. 教师点评总结。

参考文献

[1] 蔡登火.前厅与客房管理[M].北京:中国纺织出版社,2009.

[2] 张晓彤.如何选、育、用、留人才[M].北京:北京大学出版社,2004.

[3] 蒋红.客房服务与管理[M].北京:电子科技大学出版社,2009.

[4] 吴旭云,逄爱梅.客房部的运行与管理[M].北京:中国旅游出版社,2012.

[5] 陈宁.前厅客房服务与管理[M].北京:北京理工大学出版社,2010.

[6] 张耀宗.饭店服务员纠错100例[M].北京:现代出版社,2007.

[7] 郭一新.酒店前厅客房服务与管理实务教程[M].武汉:华中科技大学出版社,2010.

[8] 王华.前厅客房服务与管理[M].北京:中国林业出版社,北京大学出版社,2009.

[9] 韦小良.前厅与客房管理[M].北京:中国财政经济出版社,2006.

[10] 周雪,马柯.饭店前厅客房服务与管理[M].大连:大连理工大学出版社,2009.

[11] 朱承强.饭店客房管理[M].北京:旅游教育出版社,2005.

[12] 黄继元.饭店客房业务与管理[M].昆明:云南大学出版社,1997.

[13] 叶秀霜,董颖蓉.客房服务与管理[M].北京:旅游教育出版社,2002.

[14] 魏洁文.客房服务与管理实训教程[M].北京:科学出版社,2008.

[15] 王培来.酒店前厅客房运行管理实务[M].上海:上海交通大学出版社,2012.

[16] 滕宝红.酒店客房经理365天管理笔记[M].广州:广东经济出版社,2012.

[17] 刘伟.客房管理[M].北京:高等教育出版社,2012.

[18] 韩军,翟运涛.客房服务与管理[M].上海:上海交通大学出版社,2011.

[19] 傅生生.酒店管理[M].上海:上海交通大学出版社,2011.

[20] 王伟.客房服务与管理创新[M].北京:旅游教育出版社,2008.

[21] 叶红.客房服务与管理实务[M].北京:北京大学出版社,2010.

[22] Margaret M. Kappa,Aleta Nitschke,Patricia B. Schappert,潘之东主译.饭店客房管理[M].北京:中国旅游出版社,2002.